浙江省高职院校“十四五”重点立项建设教材

高等职业教育改革创新教材

财务管理实务

CAIWU GUANLI SHIWU

（第三版）

新准则 新税率

主　编　魏标文

副主编　陈晔娜　李潇妤　闪　辉

本书另配：教学大纲
授课计划
教学设计
教学课件
微课视频
参考答案

中国教育出版传媒集团

高等教育出版社·北京

内容提要

本书是浙江省高职院校“十四五”重点立项建设教材、浙江省普通高校“十三五”新形态教材，是高等职业教育改革创新系列教材之一。

本书以财务管理认知、财务管理观念、筹资管理、投资管理、营运资本管理、利润分配管理、全面预算和财务分析为主要内容，系统阐述了企业财务管理基本理论、内容、方法与技能。本书强化财务管理知识的应用性、针对性和可操作性，融入 Excel 在财务管理中的应用。为了利教便学，部分学习资源(50 多个微课视频)以二维码形式提供在相关内容旁，可扫描获取。此外，本书另配有教学大纲、授课计划、教学设计、教学课件、微课视频、参考答案等教学资源，供教师教学使用。

本书可作为高等职业本科院校和高等职业专科院校财务会计类专业学生用书，也可作为社会相关人员培训用书。

图书在版编目(CIP)数据

财务管理实务 / 魏标文主编. -- 3 版. -- 北京 : 高等教育出版社, 2025. 1. -- ISBN 978-7-04-063228-6

Ⅰ. F275

中国国家版本馆 CIP 数据核字第 20244GB161 号

策划编辑 毕颖娟 张雨亭 **责任编辑** 张雨亭 钱力颖 **封面设计** 张文豪 **责任印制** 高忠富

出版发行	高等教育出版社	**网　　址**	http://www.hep.edu.cn
社　　址	北京市西城区德外大街 4 号		http://www.hep.com.cn
邮政编码	100120	**网上订购**	http://www.hepmall.com.cn
印　　刷	上海盛通时代印刷有限公司		http://www.hepmall.com
开　　本	787mm×1092mm 1/16		http://www.hepmall.cn
印　　张	17.25	**版　　次**	2025 年 1 月第 3 版
字　　数	437 千字		2017 年 8 月第 1 版
购书热线	010-58581118	**印　　次**	2025 年 1 月第 1 次印刷
咨询电话	400-810-0598	**定　　价**	39.00 元

本书如有缺页、倒页、脱页等质量问题，请到所购图书销售部门联系调换

物 料 号 63228-00

Foreword
第三版前言

随着我国市场经济和金融市场的发展，投资分析、融资分析等财务决策业务越来越成为企业决策的重要部分。本书以企业的筹资、投资、营运和分配等财务管理活动为主线，全面、系统地介绍了财务管理的基本理论和基本方法，追求循序渐进、由浅入深，注重对财务管理基础性内容的阐述和基本方法的应用。

本书的内容主要包括：财务管理认知、财务管理观念、筹资管理、投资管理、营运资本管理、利润分配管理、全面预算管理和财务分析。

本书的特点如下：

(1) 能力为本，项目为主。本书实行“以能力为本位、以项目课程为主体”的模块化原则，强化知识的应用性、针对性和可操作性。本书按“任务驱动、案例教学”设计编排，书中穿插“政策导航”，帮助学生了解与企业财务管理活动相关的国家方针政策以及法律法规；每个项目有“基本训练”和融入 Excel 技能训练的“拓展训练”。

(2) 重点突出，内容实用。本书坚持“理论够用”的原则，根据财务管理岗位的性质与要求，结合高职学生的学习特点确立课程的学习任务，突出职业能力为核心，达到因材施教的目的。

(3) 资源丰富，利教便学。本书是浙江省高职院校“十四五”重点立项建设教材、浙江省普通高校“十三五”新形态教材，配套近 60 个讲解重难点的课程视频，以二维码形式提供在相关内容旁，可扫码获取。此外，本书另配有教学大纲、授课计划、教学设计、教学课件、参考答案等教学资源，供教师教学使用。

本书由浙江工业职业技术学院魏标文担任主编；浙江工业职业技术学院陈晔娜、李潇妤、闪辉担任副主编，浙江农业商贸职业学院陈鑫子、浙江工贸职业技术学院张顺华参编。本书由魏标文负责统稿与定稿。具体编写分工如下：项目一、项目二由陈晔娜编写；项目三由魏标文编写；项目四由陈鑫子编写；项目五由闪辉编写；项目六、项目七由李潇妤编写；项目八由张顺华编写。

在本书的编写过程中，我们参考了很多中外文献，得到了校企合作企业的帮助，获得了有关专家和领导的大力支持，在此一并表示衷心的谢意！

由于编者水平和实践经验有限，书中定有疏漏和不妥之处，敬请读者批评指正，以便修订时进一步完善。

编　者

2024 年 10 月

Contents
目　录

项目一　财务管理认知

项目二　财务管理观念

项目三　筹资管理

项目四　投资管理

项目五 营运资本管理

项目六 利润分配管理

项目七 全面预算管理

项目八 财务分析

附 录

Navigation
资源导航

资源导航

项目一　财务管理认知

◇ **知识目标**

1. 熟悉财务管理的概念。
2. 掌握财务管理的内容。
3. 理解财务活动与财务关系。
4. 理解各类企业财务管理目标的内涵。
5. 了解财务管理的环境。

◇ **技能目标**

1. 能区分财务管理与会计的工作内容。
2. 能运用所学财务管理基础知识对一家企业的财务管理工作内容和工作环境进行分析与评价。

任务一　企业财务管理认知

案例导入

新学期开始了，拿着新领到的《财务管理实务》教材，同学们展开了讨论。

小张："是不是搞错了，我们不是已经学过会计课程了吗？财务不就是会计吗？"

小李："呵呵，这叫进一步学习。虽然财务就是会计，但我们上个学期学的是怎么做账，这个学期就学怎么管账呗。"

小王："你们都错了。我听我爸说，财务是管钱的，会计是管账的，所以，我们不仅要学会做账，还要学会管钱啦。"

小高："你们没听说过CFO吗？可厉害啦，他们都是财务精英啊。"

大家顿时都来了兴趣，纷纷向小高同学提出了如下一些问题：什么是CFO？他们是做什么的？会计与财务管理有什么关系？

小高："这个我也不太清楚，还是问问老师吧。"

思考与分析：以上几种对财务管理的看法，你比较赞同谁的说法？在现有知识的基础上，谈谈你对财务管理的理解。财务和会计是相同的概念吗？

财务管理作为一种管理活动，是企业管理的重要组成部分，渗透到企业的各个领域、各个环节之中。财务管理主要运用价值形式，对企业资本活动进行管理，并通过价值形式这个纽带，把企业各项管理工作有机地协调起来，从财务的角度保证企业管理目标的实现。

重要提示

财务管理的本质是价值管理。财务管理是通过价值的形式把企业的各项管理活动和各种资源联系起来的。

一、财务管理的概念

财务管理是基于企业经营中客观存在的财务活动和财务关系而产生的，是利用价值形式对企业所从事的生产经营活动进行管理，是组织资金运动、处理财务关系的一项综合性管理工作。

二、企业的财务关系

企业资金投放在筹资活动、投资活动、资金营运活动和利润分配活动中，与企业各方面有着广泛的财务关系。这些财务关系主要包括以下几个方面：

(1) 企业与国家之间的财务关系。国家是社会的管理者，其与企业的关系主要体现在税款征收与缴纳上。

(2) 企业与投资者之间的财务关系。这一关系是投资者向企业投入资金，企业向投资者支付投资收益所形成的财务关系。

(3) 企业与被投资企业之间的财务关系。企业以购买股票或直接出资的形式向其他企业投资，获得报酬，从而形成投资与被投资的财务关系。

(4) 企业与债权人之间的财务关系。企业向债权人借入资金，并按规定支付利息和归还本金所形成的经济关系。

(5) 企业与债务人之间的财务关系。企业将其资金以购买债券、提供借款或者商业信用等形式出借给其他单位所形成的经济关系。

(6) 企业内部各单位之间的财务关系。企业生产经营各环节和企业内部各部门之间的经济利益关系构成了企业内部各单位的财务关系。

(7) 企业与职工之间的财务关系。劳动成果的分配，是企业向职工支付劳动报酬过程中所形成的经济利益关系。

(8) 企业与供货商、客户之间的财务关系。企业购买供货商的商品或者接受其服务，以及企业向客户销售商品或者提供服务过程中形成的经济关系。

三、财务管理的内容

企业财务管理的内容包括筹资管理、投资管理、营运资本管理和利润分配管理。

(一) 筹资管理

筹资是企业财务管理中最基本的内容，无论是新成立企业，还是经营现有企业，都需要筹集一定数量的资金。企业要根据其生产经营、发展战略、资本结构等需要，依法、有效地筹集所需资金，进行筹资管理。在进行筹资过程中，企业首先要科学预测筹资的总规模，以保证所需资金，其次应通过选择合理的筹资渠道和筹资方式筹措所需资金，降低资本成本，降低财务风险，确定最优资本结构。

(二) 投资管理

企业有了资金后，必须将其投入使用，获得良好的经济效益。在进行投资管理活动时，企业需要考虑投资规模，投资方向和投资方式以提高投资效益，降低投资风险。按投资对象的形态与性质，企业投资可以划分为项目投资和证券投资。项目投资指企业购买具有实质内涵的经营资产以改善生产条件和扩大生产能力。证券投资是指通过购买证券资产而获取投资收益的投资。

(三) 营运资本管理

企业在日常的生产经营活动中，会发生一系列流动资产和流动负债资金的收付。企业营运资本在全部资金中占较大的比重，是企业财务管理工作中的一项重要内容。营运资本管理的内容主要包括：现金持有计划确定、应收账款信用政策制定、存货经济订货批量确定等。如何加速资金周转，有效节约资金，提高资金使用效率等需要提前做好规划。

(四) 利润分配管理

利润分配是企业对收入及净利润进行分配的过程，合理进行利润分配是企业持续健康发展的必然要求。例如，企业实现的净利润可以作为投资利润分配给投资者，也可以暂时留存企业形成未分配利润，或者作为投资者的追加投资。企业财务管理人员需要合理确定分配的规模和结构，确保企业取得最大的长期利益。

财务管理的内容

请思考

财务管理四个基本内容间存在怎样的关系？

四、财务管理的特点

企业管理有多方面内容，如生产管理、技术管理、人力资源管理、设备管理、销售管理、财务管理等。财务管理是企业管理的一个重要组成部分，它有别于其他管理，具有自身的特点。财务管理通过价值形式对企业的物质条件、经营过程和经营成果合理地规划和控制，达到提高经济效益、增加企业财富的目的。价值管理这一特点是财务管理最基本的特点。

（一）财务管理涉及面广

企业在生产经营中，每项活动都要涉及资金的收支，每个部门都会通过资金的使用与财务部门产生关联，每个部门都要在合理使用资金、节约资金等方面接受财务部门的指导和监督，同时财务部门也需要与这些部门密切配合，以实现财务管理目标。财务管理涉及筹资管理，金融市场作为筹资的场所，企业的财务活动必然要融入金融市场体系，这就使财务活动由企业内部扩展到企业外部。企业管理的任何内容都要反映在资金活动和价值变化上，因而财务管理具有广泛性。

（二）财务管理综合程度强

企业财务管理是围绕资金运动展开的，而企业生产经营活动各方面的质量和效果，多数可以通过资金运动过程和结果反映出来。资金运动具有综合性，这就决定了财务管理具有综合性。财务管理所使用的指标是以价值形式综合反映企业经营能力、成果水平和财务状况，及时组织资金供应，合理使用资金，严格控制生产费用，努力增加收入，合理分配收益，这都会对企业产生综合影响。

（三）财务管理灵敏度高

企业的一切活动都通过财务指标反映到财务部门。财务部门通过对财务指标的分析、计算、整理、综合，可以掌握企业各部门的动态。例如，生产部门可能没有发现生产流程中存在问题而导致产品质量下降，但是，财务部门可以从销售退回及激增的维修服务费用中发现问题。

任务二　理解财务管理目标

案例导入

宏达公司成立于2019年，是由甲、乙、丙三人共同出资2 000万元，三人平分股权比例，共同创立的一家纺织企业。企业发展初期，三位股东关注企业的持续增长能力，注重产品研发投入，企业实现了高速增长。2023年公司营业收入达3亿元，净收益5 000多万元。甲股东认为应该把这5 000多万元用于分红；乙股东认为应该买股票，可以获得更多利润；丙股东坚持认为应该抓住机遇，扩大企业规模，购买更为先进的制造设备，这样企业能够长期稳定发展。

思考与分析： 你赞成谁的观点，理由是什么？

财务管理的目标

一、企业财务管理目标

财务管理目标又称为理财目标，是企业财务管理活动所希望实现的结果。它是评价企业财务管理效果的基本标准。选择科学的财务管理目标，对优化理财行为，实现财务管理的良性循环具有十分重要的意义。对于企业财务管理目标的表达，有各种不同的观点，主要有利润最大化、股东财富最大化、企业价值最大化和相关者利益最大化。

（一）利润最大化

利润最大化是指企业通过合法经营，增收节支，使企业利润达到最大。这种观点的主要内容有：① 利润代表企业创造的财富，利润越多表示企业增加的财富越多；② 假定企业预期收益是确定的，财务管理将朝着企业利润最大化的方向进行。

利润直接体现了投资者投资的目的和企业的获利目标，有其内在的理论依据和现实依据。利润是一定时期企业全部收入减去全部费用后的盈余，能够定量，易于明确责任，便于纳入企业的全面预算体系。因此在企业财务的实践中，企业往往将利润最大化作为财务管理目标。但是，以利润最大化作为财务管理目标存在以下缺陷：

（1）没有考虑利润实现的时间和货币时间价值。比如，今年1 000万元的利润和5年后同等数量的利润的实际价值是不一样的，资金在5年间还有时间价值的增加，而且这一数值会随着贴现率的不同而有所不同。

（2）没有充分考虑风险问题，即获取利润所承担风险的大小。比如，同样投入1 000万元，本年获利100万元，一家企业的获利已经全部转化为现金，另一家企业则全部是应收账款，并可能发生坏账损失，哪一个更符合企业的目标？若不考虑所承担风险的大小，就难以对这个问题作出正确判断。不考虑风险问题，会使财务陷入困境，甚至可能破产。

（3）没有考虑所获利润和投入资本额的关系。比如，同样获得100万元利润，一家企业投入资本1 000万元，另一个企业投入800万元，哪一个更符合企业的目标？若不与投入的资本额联系起来，就难以对这个问题作出正确的判断。

（4）可能导致企业短期财务决策倾向，影响企业长远发展。由于利润指标通常按年计算，企业决策也往往会服务于年度指标的完成。比如，企业事先制定的利润目标是100万元，但快到年底时候只完成了80万元，为了完成100万元利润目标，企业变卖设备获取利润，无疑损害了企业的长远利益。

（二）股东财富最大化

对于股份制企业而言，股东财富最大化意味着增加企业股东财富是财务管理的目标。这种观点认为：① 股东创办企业的目的就是为了源源不断地增加财富；② 如果企业不能给股东带来财富，股东就不可能继续为企业提供资金；③ 在上市公司股票数量一定时，股票价格越高，股东的财富就越大。

与利润最大化相比，以股东财富最大化作为财务管理目标的优点表现在：

（1）对于上市公司来说，股东财富最大化目标比较容易量化，便于考核和奖惩。

（2）考虑了风险因素，通常股价会对风险作出较为敏感的反应。

（3）在一定程度上能够克服企业在追求利润上的短期行为，因为不仅仅目前利润会影响股票价格，预期的利润同样会对股价带来重大影响。

以股东财富最大化作为财务管理目标存在以下缺陷：

（1）通常只适用于上市公司，非上市公司难以应用。

（2）股价受到众多因素影响，可能受非正常内部因素影响，也可能受外部因素影响。比如，有的上市公司面临破产了，但是由于存在某些机会，其股票价格可能还在走高。

(3) 更强调股东利益，对其他相关者利益重视不够。

(三) 企业价值最大化

企业价值最大化是指企业财务管理行为以实现企业的价值最大为目标。企业价值最大化目标要求企业通过采用最优的财务政策，充分考虑货币时间价值和风险价值，在保证企业长期健康发展的基础上使得企业的总价值最大。

以企业价值最大化作为财务管理目标，其优点主要表现在：

(1) 考虑了资金的时间价值和投资的风险价值，有利于统筹安排长短期规划、合理选择投资方案、有效筹措资金以及合理制定股利政策等。

(2) 反映了对企业资产保值增值的要求，从某种意义上说，股东财富越多，企业市场价值就越大，追求股东财富最大化的结果可促使企业资产保值或增值。

(3) 用价值代替价格，避免了过多外界市场因素干扰，有效规避了企业的短期行为。

(4) 有利于社会资源合理配置。社会资金通常流向企业价值最大化或股东财富最大化的企业或行业，有利于实现社会效益最大化。

但是，以企业价值最大化作为财务管理的目标过于理论化，不易操作；对于非上市公司来说，只有对企业进行专门的评估才能确定其价值。然而在评估过程中，企业价值会受到评估标准和评估方式的影响，很难做到客观和准确。

(四) 相关者利益最大化

现代企业不是孤立的，而是由多个利益相关者组成的集合。企业利益相关者可以是股东，也可以是政府、债权人、企业经营者、客户、供应商、企业员工等。因此，企业在确定财务管理目标时，需要考虑这些相关者的利益，需要从更广泛、更长远的角度来考虑更为合适的理财目标，这就是相关者利益最大化目标。

相关者利益最大化目标包括以下几方面：① 强调风险与报酬的均衡，将风险限制在企业可以承受的范围内；② 强调股东的首要地位，强调企业与股东之间的协调关系；③ 强调对代理人即企业经营者的监督与控制，建立有效的激励机制以便企业战略目标的顺利实施；④ 关心本企业普通职工的利益，创造良好的工作环境和提供合理恰当的福利待遇，培养职工长期努力为企业工作；⑤ 不断加强与债权人的关系，培养可靠的资金供应者；⑥ 关心客户的长期利益，以便保持销售收入的长期稳定增长；⑦ 加强与供应商的协作，共同面对市场竞争，注重企业形象的宣传，遵守承诺，讲究信誉；⑧ 保持与政府部门的良好关系。

以相关者利益最大化目标作为企业财务管理目标，其优点主要表现在：

(1) 注重企业在发展过程中考虑并满足各利益相关者的利益关系，有利于企业长期稳定发展。

(2) 体现了合作共赢的价值理念，有利于实现企业经济效益和社会效益的统一。

(3) 这一目标本身是一个多元化、多层次的目标体系，较好地兼顾了各利益主体的利益。

(4) 体现了前瞻性和现实性的统一。

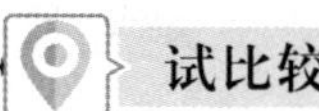

试比较

上述四种财务管理目标的比较，如表 1-1 所示。

表 1-1 财务管理四种目标比较

项 目	利润最大化	股东财富最大化	企业价值最大化	相关者利益最大化
时间价值	未考虑	考虑	考虑	考虑
风险因素	未考虑	考虑	考虑	考虑
长短期效应	短期行为	长期行为	长期行为	长期行为
其他	—	单纯考虑股东利益	—	综合考虑不同的利益相关者利益

二、利益冲突与协调

（一）所有者和经营者的利益冲突与协调

在现代企业中，经营者往往是所有者的代理人，所有者和经营者之间存在着利益冲突：一方面所有者希望经营者代表他们的利益工作，实现财富最大化；另一方面经营者也有自己利益考虑。冲突产生原因与协调方式，如表 1-2 所示。

表 1-2 所有者和经营者的利益冲突与协调

产生原因	① 所有者：以较小的代价（支付较少的报酬）实现更多的财富 ② 经营者：在为股东创造财富的同时，能够获取更多的报酬或享受，并避免各种风险
协调方式	① 解聘：通过所有者约束经营者，如果经营者业绩不佳，就解聘经营者 ② 接收：通过市场约束经营者，如果经营者决策失误，绩效不佳，该企业可能被其他企业收购，经营者也会被解雇 ③ 激励：将经营者的报酬与其绩效直接挂钩，如股票期权、绩效股

（二）所有者和债权人的利益冲突与协调

所有者的目标和债权人期望实现的目标有时也会不一致，具体产生原因与协调方式，如表 1-3 所示。

表 1-3 所有者和债权人的利益冲突与协调

产生原因	① 所有者可能要求经营者改变资金的原定用途，将其用于风险更高的项目，增大偿债风险，降低债权价值 ② 所有者可能未征得现有债权人同意，要求经营者举借新债，增大偿债风险，降低原有债权价值
协调方式	① 限制性借债：债权人事先规定借债用途、担保条款和信用条件 ② 收回借款或停止借款：债权人发现企业有侵蚀其债权价值的意图时，收回债权或不再给予新借款，从而保护自身利益

任务三　财务管理环境分析

案例导入

为贯彻中央经济工作会议和中央金融工作会议精神，做好金融“五篇大文章”，落实国务院常务会议关于推动新一轮大规模设备更新和消费品以旧换新的决策部署，中国人民银行设立科技创新和技术改造再贷款，激励引导金融机构加大对科技型中小企业、重点领域技术改造和设备更新项目的金融支持力度。科技创新和技术改造再贷款额度 5 000 亿元，利率 1.75%，期限 1 年，可展期 2 次，每次展期期限 1 年。再贷款的设立将有利于引导金融机构在自主决策、自担风险的前提下，向处于初创期、成长期的科技型中小企业，以及重点领域的数字化、智能化、高端化、绿色化技术改造和设备更新项目提供信贷支持。

思考与分析：科技创新和技术改造再贷款项目实施对科技型中小企业投融资决策有哪些影响？

财务管理环境是指对企业财务活动和财务管理产生影响作用的企业内外部条件。通过环境分析，从而提高企业财务行为对环境的适应能力、应变能力和利用能力，有助于更好地实现企业财务管理目标。财务管理环境主要包括经济环境、金融环境、法律环境等。

一、经济环境

财务管理的环境

财务管理作为一种微观管理活动，与其所处的经济体制、经济周期、经济发展水平、宏观经济政策等经济环境密切相关。

（一）经济体制

在计划经济体制下，国家统筹企业资本、统一投资、统负盈亏，企业没有独立的理财权利，因此财务管理活动的内容比较单一，财务管理的方法也较为简单。在社会主义市场经济体制下，企业有独立的经营权和理财权。企业可以从自身角度出发，有权确定资金需要量，筹集所需资金，投资效益高的项目，根据企业需要进行分配，保证企业财务活动能根据自身条件和外部环境作出相关财务管理决策。因此，财务管理活动的内容较为丰富，方法也复杂多样。

（二）经济周期

经济周期是指经济复苏、繁荣、衰退和萧条四个阶段的循环，在经济周期中的不同阶段，企业应该采用不同的财务管理战略，如表 1－4 所示。

表 1－4　　经济周期中不同阶段的财务管理战略

复　苏	繁　荣	衰　退	萧　条
增加厂房设备	扩充厂房设备	停止扩张	建立投资标准
实行长期租赁	继续建立存货	出售多余设备	保持市场份额

续 表

复　苏	繁　荣	衰　退	萧　条
建立存货储备	提高产品价格	停产不利产品	压缩管理费用
开发新产品	开展营销计划	停止长期采购	放弃次要利益
增加劳动力	继续增加劳动力	消减存货	消减存货
		停止扩招员工	调整员工数量

（三）经济发展水平

一般来说，经济发展水平越高，财务管理水平就越高，两者密切相关。一方面，经济发展水平的提高，将会改变企业财务战略、财务理念、管理方法手段等，从而促进财务管理水平提高；另一方面，财务管理水平的提高，有利于企业提高效率，降低成本，增加效益，从而促进经济发展水平的提高。因此，财务管理应该主动适应经济发展水平，以宏观经济发展目标为导向，从业务工作角度保证企业经营目标和经营战略的实现。

（四）宏观经济政策

不同的宏观经济政策，对企业财务管理影响不同。比如，金融政策中货币发行量、信贷规模等会影响企业资金的来源和投资效益；财税政策的变化会影响企业的资本结构变化；会计准则的改革会影响会计要素的确认和计量，进而对企业财务活动的事前预测、决策及事后的评价产生影响。

想一想

通货膨胀对企业财务活动的影响有哪些？

二、金融环境

财务管理的金融环境是指金融市场的资金供应和利率变动会对企业的财务决策造成影响。金融市场作为企业资金融通的场所，其政策变化必然会影响到企业的筹资、投资、营运资本及利润分配活动。比如，当市场利率上升时，金融市场筹资成本和风险将会提高，企业筹资就会变得困难；从紧的货币政策下，容易导致市场上原材料供应紧张、价格上涨、流动资金占用增加的现象，此时，企业就应该及时调整政策，积极应对。货币同样会影响企业的利润分配，由于筹资相对困难，企业会考虑扩大留存收益，减少分配，以应对未来资金需要。总之，财务管理人员必须熟悉金融市场的各种类型和管理规则，有效利用金融市场来组织筹资、投资等财务活动。

政策导航

为深入贯彻中央经济工作会议精神，落实好《政府工作报告》提出的各项降成本重点任务，全力支持实体经济高质量发展，国家发展改革委、工业和信息化部、财政部、人民银行办公厅联合印发了《关于做好 2024 年降成本重点工作的通知》(发改办运行〔2024〕428 号)。通知要求提升金融服务实体经济质效，并提出“营造良好的货币金融环境、推动贷款利率稳中有降、引导金融资源精准滴灌、持续优化金融服务、降低中小微企业汇率避险成本”等五项措施。

想一想

目前国家货币政策有哪些变化，对企业财务管理会造成哪些影响？

三、法律环境

法律环境是指企业与外部发生经济关系时应遵守的有关法律，法规和部门规章，主要包括《中华人民共和国公司法》(以下简称《公司法》)、《中华人民共和国证券法》(以下简称《证券法》)、《中华人民共和国民法典》(以下简称《民法典》)、《中华人民共和国会计法》、企业会计准则、《企业内部控制基本规范》等。企业的理财活动，无论是筹资、投资还是利润分配，都要与企业外部发生经济关系，在处理经济关系时，企业应当遵守相关的法律规范。国家相关法律法规按照对财务管理内容的影响情况可以分为如下几类：① 影响企业筹资活动的法律法规有《公司法》《证券法》《民法典》等；② 影响企业投资的法律法规有《公司法》《证券法》、企业会计准则等；③ 影响企业利润分配的法律法规有《公司法》、企业会计准则及税法等。

政策导航

2023 年 12 月 29 日，十四届全国人大常委会第七次会议表决通过了新修订的《公司法》，并将于 2024 年 7 月 1 日起正式施行。

为落实《证券法》关于证券市场程序化交易监管的规定，贯彻《国务院关于加强监管防范风险推动资本市场高质量发展的若干意见》，促进程序化交易规范发展，维护证券交易秩序和市场公平，中国证监会制定发布《证券市场程序化交易管理规定(试行)》，自 2024 年 10 月 8 日起正式实施。

项目知识结构图

本项目知识结构，如图 1－1 所示。

总结：项目一

1

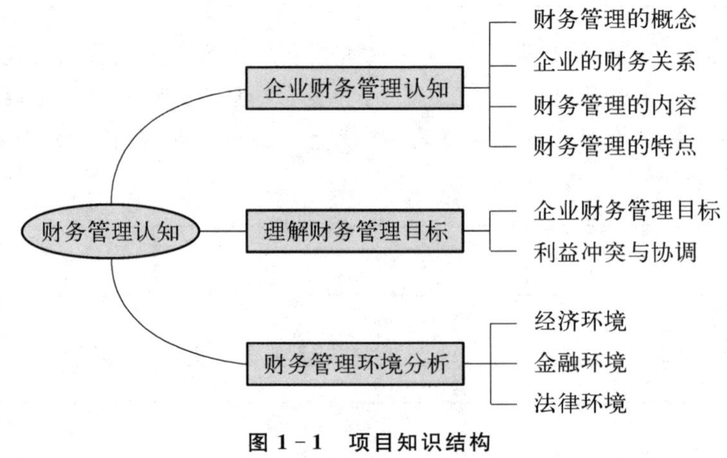

图 1-1 项目知识结构

基本训练

一、单项选择题

1. 财务管理的基本特征是(　　)。

A. 价值管理　　B. 生产管理

C. 技术管理　　D. 销售管理

2. 下列关于财务管理具体内容的表述中,不正确的是(　　)。

A. 财务管理的各部分内容是相互联系、相互制约的

B. 收入与分配管理贯穿于投资、筹资和资金营运活动的全过程

C. 筹资管理是财务管理的基础

D. 投资和筹资的成果都需要依赖资金的营运才能实现

3. 作为财务管理目标,与利润最大化相比,股东财富最大化不具备的优点是(　　)。

A. 在一定程度上可以避免短期行为　　B. 考虑了风险因素

C. 对上市公司而言,比较容易衡量　　D. 重视各利益相关者的利益

4. 下列各项中,能够用于协调企业所有者与企业债权人矛盾的方法是(　　)。

A. 解聘　　B. 接收　　C. 激励　　D. 停止借款

5. 下列各项中,不属于经济繁荣时期实施的财务战略的是(　　)。

A. 扩充厂房设备　　B. 继续建立存货

C. 出售多余设备　　D. 提高产品价格

二、多项选择题

1. 企业财务关系的内容包括(　　)。

A. 企业与投资者、被投资者之间的财务关系

B. 企业与债权人、债务人之间的财务关系

C. 企业内部各单位之间的财务关系

D. 企业所有者与经营者之间的财务关系

2. 利润最大化目标的主要缺点有（　　）。

A. 未能考虑投入和产出之间的关系

B. 未能考虑货币时间价值

C. 未能有效地考虑风险

D. 可能使企业财务决策具有短期行为的倾向

3. 以企业价值最大化作为财务管理目标的优点有（　　）。

A. 考虑了货币时间价值和风险价值　　B. 有利于社会资源的合理配置

C. 反映了对资产保值增值的要求　　D. 有利于克服管理上的短视行为

4. 下列关于经济周期中经营理财战略的表述，正确的有（　　）。

A. 在经济复苏期企业应当增加厂房设备

B. 在经济繁荣期企业应减少劳动力，以实现更多利润

C. 在经济衰退期企业应减少存货

D. 在经济萧条期企业应裁减雇员

5. 相关者利益最大化目标的具体内容包括（　　）。

A. 关心本企业普通职工的利益

B. 强调股东的首要地位，强调企业与股东之间的协调关系

C. 不断加强与债权人的关系，培养可靠的资金供应者

D. 加强与供应商的协作

三、判断题

1. 对于以相关者利益最大化为财务管理目标的公司来说，最为主要的利益相关者应是公司员工。（　　）

2. 经济发展水平越高，财务管理的水平也就越高；财务管理水平提高也能促进经济发展水平提高。（　　）

3. 股东财富最大化目标不仅强调了股东的利益，对其他关系人的利益也很重要。（　　）

4. 企业的财务管理活动，无论是筹资、投资还是利润分配，都要与企业外部发生经济关系，在处理经济关系时，企业就应当遵守相关的法律规范。（　　）

项目二　财务管理观念

◇ 知识目标

1. 理解货币时间价值的含义和意义。

2. 理解现值、终值、一次性收付、年金、名义利率与实际利率等基本概念。

3. 掌握货币时间价值的计算原理。

4. 理解风险的概念、种类以及风险与报酬的关系。

5. 认识风险价值的重要意义。

6. 掌握风险程度的计量方法。

◇ 技能目标

1. 能灵活运用货币时间价值的计算方法进行简单的财务决策。

2. 能在权衡风险与报酬的基础上,进行简单的投资方案选择。

任务一　货币时间价值认知与计算

案例导入

圆融村为了全面贯彻落实党的二十大精神，加快构建新发展格局，着力推动高质量发展，全面推进乡村振兴，决定由某村办企业购置一台大型生产设备，提高茶叶生产效率。该设备总价款为80万元，供货方提供了三种付款方案：

(1) 一次性付款，可享受2%的价格折扣。

(2) 如果第一年年末付款，须付款84万元。

(3) 若从购买时开始分三次付款，则每年须付款30万元。

假设银行的年利率为8%。

思考与分析： 请你对该村办企业作出一个最有利的付款方式决策。

一、货币时间价值认知

(一) 货币时间价值的含义

货币时间价值也称资金时间价值，是指一定数量的资金经历一定时间的投资和再投资所增加的价值。

资金投入生产经营过程后，随着时间的推移，其价值不断增加，这是一种客观的经济现象。当然，从定义来看，货币时间价值虽然来源于时间，但是投资和再投资才是时间价值形成的本质。货币时间价值原理告诉我们，不同时点上的资金是不等值的，例如年初的100元和年末的100元不是等价的。年初的100元投入社会生产将实现增值，因此，年末的价值将大于100元。根据资金增值的这一规律，企业在财务管理过程中就很有必要建立一个基本观念：不同时点上的资金不能直接进行比较，也不能直接相加减。要完成上述比较与运算，需要将其折算到同一时间点。

(二) 货币时间价值的作用

货币时间价值是评价投资方案是否可行的基本依据。如果一个投资方案的利润率低于时间价值，则该投资方案经济效益不佳，方案不可行；反之，说明该方案的经济效益良好，方案可行。例如，有一个投资项目，投资额为100万元，投资5年后获利50万元，不考虑时间价值，那么该方案是可行的；如果假设平均每年利息率为12%，考虑货币时间价值因素，则5年后的获利应该达到76.2万元，那么这个方案是不可行的。

货币时间价值是评价企业收益的尺度。企业的目标是盈利，不断增加股东财富。为此，企业经营者为了实现预期收益，必须充分调动与运用各项经济资源，而评判这些资源是否充分有效使用，要看其是否实现了预期盈利水平。这个盈利水平是以社会平均资金利润率为标准的。因此货币时间价值就成为评价企业收益的尺度。

请思考

是否所有货币都具有时间价值？如果将一定数量的货币藏在箱子里，那么这些货币是否具有时间价值？

2

（三）货币时间价值的形式

在通常情况下，货币时间价值被认为是没有风险和没有通货膨胀的条件下的社会平均利润率。这是在市场经济中由于竞争而使各部门投资的利润率趋于平均化作用的结果。由于货币时间价值的计算方法与利息的计算方法相同，因此人们常常将货币时间价值与利息混为一谈。实际上，利率不但包括时间价值，而且也包括风险价值和通货膨胀等因素。由于只有在购买政府债券时几乎没有风险，如果通货膨胀率很低的话，政府债券利率可视同货币时间价值。

货币时间价值可用绝对数（利息额）和相对数（利息率）两种形式表示，通常用相对数表示。货币时间价值实际上是在没有风险和没有通货膨胀条件下的社会平均利润率，是企业资金利润率的最低限度，也是使用资金的最低成本率。

请思考

货币时间价值与利率、利息、社会平均利润率分别是什么关系？

二、一次性收付款项的终值与现值

一次性收付款项是指在某一特定时点上，一次性地支出或收入，经过一段时间后再一次性地收回或支出的款项。例如，现在将 1 万元现金存入银行，5 年后一次性取出本利和。

由于存在货币时间价值，因此在不同时间的同一笔资金，其价值是不同的。计算货币时间价值，其实质就是不同时点上货币时间价值的换算。它具体包括两方面的内容：

（1）计算现在拥有一定数额的资金，在未来某个时点上是多少数额，这是终值计算问题。终值（future value），又称将来值或本利和，是指现在一定量的现金在将来某一时点上的价值。

（2）计算未来时点上一定数额的资金，相当于现在多少数额的资金，这是现值计算问题。现值（present value），又称本金，是指未来某一时点上的一定量现金折算到现在的价值。

货币时间价值的计算有两种方法：一是单利法，二是复利法。

单利（simple interest），是指在计算利息时，每次都按照原先融资双方确认的本金计算利息，每次计算的利息并不转入下一次本金中。在利用单利计算利息时，隐含着这样的假设：每次计算的利息并不自动转为本金，而是借款人代为保存或由贷款人取走，因而利息不再产生利息。

复利（compound interest），是指每次计算出利息后，即将利息加入本金，从而使下一次的利息计算在上一次的本利和的基础上进行，即通常所说的“利滚利”。在复利计算利息时，隐含着这样的假设：每次计算利息时，都要将计算的利息转入下次计息的本金，重新计算利息。这是因为放贷人每次收到利息，都不会让其闲置，而是重新贷出，从而扩大自己的货币价值。

比较单利和复利的计算思路和假设，可看出复利的依据更为充分，更为现实，因为复利法更能确切地反映本金及其增值部分的时间价值。如果放贷人是一个理性人，就应该追求自身货币价值的最大化，因而会在每次收到贷款利息时将再贷出这部分利息以获得利息。因此，在财务管理中，大部分决策都是在复利计算方式下考虑投资收益和成本。

请思考

单利与复利的本质区别是什么？

2

（一）单利终值与现值的计算

单利是指只对本金计算利息，利息部分不再计息。

在货币时间价值的计算中，为方便记忆，统一设定以下符号：

P 表示本金（现值）；i 表示利率；I 表示利息；F 表示本利和（终值）；n 表示时间（期数）。

单利利息的计算公式如下。

$$I=P\times i\times n$$

单利终值的计算公式如下。

$$F=P+I=P+P\times i\times n=P\times(1+i\times n)$$

单利现值的计算公式如下。

$$P=F\div(1+i\times n)$$

【业务2-1】　某人将1 000元存入银行，假设利率为10%。要求：计算1年后、2年后、3年后的终值。

解析：

1年后，$F=P\times(1+i\times n)=1\,000\times(1+10\%\times1)=1\,100$（元）

2年后，$F=P\times(1+i\times n)=1\,000\times(1+10\%\times2)=1\,200$（元）

3年后，$F=P\times(1+i\times n)=1\,000\times(1+10\%\times3)=1\,300$（元）

【业务2-2】　甲存入银行一笔钱，假设利率为5%。要求：若想在1年后拿到10 500元，现在应存入多少钱？

解析：$P=F\div(1+i\times n)=10\,500\div(1+5\%\times1)=10\,000$（元）

（二）复利终值与现值的计算

复利计算方法是每经过一个计息期，要将该期所派生的利息加入本金再计算利息，逐期滚动计算，俗称“利滚利”。这里所说的计息期，是相邻两次计息的间隔，如年、月、日等。除非特别说明，计息期一般为1年。

（1）复利终值的计算公式为：

$$F=P\times(1+i)^n$$

式中，$(1+i)^n$ 为复利终值系数，记作 $(F/P,i,n)$；n 为计息期。复利终值系数值可查“1元复利终值表”得到。

【业务2-3】 张三将一笔5 000元现金存入银行，银行一年期定期利率为5%。要求：按复利计算张三第1年和第2年的终值。

解析：

第1年，$F=P\times(1+i)^n=5\,000\times(F/P,\ 5\%,\ 1)=5\,000\times1.05=5\,250$(元)

第2年，$F=P\times(1+i)^n=5\,000\times(F/P,\ 5\%,\ 2)=5\,000\times1.102\,5=5\,512.5$(元)

式中，$(F/P,\ 5\%,\ 2)$表示利率为5%、期限为2年的复利终值系数，在1元复利终值表中，可以从横行中找到利率5%，纵列中找到期数为2期，纵横相交处，可查到$(F/P,\ 5\%,\ 2)=1.102\,5$。该系数表明，在利率为5%的条件下，现在的1元与2期后的1.102 5元等值。

(2) 复利现值的计算公式为：

$$P=\frac{F}{(1+i)^n}$$

式中，$\frac{1}{(1+i)^n}$为复利现值系数，记作$(P/F,\ i,\ n)$；n为计息期。复利现值系数值可查"复利现值系数表"得到。

【业务2-4】 李四希望5年后获得10 000元本利和，银行利率为5%。要求：按复利计算李四现在应存入多少钱。

解析：$P=\frac{F}{(1+i)^n}=F\times(P/F,\ 5\%,\ 5)=10\,000\times0.783\,5=7\,835$(元)

式中，$(P/F,\ 5\%,\ 5)$表示利率为5%，期限为5年的复利现值系数，同样可以在"复利现值系数表"上查到，这里不再细述其方法。

(3) 复利利息。其计算公式如下：

$$I=F-P$$

【业务2-5】 要求：根据【业务2-4】复利现值计算资料，计算5年的利息。

解析：$I=F-P=10\,000-7\,835=2\,165$(元)

三、年金的终值与现值

年金(annuity)是指一定时期内，每隔相同的时间，收入或支出相同金额的系列款项。折旧、租金、等额分期付款、养老金、保险费、零存整取等都属于年金问题。年金具有连续性和等额性的特点。连续性要求在一定时间内，间隔相等时间就要发生一次收支业务，中间不得中断，必须形成系列。等额性要求每期收、付款项的金额必须相等。

根据每次收付发生的时点不同，年金可分为普通年金、预付年金、递延年金和永续年金四种。需要注意的是，在财务管理中，年金一般是指普通年金。

(一) 普通年金的计算

普通年金(ordinary annuity)是指在一定时期内每期期末，收入或支出相等金额的系列款项。每一间隔期有期初和期末两个时点，由于普通年金是在期末这个时点上发生收付，故又称为后付年金。

普通年金的计算

2

1. 普通年金终值的计算

普通年金终值是指每期期末收入或支出的相等款项，按复利计算，在最后一期期末所得的本利和。

每期期末收入或支出的款项用 A 表示，利率用 i 表示，期数用 n 表示，那么每期期末收入或支出的款项，折算到第 n 期的终值 F 计算如下：

第 n 期支付或收入的款项 A 折算到最后一期（第 n 期），其终值为 $A\times(1+i)^0$。

第 $n-1$ 期支付或收入的款项 A 折算到最后一期（第 n 期），其终值为 $A\times(1+i)^1$。

……

第 2 期支付或收入的款项 A 折算到最后一期（第 n 期），其终值为 $A\times(1+i)^{n-2}$。

第 1 期支付或收入的款项 A 折算到最后一期（第 n 期），其终值为 $A\times(1+i)^{n-1}$。

那么第 n 期的年金终值之和为：

$$F=A\times(1+i)^0+A\times(1+i)^1+\cdots+A\times(1+i)^{n-2}+A\times(1+i)^{n-1}$$

经整理得：

$$F=A\times\frac{(1+i)^n-1}{i}$$

式中，$\frac{(1+i)^n-1}{i}$ 称为“年金终值系数”或“1 元年金终值”，记为$(F/A,\ i,\ n)$，表示年金为 1 元，利率为 i，经过 n 期的年金终值是多少，可直接查“年金终值系数表”得到，普通年金终值计算过程如图 2-1 所示。

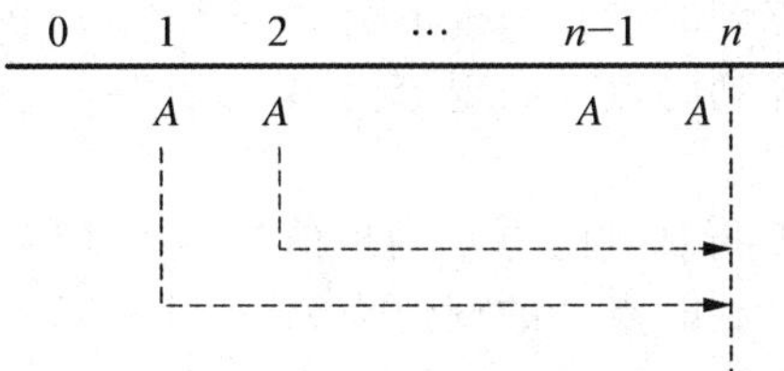

图 2-1　普通年金终值计算示意图

【业务 2-6】　某人连续 5 年每年年末存入银行 10 000 元，利率为 5%。要求：计算第 5 年年末的本利和。

解析：$F=A\times(F/A,\ 5\%,\ 5)=10\,000\times5.525\,6=55\,256$（元）

2. 年偿债基金的计算

计算年金终值，一般由已知年金求终值。有时会碰到已知年金终值，反过来求每年收付的年金数额的情况，这是年金终值的逆运算，称作年偿债基金的计算。计算公式如下：

$$A=F\times\frac{i}{(1+i)^n-1}$$

式中，$\frac{i}{(1+i)^n-1}$ 称作“偿债基金系数”，记作$(A/F,\ i,\ n)$，可根据年金终值系数的倒数得到,即:$(A/F, i, n)=1\div(F/A, i, n)$。

【业务2-7】 某人在5年后要偿还一笔50 000元的债务,银行利率为5%。要求:计算他为归还这笔债务,从现在开始,每年年末应存入银行多少钱?

解析:$A=F\times(A/F, i, n)=50\,000\times(A/F, 5\%, 5)$

$=50\,000\times[1\div(F/A, 5\%, 5)]$

$=50\,000\times1\div5.525\,6$

$=9\,048.79$(元)

3. 普通年金现值的计算

普通年金现值是指一定时期内每期期末等额收支款项的复利现值之和,实际上就是为了在未来每期期末取得或支出相等金额的款项,现在需要一次投入或借入多少金额。年金现值用 P 表示,计算过程如图2-2所示。

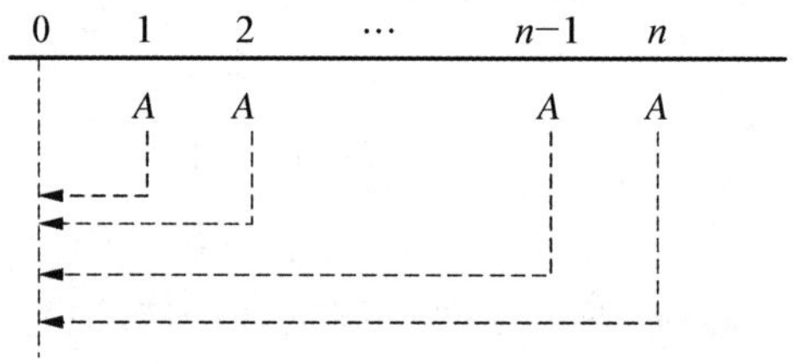

图2-2 普通年金现值计算示意图

要将每期期末的收支款项全部折算到第1期的期初,即时点0,则:

第1期期末的年金 A 折算到时点0的现值为 $A\times(1+i)^{-1}$。

第2期期末的年金 A 折算到时点0的现值为 $A\times(1+i)^{-2}$。

……

第$(n-1)$期期末的年金 A 折算到时点0的现值为 $A\times(1+i)^{-(n-1)}$。

第 n 期期末的年金 A 折算到时点0的现值为 $A\times(1+i)^{-n}$。

那么,n 期的年金现值之和为:

$$P=A\times(1+i)^{-1}+A\times(1+i)^{-2}+\cdots+A\times(1+i)^{-(n-1)}+A\times(1+i)^{-n}$$

经整理可得:

$$P=A\times\frac{1-(1+i)^{-n}}{i}$$

式中,$\frac{1-(1+i)^{-n}}{i}$ 称为"年金现值系数"或"1元年金现值",记作$(P/A, i, n)$,表示年金1元,利率为 i,经过 n 期的年金现值,可查"年金现值系数表"得到。

【业务2-8】 某人希望每年年末取得10 000元,连续取5年,银行利率为5%。要求:计算第1年年初应一次存入多少元。

解析:$P=A\times(P/A, i, n)=10\,000\times(P/A, 5\%, 5)$

$=10\,000\times4.329\,5=43\,295$(元)

4. 年回收额的计算

【业务 2-8】中是已知年金，计算年金的现值，也可以反过来在已知年金现值的条件下求年金。这是年金现值的逆运算，称作年回收额的计算。其计算公式如下：

$$A = P \times \frac{i}{1-(1+i)^{-n}}$$

2

式中，$\frac{i}{1-(1+i)^{-n}}$ 称作“回收系数”，记作 $(A/P, i, n)$，这是年金现值系数的倒数，可利用年金现值系数的倒数来求得。

【业务 2-9】 某人购入一套商品房，须向银行按揭贷款 100 万元，准备 20 年内于每年年末等额偿还，银行贷款利率为 5%。要求：计算每年应归还多少万元？

解析：$A = P \times (A/P, i, n)$

$= 100 \times (A/P, 5\%, 20)$

$= 100 \times [1 \div (P/A, 5\%, 20)]$

$= 100 \times 1 \div 12.462\,2$

$= 8.024\,3$（万元）

（二）预付年金的计算

预付年金（prepaid annuity）是指每期期初收入或支出相等金额的系列款项，也称先付年金或即付年金。预付年金与普通年金的区别在于收付款的时点，普通年金发生在每期期末，预付年金发生在每期期初。预付年金与普通年金的比较如图 2-3 所示。

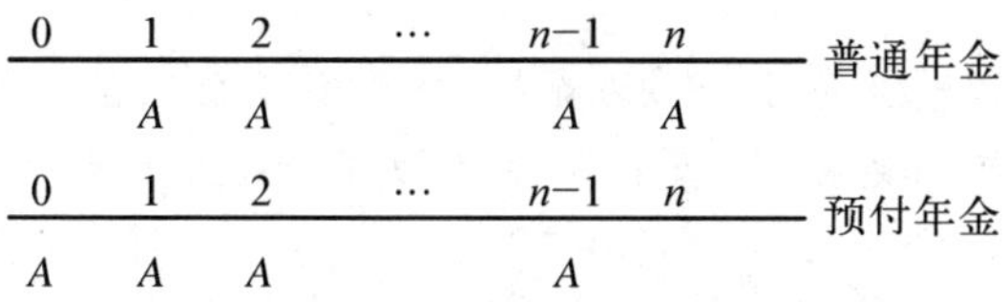

0	1	2	…	n−1	n	普通年金
	A	A		A	A	

0	1	2	…	n−1	n	预付年金
A	A	A		A		

图 2-3　预付年金与普通年金比较示意图

从图 2-3 可见，n 期的预付年金与 n 期的普通年金，其收付款次数是相同的，只是收付款项时点不同。如果计算年金终值，预付年金要比普通年金多计一年的利息；如果计算年金现值，则预付年金要比普通年金少折现一期。因此，在普通年金的现值、终值基础上，乘以 $(1+i)$ 便可以计算出预付年金的现值与终值。

1. 预付年金终值的计算

预付年金终值的计算公式如下：

$$F = A \times \frac{(1+i)^n - 1}{i} \times (1+i) = A \times \left[\frac{(1+i)^{n+1} - 1}{i} - 1\right]$$

预付年金终值的计算

式中，$\left[\frac{(1+i)^{n+1} - 1}{i} - 1\right]$ 称为“预付年金终值系数”，记作 $[(F/A, i, n+1) - 1]$，可利用“年金终值系数表”查得 $(n+1)$ 期的终值系数，然后减去 1，就可得预付年金终值。

2

【业务 2-10】 根据【业务 2-6】的资料，将普通年金终值计算中收付款的时间改为每年年初，其余条件不变。要求：计算第 5 年年末的本利和。

解析：$F = A \times [(F/A, i, n+1) - 1]$

$= 10\,000 \times [(F/A, 5\%, 5+1) - 1]$

$= 10\,000 \times (6.801\,9 - 1)$

$= 58\,019$(元)

与【业务 2-6】相比，预付年金终值比普通年金终值，相差 2 763 元 (58 019 − 55 256)，该差额实际上就是预付年金比普通年金多计一年利息而造成的，即 $55\,256 \times 5\% = 2\,762.8$(元)。

重要提示

【业务 2-10】中，也可按如下方式计算：$F = 10\,000 \times (F/A, 5\%, 5) \times (1+5\%)$

预付年金现值的计算

2. 预付年金现值的计算

预付年金现值的计算公式如下：

$$P = A \times \left[\frac{1-(1+i)^{-n}}{i}\right] \times (1+i) = A \times \left[\frac{1-(1+i)^{-(n-1)}}{i} + 1\right]$$

式中，$\left[\frac{1-(1+i)^{-(n-1)}}{i} + 1\right]$ 称为“预付年金现值系数”，记作$[(P/A, i, n-1)+1]$，可利用“年金现值系数表”查得$(n-1)$期的现值系数，然后加上 1，就可得预付年金现值系数。

【业务 2-11】 根据【业务 2-8】的资料，将普通年金现值计算中收付款的时间改在每年年初，其余条件不变。要求：计算第 1 年年初应一次存入多少钱。

解析：$P = A \times [(P/A, i, n-1) + 1]$

$= 10\,000 \times [(P/A, 5\%, 5-1) + 1]$

$= 10\,000 \times (3.546\,0 + 1)$

$= 45\,460$(元)

本例所求预付年金现值与【业务 2-8】求得的普通年金现值，相差 2 165 元 (45 460 − 43 295)，该差额是由预付年金现值比普通年金现值少折现一期造成的，即 $43\,295 \times 5\% = 2\,164.75$(元)。

重要提示

【业务 2-11】中，也可按如下方式计算：$P = 10\,000 \times (P/A, 5\%, 5) \times (1+5\%)$

（三）递延年金的计算

前两种年金的第一次收付时间都发生在整个收付期的第一期的期初或期末。但有时会遇到第一次收付不发生在第一期，而是隔了几期后才在以后的每期期末发生一系列的收支款项的情况，这种年金形式就是递延年金(deferred annuity)，它是普通年金的特殊形式。因此，此类不在第一期开始收付的年金，被称为递延年金。递延年金的支付特点如图 2-4 所示。

递延年金的计算

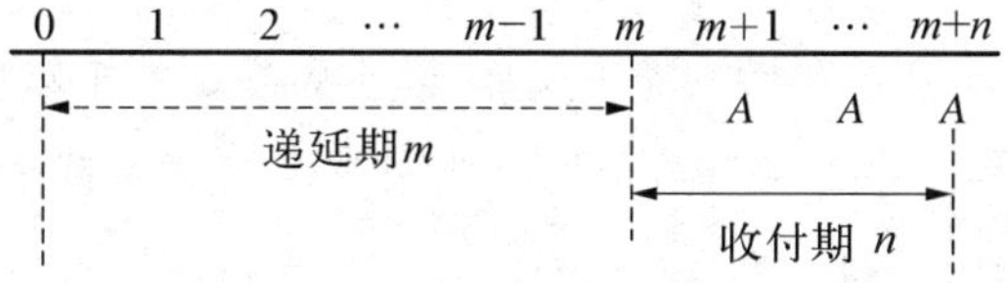

2

图 2-4　递延年金的支付特点

从图 2-4 中可知，递延年金的第一次年金收付没有发生在第一期，而是隔了 m 期(这 m 期就是递延期)，在第 $m+1$ 期才发生第一次收付，并且在以后的 n 期内，每期期末均发生等额的现金收支。

1. 递延年金终值的计算

在图 2-4 中，年金一共支付了 n 期。只要将这 n 期年金折算到期末，即可得到递延年金终值。所以，递延年金终值的大小与递延期无关，只与年金共支付了多少期有关，它的计算方法与普通年金相同。计算公式如下：

$$F = A \times (F/A, i, n)$$

【业务 2-12】　某企业于年初投资一项目，估计从第 5 年开始至第 10 年，每年年末可得收益 10 万元，假定年利率为 5%。要求：计算投资项目年收益的终值。

解析：$F = A \times (F/A, i, n)$

$= 10 \times (F/A, 5\%, 6)$

$= 10 \times 6.801\,9$

$= 68.019$(万元)

请思考

在【业务 2-12】中，n 为什么是 6?

2. 递延年金现值的计算

递延年金的现值可用以下三种方法来计算：

(1) 两步折现法。把递延年金视为 n 期的普通年金，将其折现至递延期期末 m 点，再将 m 点的现值折现至 0 点。仍然沿用图 2-4 的字母符号，计算公式如下：

$$P = A \times (P/A, i, n) \times (P/F, i, m)$$

(2) 一步扣减法。先假设递延期也发生收支，则变成一个$(m+n)$期的普通年金，算出$(m+n)$期的年金现值，再扣除并未发生年金收支的 m 期递延期的年金现值。计算公式如下：

$$P = A \times [(P/A, i, m+n) - (P/A, i, m)]$$

(3) 先终后现法。先算出递延年金的终值，再将终值折算到第一期期初，即 0 点。计算公式如下：

$$P = A \times (F/A, i, n) \times (P/F, i, m+n)$$

【业务 2-13】 某企业于年初投资一项目，希望从第 5 年开始每年年末取得 10 万元收益，投资期限为 10 年，假定年利率为 5%。要求：计算该企业年初最多投资多少元才能获利。

解析 1，两步折现法：

$$\begin{aligned} P &= A \times (P/A, i, n) \times (P/F, i, m) \\ &= 10 \times (P/A, 5\%, 6) \times (P/F, 5\%, 4) \\ &= 10 \times 5.075\,7 \times 0.822\,7 \\ &= 41.76(\text{万元}) \end{aligned}$$

解析 2，一步扣减法：

$$\begin{aligned} P &= A \times [(P/A, i, m+n) - (P/A, i, m)] \\ &= 10 \times [(P/A, 5\%, 10) - (P/A, 5\%, 4)] \\ &= 10 \times (7.721\,7 - 3.546\,0) \\ &= 41.76(\text{万元}) \end{aligned}$$

解析 3，先终后现法：

$$\begin{aligned} P &= A \times (F/A, i, n) \times (P/F, i, m+n) \\ &= 10 \times (F/A, 5\%, 6) \times (P/F, 5\%, 10) \\ &= 10 \times 6.801\,9 \times 0.613\,9 \\ &= 41.76(\text{万元}) \end{aligned}$$

上述计算结果表明，该投资项目的预期收益的现值为 41.76 万元，即该企业年初投资额不超过 41.76 万元才能获利。

永续年金的计算

(四) 永续年金的计算

永续年金(perpetuity)是指无限期的收入或支出相等金额的年金，也称永久年金。它也是普通年金的一种特殊形式。由于永续年金的期限趋于无限，没有终止时间，因此也没有终值，只有现值。永续年金的现值计算公式如下：

$$P = A \times \frac{1-(1+i)^{-n}}{i}$$

当 $n \to \infty$，$(1+i)^{-n} \to 0$，则：

$$P = \frac{A}{i}$$

【业务 2-14】 某企业要建立一项永久性扶困基金，计划每年拿出 5 万元帮助失学儿童，年利率为 5%。要求：计算现在应筹集多少资金才能满足需要。

解析：$P = \frac{A}{i} = 5 \div 5\% = 100(\text{万元})$

请思考

经常遇到的永续年金有哪些？为什么说养老金是永续年金？从个人角度出发，如果60岁开始领养老金，一直到其死亡为止，这是永续年金吗？

四、货币时间价值的应用

复利的计息期不一定总是1年，有可能是季度、月或日。当利息在1年内要复利几次时，给出的年利率叫作名义利率。

【业务2-15】 本金1 000元投资5年，年利率8%。要求：计算每年复利一次的利息和每季度复利一次的利息。

解析：如果每年复利一次，其本利和与复利利息的计算过程如下。

$F_1 = 1\,000 \times (F/P, 8\%, 5) = 1\,000 \times 1.469\,3 = 1\,469.3$(元)

$I_1 = 1\,469.3 - 1\,000 = 469.3$(元)

如果每季度复利一次，其本利和与复利利息的计算过程如下。

季度利率$=8\% \div 4 = 2\%$

复利次数$=5 \times 4 = 20$

$F_2 = 1\,000 \times (F/P, 2\%, 20) = 1\,000 \times 1.485\,9 = 1\,485.9$(元)

$I_2 = 1\,485.9 - 1\,000 = 485.9$(元)

如果1年内复利几次时，实际得到的利息要比按名义利率计算的利息高。I_2比I_1多16.9元。实际利率i要高于8%，可用下述方法计算：

$F = P \times (F/P, i, n)$

$1\,485.9 = 1\,000 \times (F/P, i, 5)$

$(F/P, i, 5) = 1.485\,9$

查表得：

$(F/P, 8\%, 5) = 1.469\,3$

$(F/P, 9\%, 5) = 1.538\,6$

用插值法求得实际年利率：

$$\frac{1.538\,6 - 1.469\,3}{9\% - 8\%} = \frac{1.485\,9 - 1.469\,3}{i - 8\%}$$

$i = 8.24\%$

实际利率与名义利率之间的关系是：

$$1 + i = \left(1 + \frac{r}{M}\right)^M$$

式中，r表示名义利率；M表示每年复利次数；i表示实际利率。

由此可见，实际利率既可用插值法求得，也可用公式求得。

插值法在财务管理中的应用比较广泛。例如，货币时间价值的计算中，求n和求i都可以用插值法。

2

任务二 企业风险与报酬衡量

案例导入

圆荣公司持有甲公司股票200万元和乙公司股票200万元。两种股票的预期收益率及概率分布,如表2-1所示。

表2-1 两种股票的预期率及其概率分布

经济情况	甲公司		乙公司	
	预期收益率/%	概 率	预期收益率/%	概 率
衰退	20	0.1	10	0.2
正常	30	0.5	20	0.6
繁荣	40	0.4	70	0.2

经专家测定,甲公司的风险报酬系数为5%,乙公司的风险报酬系数为4%。

思考与分析: 试计算两种股票的期望报酬率及二者风险的大小,并对二者的风险与收益进行评判。

一、风险价值认知

(一) 风险的含义

向上抛一枚硬币,事先可以知道硬币落地时有正面朝上和反面朝上两种结果,而且每一种结果出现的可能性是50%,但究竟会出现哪一种结果是无法事先确定的。这个简单的游戏引出了财务管理活动中风险的概念。什么是风险?风险是指一定条件下,一定时期内,某一项行动具有多种可能但结果不确定。财务管理意义上的风险是指企业在财务活动中,由于各种难以预料或无法控制的因素,使企业的实际收益和预期收益发生背离的可能性。

在理解风险的概念时,需要注意以下两点:

(1) 风险不同于危险。风险是指结果的不确定性或损失发生的可能性,而危险一般是指损失事件更易于发生或损失事件一旦发生会使损失更加严重的环境。

(2) 风险不同于损失。损失是一个事后概念,而风险是一个事前概念。在事件发生以前,风险就已经产生或存在,而损失并没有发生,只有潜在的可能性。一旦损失实际发生,风险就不复存在了,因为不确定性已经转化为确定性。

(二) 风险的分类

风险的分类,如表2-2所示。

表 2-2 风险的分类

分类标准	分 类	说 明
风险产生的原因	自然风险	由自然力的不规则变化引起的风险
	人为风险	由人们的行为及各种政治、经济活动引起的风险，包括行为风险、经济风险、政治风险、技术风险等
风险的性质	静态风险	在社会政治经济正常的情况下，由自然力的不规则变动和人们的错误判断和错误行为导致的风险
	动态风险	由社会的某一变动，如经济、社会、技术、环境、政治等的变动而导致的风险
风险的来源	系统风险	对整个市场上各类企业都产生影响的风险。由于这些风险来自企业外部，是企业无法控制和回避的，因此又称不可回避风险。同时，这类风险涉及所有的投资对象，对所有的企业产生影响，无论投资哪个企业都无法避免，因而不能通过多角化投资而分散，故又称“不可分散风险”
	非系统风险	只对某个行业或个别公司产生影响的风险。这种风险可以通过分散投资来抵消，即发生于一家公司的不利事件可被其他公司的有利事件所抵消，因此，这类风险又称“可分散风险”“可回避风险”或“公司特有风险”
承受能力	可接受的风险	企业在研究自身承受能力、财务状况的基础上，确认能够承受损失的最大限度，当风险低于这一限度时称为可接受的风险
	不可接受的风险	企业在研究自身承受能力、财务状况的基础上，确认风险已超过所能承受的最大损失额，这种风险就称为不可接受的风险
风险的具体内容	经济周期风险	由经济周期的变化而引起投资报酬变动的风险。对于经济周期风险，投资者无法回避，但可设法减轻
	利率风险	由于市场利率变动而使投资者遭受损失的风险。投资报酬与市场利率的关系极为密切，二者呈反向变化。利率上升，投资报酬下降；利率下降，投资报酬上升。任何企业无法决定利率高低，不能影响利率风险
	购买力风险	又称通货膨胀风险，是指由于通货膨胀而使货币购买力下降的风险
	经营风险	由于公司经营状况变化而引起盈利水平改变，从而导致投资报酬下降的可能性。它是任何商业活动中都存在的，故又称商业风险。经营风险可能来自公司内部，也可能来自公司外部。引起经营风险的外部因素主要有经济周期、产业政策、竞争对手等客观因素。内部因素主要有经营决策能力、企业管理水平、技术开发能力、市场拓展能力等主观因素。其中，内部因素是公司经营风险的主要来源
	财务风险	因不同的融资方式而带来的风险。由于它是筹资决策带来的，故又称筹资风险。公司的资本结构决定企业财务风险的大小。债务资本在总资本中所占比重越大，公司的财务杠杆效应就越强，财务风险就越大
	违约风险	又称信用风险，是指证券发行人无法按时还本付息而使投资者遭受损失的风险
	流动风险	又称变现力风险，是指无法在短期内以合理价格转让投资的风险
	再投资风险	所持投资到期时，用于再投资时不能获得更好投资机会的风险

2

政策导航

《国务院关于加强监管防范风险推动资本市场高质量发展的若干意见》(国发〔2024〕10号)指出,以习近平新时代中国特色社会主义思想为指导,全面贯彻党的二十大和二十届二中全会精神,贯彻新发展理念,紧紧围绕打造安全、规范、透明、开放、有活力、有韧性的资本市场,坚持把资本市场的一般规律同中国国情市情相结合,坚守资本市场工作的政治性、人民性,以强监管、防风险、促高质量发展为主线,以完善资本市场基础制度为重点,更好发挥资本市场功能作用,推进金融强国建设,服务中国式现代化大局。文件同时提出了严把发行上市准入关,严格上市公司持续监管等八项措施。

二、风险程度计量

风险的计量

投资风险是指在某一项投资方案实施后,将会出现各种投资结果的概率。换句话说,某项投资方案实施后,能否如期回收投资的资金以及能否获得预期收益,在事前是无法确定的,这就是投资的风险。因承担投资风险而获得的风险报酬率就称为投资风险报酬率。在实务中,多数投资都是以组合的形式出现的,但对投资组合风险报酬率的分析与评估是建立在单项投资风险报酬率评估的基础上的,这里仅介绍单项投资风险报酬率的评估方法。既然风险是可能值对期望值的偏离,对于有风险的投资项目来说,其实际报酬率可以看成是一个有概率分布的随机变量。因此,利用概率分布、期望值和标准差来计算与衡量风险的大小,是最常用的方法。

(一) 期望报酬率

期望值是随机变量的均值。对于单项投资风险报酬率的评估来说,所要计算的期望值即为期望报酬率,其计算公式为:

$$\overline{E}=\sum_{i=1}^{n} X_i P_i$$

式中,$\overline{E}$ 表示期望报酬率;X_i 表示第 i 个可能结果的报酬率;P_i 表示第 i 个可能结果出现的概率;n 表示可能结果的总数。

【业务 2-16】 有甲和乙两个项目,两个项目的报酬率和概率分布情况如表 2-3 所示。要求:计算两个项目的期望报酬率。

表 2-3　　甲项目和乙项目期望报酬率及概率分布

项目实施情况	该种情况出现的概率		投资报酬率/%	
	项目甲	项目乙	项目甲	项目乙
好	0.2	0.3	15	20
一般	0.6	0.4	10	15
差	0.2	0.3	0	−10

解析:

项目甲的期望报酬率 $=X_1P_1+X_2P_2+X_3P_3$

$=15\%\times0.2+10\%\times0.6+0\times0.2=9\%$

项目乙的期望报酬率 $=X_1P_1+X_2P_2+X_3P_3$

$=20\%\times0.3+15\%\times0.4+(-10\%)\times0.3=9\%$

从计算结果看，两个项目的期望报酬率都是 9%，但不能就此认为两个项目是等同的，因为还需要了解概率分布的离散情况，即计算标准差和标准差率。

2

（二）方差、标准差和标准差率

1. 方差

方差是各种可能的结果偏离期望值的综合差异，是反映离散程度的一种量度。方差可以按以下公式计算：

$$\sigma^2=\sum_{i=1}^{n}(x_i-\overline{E})^2\times P_i$$

式中，σ^2 表示方差；x_i 表示第 i 个可能结果；$\overline{E}$ 表示期望值；P_i 表示第 i 个可能结果出现的概率；n 表示可能结果的总数。

从该公式可以看出，方差即为实际值与期望值之差的加权平均值。方差越大，说明各实际可能结果偏离期望值的程度越大，反之则说明各实际可能结果偏离期望值的程度较小。对于只有一种可能发生结果的确定性情况来说，实际可能结果即为期望值，此时方差为零。

2. 标准差

标准差是方差的平方根。在实际中，一般使用标准差而不使用方差来反映风险的大小程度。一般来说，标准差越小，说明离散程度越小，风险也就越小；反之，标准差越大，风险越大。标准差的计算公式为：

$$\sigma=\sqrt{\sum_{i=1}^{n}(x_i-\overline{E})^2\times P_i}$$

标准差用来反映决策方案的风险，是一个绝对数。在 n 个方案的情况下，若期望值相同，则标准差越大，表明各种可能值偏离期望值的幅度越大，结果的不确定性越大，风险也越大；反之，则相反。

【业务 2-17】 要求：分别计算【业务 2-16】中甲和乙两个项目期望报酬率的方差和标准差。

解析：

项目甲的方差 $=\sum_{i=1}^{n}(x_i-\overline{E})^2\times P_i$

$=0.2\times(0.15-0.09)^2+0.6\times(0.10-0.09)^2+0.2\times(0-0.09)^2$

$=0.0024$

项目甲的标准差 $=\sqrt{0.0024}=0.049$

2

$$项目乙的方差=\sum_{i=1}^{n}(x_i-\overline{E})^2\times P_i$$

$$=0.3\times(0.20-0.09)^2+0.4\times(0.15-0.09)^2+0.3\times(-0.10-0.09)^2$$

$$=0.015\,9$$

项目乙的标准差 $=\sqrt{0.015\ 9}=0.126$

以上计算结果表明项目乙的风险要高于项目甲的风险。

3. 标准差率

标准差率作为反映可能值与期望值偏离程度的一个指标，可用来衡量风险，但它只适用于在期望值相同条件下风险程度的比较（如【业务 2－17】中的甲和乙两个项目），对于期望值不同的决策方案，则不适用。因为标准差是反映随机变量离散程度的一个绝对指标，其实质是实际结果与期望值差异之和的平方根。于是，引入标准差率这个概念就十分必要。

标准差率是指标准差与期望值的比值，也称离散系数，用字母 V 表示，其计算公式如下：

$$V=\frac{\sigma}{\overline{E}}\times 100\%$$

标准差率是一个相对数，在期望值不同时，标准差率越大，表明可能值与期望值偏离程度越大，结果的不确定性越大，风险越大；反之，则相反。

【业务 2－18】 要求：根据【业务 2－17】，分别计算甲和乙两个项目的标准差率。

解析：

项目甲的标准差率 $=0.049\div 0.09\times 100\%=54.44\%$

项目乙的标准差率 $=0.126\div 0.09\times 100\%=140\%$

当然，在此例中项目甲和项目乙的期望报酬率是相等的，可以直接根据标准差来比较两个项目的风险水平。但若比较项目的期望报酬率不同，则一定要计算标准差率才能进行比较。

请思考

如果甲、乙两个项目的期望报酬率是甲大于乙，那么是否可以直接判断甲的风险小于乙的风险呢？如果进一步算出标准差甲大于乙，又该如何判断甲与乙的风险大小？

三、风险与报酬的关系

企业的财务活动和经营管理活动总是在有风险的状态下进行的，只不过风险有高有低。投资者承担进行投资的风险，是为了获得更多的报酬，风险越大，要求的报酬就越高。风险和报酬之间存在密切的对应关系，高风险的项目对应着高报酬，低风险的项目对应着低报酬，因此，风险报酬是投资收益的组成部分。

风险报酬是指投资者冒着风险进行投资而获得的超过货币时间价值的额外报酬，是对人们所遇到的风险的一种价值补偿，也称风险价值或风险收益。它的表现形式可以是风险报酬额或风险报酬率。在实务中一般以风险报酬率来表示。

如果不考虑通货膨胀，投资者冒着风险进行投资所希望得到的投资报酬率是无风险报酬率和风险报酬率之和。即：

投资报酬率＝无风险报酬率＋风险报酬率

无风险报酬率就是资金的时间价值，是在没有风险状态下的投资报酬率，是投资者投资某一项目肯定能够得到的报酬，具有预期收益的确定性，并且与投资时间的长短有关，可用政府债券利率或存款利率表示。风险报酬率是风险价值，是超过货币时间价值的额外报酬，具有预期收益的不确定性，与风险程度和风险报酬斜率（也叫风险收益系数）的大小有关，并成正比关系。风险收益斜率可根据历史资料用高低点法、直线回归法确定或由企业管理人员会同专家根据经验确定，风险程度用标准差率来确定。其计算公式为：

风险报酬率＝风险报酬斜率（风险报酬系数）×风险程度（标准差率）

投资报酬率＝无风险报酬率＋风险报酬斜率（风险报酬系数）×风险程度（标准差率）

【业务 2－19】　根据【业务 2－18】的资料，假设无风险报酬率为 10%，风险报酬系数为 10%。要求：请计算两个项目的风险报酬率和投资报酬率。

解析：

项目甲的风险报酬率＝10%×54.44%＝5.44%

项目甲的投资报酬率＝10%＋10%×54.44%＝15.44%

项目乙的风险报酬率＝10%×140%＝14%

项目乙的投资报酬率＝10%＋10%×140%＝24%

从计算结果可以看出，项目乙的投资报酬率（24%）要高于项目甲的投资报酬率（15.44%），似乎项目乙是一个更好的选择。但从前面的分析来看，两个项目的期望报酬率是相等的，项目乙的风险要高于项目甲的风险。

四、控制风险

控制风险是指风险管理者采取各种措施和方法，消灭或减小风险事件发生的各种可能性，也是指风险控制者减少风险事件发生时造成的损失。

然而，总会有些事情是不能控制的，风险总是存在的。作为管理者，需要采取各种措施降低风险事件发生的可能性，或者把可能的损失控制在一定的范围内，以避免风险事件发生时带来的难以承担的损失。风险控制的四种基本方法包括风险规避、损失控制、风险转移和风险保留。

（一）风险规避

当资产风险所造成的损失不能被该资产可能获得的收益予以抵销时，应当放弃该资产以规避风险。

（二）损失控制

损失控制主要有两方面的含义：一是控制风险因素，减少风险的发生；二是控制风险发生的频率和降低风险损害程度。

(三) 风险转移

对可能给企业带来灾难性损失的资产,企业应以一定的代价,采取某种方式转移风险。

(四) 风险保留

风险保留包括风险自担和风险自保两种。风险自担是指风险损失发生时,直接将损失摊入成本或费用,或冲减利润;风险自保是指企业预留一笔风险金或随着生产经营的进行,有计划地计提资产减值准备等。

五、风险偏好

根据人们的效用函数的不同,可以按照各自对风险的偏好分为风险规避者、风险追求者和风险中立者。

(一) 风险规避者

风险规避者选择资产的态度是:当预期收益率相同时,偏好于具有低风险的资产;而对于具有同样风险的资产,则偏好于具有高预期收益的资产。

(二) 风险追求者

与风险规避者恰恰相反,风险追求者主动追求风险,更偏好高风险带来的超额收益。他们选择资产的原则是:当预期收益相同时,选择风险大的,因为这会给他们带来更大的效用。

(三) 风险中立者

风险中立者既不规避风险,也不主动追求风险。他们选择资产的唯一标准是预期收益的大小,而不管风险状况如何。

项目知识结构图

本项目知识结构如图 2-5 所示。

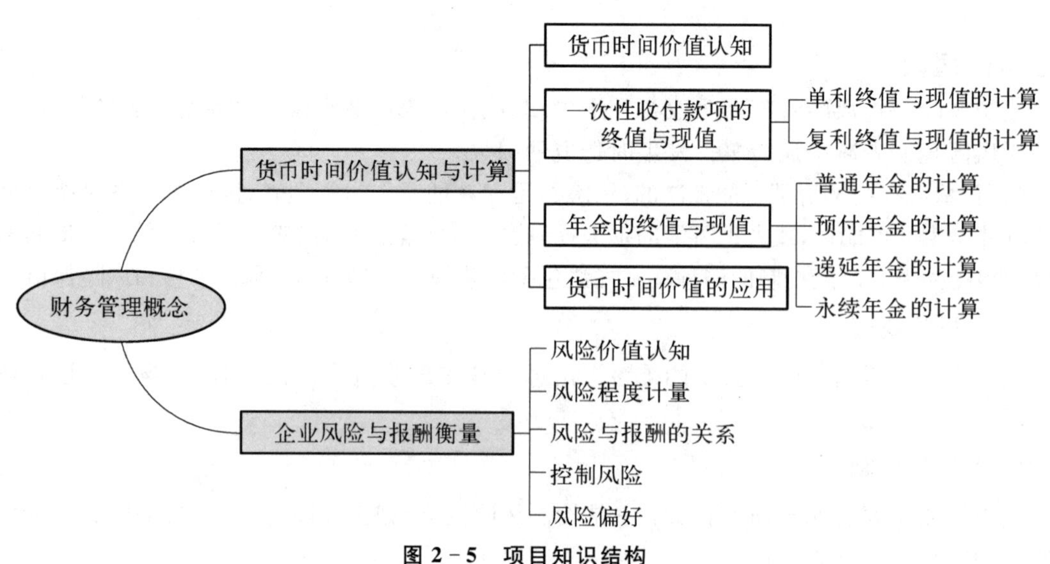

图 2-5 项目知识结构

总结:项目二

基本训练

一、单项选择题

1. 由于时间差异投资风险、通货膨胀的存在，所带来的货币差异额，就是（　　）。

A. 货币时间价值　　B. 现值　　C. 终值　　D. 年金

2. 在年金的多种形式中，预付年金是指（　　）。

A. 每期期初等额收付的款项

B. 每期期末等额收付的款项

C. 无限期等额收付的款项

D. 若干期后发生的每期期末等额收付的款项

3. 永续年金持续期无限，因此没有（　　）。

A. 现值　　B. 终值　　C. 本金　　D. 利率

4. 在复利条件下，已知现值、年金和贴现率，求计息期数，应先查找（　　）。

A. 年金现值系数　　B. 复利现值系数　　C. 年金终值系数　　D. 复利终值系数

5. 已知(F/A,8%,6)=7.335 9,(P/A,8%,6)=4.622 9，则6年期、折现率为8%的预付年金现值系数是（　　）。

A. 7.922 8　　B. 5.622 9　　C. 4.992 7　　D. 4.280 5

6. 某企业第1年贷款400万元，第2年贷款500万元，第3年贷款300万元，贷款均为年初发放，年利率为12%。若采用复利法计算贷款利息，则第3年年末贷款的本利和为（　　）万元。

A. 1 525.17　　B. 1 361.76　　C. 1 489.17　　D. 1 625.17

7. 甲方案的标准差是1.45，乙方案的标准差是1.08，如果甲、乙两方案的期望值相同，则两方案的风险关系为（　　）。

A. 甲大于乙　　B. 甲小于乙　　C. 甲、乙相等　　D. 无法确定

二、多项选择题

1. 永续年金的特点包括（　　）。

A. 没有终值　　B. 无限期支付　　C. 每期等额收或付　　D. 没有现值

2. 递延年金的特点包括（　　）。

A. 年金的第一次支付发生在若干期之后

B. 年金的现值与递延期无关

C. 年金的终值与递延期无关

D. 现值系数是普通年金现值系数的倒数

3. 下列表述中，正确的有（　　）。

A. 复利现值系数与复利终值系数互为倒数

B. 普通年金终值系数与已知终值求年金的系数互为倒数

C. 普通年金终值系数与普通年金现值系数互为倒数

D. 普通年金现值系数与先付年金现值系数相比较，期数与系数各差1

4. 某公司向银行借入一笔款项，年利率为10%，从第5年至第10年每年年末偿还本息8 000元。下列计算该笔借款现值的算式中，正确的有（　　）。

A. 8 000×(P/A,10%,6)×(P/F,10%,3)

B. 8 000×(P/A,10%,6)×(P/F,10%,4)

C. 8 000×[(P/A,10%,9)−(P/A,10%,3)]

D. 8 000×[(P/A,10%,10)−(P/A,10%,4)]

5. 某企业拟进行投资,甲、乙两个方案可供选择:已知甲方案收益的期望值为 1 000 万元,标准差为 300 万元;乙方案收益的期望值为 1 200 万元,标准差为 330 万元。下列结论中不正确的有(　　)。

A. 甲方案优于乙方案　　B. 甲方案的风险大于乙方案

C. 甲方案的风险小于乙方案　　D. 无法评价甲、乙方案的风险大小

6. 控制风险的措施主要有(　　)。

A. 规避风险　　B. 减少风险　　C. 转移风险　　D. 接受风险

三、判断题

1. 年金是指每隔一年、金额相等的一系列现金流入或流出量。　　(　　)

2. 某公司年初借入资金 1 000 万元,第 3 年年末一次性偿还本息 1 300 万元,则该笔借款的实际年利率大于 10%。　　(　　)

3. 货币时间价值实际上是在没有风险和没有通货膨胀条件下的社会平均利润率,是企业资金利润率的最低限度,也是使用资金的最低成本率。　　(　　)

4. 年偿债基金系数与普通年金终值系数互为倒数,回收系数与普通年金现值系数互为倒数。　　(　　)

5. 某方案的方差越大,说明该方案的风险越大。　　(　　)

四、计算分析题

1. 张三购买了 100 万元的房屋,首付 20%,剩余款项从当年年末开始支付,分 10 年付清,若银行贷款年利率为 6%。

要求:请计算张三每年年末应付多少万元。

2. 小红每年年初会获得 2 000 元的压岁钱,假设货币时间价值为 5%。

要求:请计算小红 10 岁时她将获得的压岁钱总数。

3. 要求:根据下列情景进行分析与计算。

(1) 小王向银行存入本金 150 000 元,银行年利率为 5%,5 年后的终值为多少?(分别用单利和复利计算)

(2) 某公司 5 年内每年年末向银行借款 100 万元,借款年利率为 8%,问五年后应付银行借款本息总额是多少?

(3) 某公司每年年末支付费用 20 000 元,年利率 6%,问 5 年内支付的费用总额现值是多少?

拓展训练——Excel 运用

案例一　企业风险计算与比较

某企业集团准备对外投资,现有三家公司可供选择,分别为甲公司、乙公司和丙公司,这三

家公司的年预期收益及概率的资料如表 2-4 所示。

表 2-4　　三家公司的年预期收益与概率分布　　金额单位：万元

市场状况	概　率	年预期收益		
		甲公司	乙公司	丙公司
良　好	0.3	40	50	80
一　般	0.5	20	20	10
较　差	0.2	5	−5	−25

要求：试比较这三家公司风险的大小。

本题可参考的解题思路如下。

（1）计算期望收益。在单元格 C8 中输入公式"＝SUMPRODUCT(＄B4:＄B6,C4:C6)"，即可得到甲企业在近三年的预期收益为 23 万元。将单元格 C8 向右复制到单元格"D8:E8"，便可计算出其他两家企业近三年的预期收益，如图 2-6 所示。

C8　=SUMPRODUCT($B4:$B6,C4:C6)

	A	B	C	D	E
1	已知条件				
2	市场状况	概率	年预期收益（万元）		
3			甲公司	乙公司	丙公司
4	良好	0.3	40	50	80
5	一般	0.5	20	20	10
6	较差	0.2	5	-5	-25
7	比较三家公司的风险大小				
8		期望收益	23	24	24

图 2-6　期望收益的计算

（2）计算标准差。在单元格 C9 中输入公式"＝SQRT(SUMPRODUCT((C4:C6－C8)^2,＄B＄4:$B＄6))"，即可得到甲企业在近三年的预期收益的标准差为 12.49 万元。将单元格 C9 向右复制到单元格"D9:E9"，便可计算出其他两家企业近三年的预期收益的标准差，如图 2-7 所示。

C9　=SQRT(SUMPRODUCT((C4:C6-C8)^2,$B$4:$B$6))

	A	B	C	D	E
1	已知条件				
2	市场状况	概率	年预期收益（万元）		
3			甲公司	乙公司	丙公司
4	良好	0.3	40	50	80
5	一般	0.5	20	20	10
6	较差	0.2	5	-5	-25
7	比较三家公司的风险大小				
8		期望收益(万元)	23	24	24
9		标准差(万元)	12.49	19.47	38.97

图 2-7　标准差的计算

（3）计算标准差率。在单元格 C10 中输入公式“=C9/C8”，即可得到甲企业在近三年的预期收益的标准差率为 0.54。将单元格 C10 向右复制到单元格“D10:E10”，便可计算出其他两家企业近三年的预期收益的标准差率，如图 2-8 所示。

C10 =C9/C8

	A	B	C	D	E
1	已知条件				
2	市场状况	概率	年预期收益（万元）		
3			甲公司	乙公司	丙公司
4	良好	0.3	40	50	80
5	一般	0.5	20	20	10
6	较差	0.2	5	-5	-25
7	比较三家公司的风险大小				
8		期望收益(万元)	23	24	24
9		标准差(万元)	12.49	19.47	38.97
10		标准差率	0.54	0.81	1.62

图 2-8 标准差率的计算

（4）企业风险比较。标准差率越大，结果的不确定性越大，风险也越大。因此这三家公司的风险大小为丙公司＞乙公司＞甲公司。

案例二 租赁业务付款方案选择

某公司拟租赁一间厂房，期限 10 年，假设年利率是 10%，出租方提出以下几种付款方案。

方案一：立即支付全部款项，共计 20 万元。

方案二：从第 4 年开始每年年初付款 4 万元，至第 10 年年初结束。

方案三：第 1 年到第 8 年每年年末支付 3 万元，第 9 年年末支付 9 万元。

要求：请计算分析该公司应选择哪一种付款方式。

本题可参考的解题思路如下。

（1）方案一：现值 P1=20 万元。

（2）方案二：现值 P2=16.09 万元。

从第 4 年年初开始付款相当于从第 3 年年末开始付款，因此递延期为 2 年。付款至第 10 年年初，相当于付款至第 9 年年末，因此该递延年金的期限为 9 年。在单元格 B8 中输入公式“=PV(B7,B5,-B4,,0)-PV(B7,B6,-B4,,0)”，即可得到方案二的现值为 16.09 万元，如图 2-9 所示。

B8 =PV(B7,B5,-B4,,0)-PV(B7,B6,-B4,,0)

	A	B
1	方案一	
2	现值P1（万元）	20
3	方案二	
4	年金（万元）	4
5	年金期限（年）	9
6	递延期（年）	2
7	年利率	10%
8	现值P2（万元）	16.09

图 2-9 方案二现值的计算

(3) 方案三：现值 P3＝19.82 万元。

从第 1 年至第 8 年每年年末支付 3 万元，为期数为 8 期的普通年金的现值，需要在单元格 B14 中输入公式“＝PV(B13,B11,－B10,,0)”，第 9 年年末支付 9 万元，即计算期数为 9 期的复利现值，需要在单元格 B14 中补充输入公式“＋PV(B13,9,,－B12,0)”，可得到方案三的现值为两者之和，即 19.82 万元，如图 2－10 所示。

B14　=PV(B13,B11,-B10,,0)+PV(B13,9,,-B12,0)

	A	B
1	方案一	
2	现值P1（万元）	20
3	方案二	
4	年金（万元）	4
5	年金期限（年）	9
6	递延期（年）	2
7	年利率	10%
8	现值P2（万元）	16.09
9	方案三	
10	年金（万元）	3
11	年金期限（年）	8
12	第9年支付（万元）	9
13	年利率	10%
14	现值P3（万元）	19.82

图 2－10　方案三现值的计算

项目三　筹资管理

◇ 知识目标

1. 了解企业筹资的渠道与方式。
2. 了解企业筹资的类型与原则。
3. 了解各种筹资方式的优缺点。
4. 理解企业筹资的动机。
5. 理解杠杆原理。
6. 掌握资本成本计算。
7. 掌握经营杠杆、财务杠杆、总杠杆计算。
8. 掌握比较资本成本法和每股收益无差别点法等资本结构优化的方法。

◇ 技能目标

1. 能采用销售百分比法和资金习性预测法预测资金需要量。
2. 能计算个别资本成本、加权平均资本成本和边际资本成本。
3. 能利用杠杆原理计算经营杠杆系数、财务杠杆系数和总杠杆系数。
4. 能通过比较资本成本法和每股收益分析法确定最佳资本结构。

任务一　筹资管理认知

案例导入

M公司成立于2007年，是一家集研发、生产、加工和销售于一体的大型印染集团公司，旗下有多家子公司。公司有员工800余人，年产值10亿元，是当地的纳税大户。2022年公司突然出现了资金链断裂的危机。M公司召开了供应商会议，公司表示：一方面要开源节流，降低成本；另一方面正在积极寻求资金的支持，公司资金流紧张是暂时的，希望得到供应商的支持。在公司出现资金危机后，除了依靠民间借贷维持公司正常的周转外，还展开了一系列的自救行动，以维持公司的运行。另外，政府也积极介入协调，对公司给予政策扶持，帮助公司走出资金困境。然而种种努力并未能改变公司资金链断裂的命运，由于该公司所涉债务状况复杂，原定的企业债务重组计划陷入了困境，银行、供应商、民间借贷债权人的债务问题仍未达成协议，2023年公司宣布破产。

思考与分析：造成M公司资金链断裂的原因可能有哪些？如何进行正确的筹资？

筹资是指企业根据其生产经营、对外投资及调整资本结构等活动对资金的需要，向外部有关单位、个人以及从企业内部，通过一定的渠道，采取适当的方式，筹措和获取所需资金的一种行为，是企业财务管理的一项重要内容。

一、企业筹资动机

筹资管理认知

企业筹资最基本的动机是指企业经营的维持和发展，以及为企业的经营活动提供资金保障。但具体的筹资活动则往往是受特定动机的驱使。企业筹资的具体动机归纳起来有四类：创立性筹资动机、支付性筹资动机、扩张性筹资动机和调整性筹资动机。

（一）创立性筹资动机

创立性筹资动机是指企业设立时，为取得资本金并形成开展经营活动的基本条件而产生的筹资动机。资金是企业设立的第一道门槛，根据我国《中华人民共和国公司法》（以下简称《公司法》）、《中华人民共和国合伙企业法》（以下简称《合伙企业法》）、《中华人民共和国个人独资企业法》（以下简称《个人独资企业法》）等相关法律的规定，任何一家企业或公司在设立时都要求有符合企业章程或公司章程规定的全体股东认缴的出资额。企业创建时，需要购建厂房设备、垫支流动资金，形成企业的经营能力。因此创建时需要筹措注册资本和资本公积等权益性资金，当权益性资金不足时，则需要采取银行借款等债务性资金筹集方式。

（二）支付性筹资动机

支付性筹资动机是指企业为了满足经营业务活动的正常波动所形成的支付需求而产生的筹资动机。企业在开展经营活动过程中，经常会出现超出维持正常经营活动资金需求的季节性、临时性的交易支付需求，如大额支付原材料款项、集中发放员工工资、提前偿还银行借款等。这些情况需要通过经常的临时性筹资来满足经营活动的正常波动需求，从而维持企业的支付能力。

（三）扩张性筹资动机

扩张性筹资动机是指企业为了扩大生产规模或追加对外投资而产生的动机。具有良好的发展前景、处于成长期的企业通常会产生这种筹资动机。扩张性筹资动机所产生的直接后果，往往是企业资产总规模的增加和资本结构的明显变化。

（四）调整性筹资动机

调整性筹资动机是指企业因调整资本结构而产生的筹资动机。企业产生此动机的原因一般有两个：① 偿还到期债务，债务结构内部调整。若流动负债比例过大，企业近期偿还债务的压力便会较大，但企业可以举借长期债务来偿还部分短期债务；② 优化资本结构，合理利用财务杠杆效应。若企业债务资本比例过高，便会有较大的财务风险。若股权资本比例较大，便会造成企业的资本成本负担较重等不合理的资本结构现象。在这些情况下，企业可以通过筹资增加股权或债务资金，达到调整、优化资本结构的目的。调整性筹资是为了优化资本结构，而不是为企业经营活动追加资金，这类筹资通常不会增加企业的资本总额。

二、企业筹资渠道与方式

（一）筹资渠道

筹资渠道是指筹资来源的方向与通道，体现资金来源与供应量。我国企业目前筹资渠道主要有：国家财政资金、银行信贷资金、非银行金融机构资金、其他企业资金、居民个人资金、企业自留资金。

（二）筹资方式

筹资方式是指企业筹措资金采取的具体方法和手段。目前我国企业的筹资方式主要有：吸收直接投资、发行股票、利用留存收益、向银行借款、发行公司债券、利用商业信用、融资租赁等。

筹资渠道说明了企业资金的来源，而筹资方式则给出了取得资金的具体方法，二者之间存在一定的对应关系，一定的筹资方式可能只适用于某一特定的筹资渠道，但是同一渠道的资金往往可采用不同的方式取得，如银行借款只能从银行信贷获得，而其他企业资金可以采用吸收直接投资、发行股票、发行公司债券、利用商业信用、融资租赁等筹资方式取得。

知识延伸

各种筹资渠道与各种筹资方式之间有的存在一定的对应关系，有的则并无联系，这类对应关系，如表 3 - 1 所示。

表 3 - 1　　筹资渠道与筹资方式的对应关系

筹资渠道	吸收直接投资	发行股票	利用留存收益	向银行借款	发行公司债券	利用商业信用	融资租赁
国家财政资金	√	√					
银行信贷资金				√			
非银行金融机构资金	√	√		√	√		√
其他企业资金	√	√			√	√	√
居民个人资金	√	√			√		
企业自留资金	√		√				

政策导航

《关于强化金融支持举措 助力民营经济发展壮大的通知》(银发〔2023〕233号)(以下简称《通知》)指出，为深入贯彻党的二十大精神和中央金融工作会议要求，全面落实《中共中央 国务院关于促进民营经济发展壮大的意见》，坚持"两个毫不动摇"，引导金融机构树立"一视同仁"理念，持续加强民营企业金融服务，努力做到金融对民营经济的支持与民营经济对经济社会发展的贡献相适应。《通知》从加大信贷资源投入、深化债券市场体系建设、更好发挥多层次资本市场作用、加大外汇便利化政策和服务供给、强化正向激励、优化融资配套政策等方面，提出支持民营经济的25条具体举措。

三、企业筹资的分类

3

(一) 按资金来源范围不同分为内部筹资和外部筹资

内部筹资是指企业在内部通过留用利润而形成的资本来源，内部筹资数额的大小取决于企业可分配利润的多少和利润分配政策。

外部筹资是指企业向外部筹集资金而形成的资金来源，处于初创期的企业，内部资金往往有限；处于成长期的企业，内部筹资很难满足需要，因此需要开展外部筹资，如发行股票、债券、利用商业信用、银行借款等。

(二) 按资金使用期限不同分为短期筹资和长期筹资

短期筹资是指企业筹集使用期限在1年以内(含1年，下同)的资金。短期筹资经常利用商业信用、短期借款等方式来筹集，资金主要用于流动资产和资金日常周转。

长期筹资是指企业筹集使用期限在1年以上的资金。长期筹资通常采用吸收直接投资、发行股票、发行公司债券、长期借款、融资租赁等方式，所筹集的资金主要用于购建固定资产、形成无形资产、对外长期投资、产品技术与研发等。

(三) 按资金权益特性不同分为股权筹资、债务筹资和混合筹资

股权筹资，是指股东投入的、企业依法长期拥有、企业能够自主调配运用的资本。股权资本在企业持续经营期间内，投资者不得抽回，因而也称为企业的自有资本、主权资本或权益资本。企业的股权资本通过吸收直接投资、发行股票、内部积累等方式取得。

债务筹资，是指企业按合同向债权人取得的，在规定期限内需要清偿的债务。企业通过债权筹资形成债务资金，债务资金通过向金融机构借款、发行债券、融资租赁等方式取得。

混合筹资，兼具股权与债权筹资性质。我国上市公司目前最常见的混合筹资方式是发行可转换债券和发行认股权证。

(四) 按是否借助于金融机构为媒介分为直接筹资和间接筹资

直接筹资，是指不需要通过金融机构来筹措资金，是企业直接从社会取得资金的方式。直接筹资方式主要有发行股票、发行债券、吸收直接投资等。

间接筹资，是指企业借助银行和非银行金融机构而筹集资金。间接筹资的基本方式是银行借款，此外还有融资租赁等方式。

四、企业筹资管理原则

企业筹资管理的基本要求是在严格遵守国家法律法规的基础上，分析影响筹资的各项因素，权衡资金的性质、数量、成本与风险，合理选择筹资方式，提高筹资效果。

（一）筹措合法

企业的筹资行为和筹资活动必须遵循国家的相关法律法规，依法履行法律法规和投资合同约定的责任，合法合规筹资，依法披露信息，维护各方的合法权益。

（二）规模适当

不同时期企业的资金需求量并不是一个常数，企业财务人员要认真分析科研、生产、经营状况，采用一定的方法，预测资金的需要数量，合理确定筹资规模。

（三）筹措及时

企业财务人员在筹集资金时必须熟知货币时间价值的原理和计算方法，以便根据资金需求的具体情况，合理安排资金的筹集时间，适时获取所需资金。

（四）来源经济

在确定筹资数量、筹资时间、资金来源的基础上，企业在筹资时还必须认真研究各种筹资方式。企业筹集资金必然要付出一定的代价，不同筹资方式条件下的资金成本不同。为此，就需要对各种筹资方式进行分析对比，选择经济可行的筹资方式以确定合理的资金结构，以便降低成本，减少风险。

任务二 筹资方式管理

案例导入

2020 年 N 公司以承债的方式收购了另外一家濒临破产的公司，使公司背负了约 3 亿元的巨额债务。2021 年 4 月，N 公司又斥资 1 亿元从国外一次性引进了 5 条先进生产线。由于资本投资规模巨大，公司的长期资本来源不足，不得不借助银行信贷资本和商业信用筹资来满足长期资本的需求。据统计，截至 2022 年 6 月，N 公司共欠银行贷款约 6 亿元。因此，这种“短债长投”的筹资策略降低了公司的流动比率，加大了偿债风险。当公司出现资金短缺而无法从银行贷款时，N 公司不得不选择民间借贷，导致企业的资金成本不断提高，仅 2023 年支付的民间借贷利息就高达 2 亿元，在使用民间借贷时的不谨慎使其陷入更深的财务困境中。

思考与分析：N 公司筹资渠道与筹资方式存在什么问题？

一、股权筹资

股权筹资形成企业的股权资本是企业最基本的筹资方式，主要有吸收直接投资、发行股票和利用留存收益三种。

（一）吸收直接投资

吸收直接投资是指企业按照“共同投资、共同经营、共担风险、共享利润”的原则直接吸收国家、法人、个人投入资金的一种筹资方式。吸收直接投资无须公开发行股票，是非股份制企业筹集股权资本的基本方式。

1. 吸收直接投资的种类

吸收直接投资主要有吸收国家投资、吸收法人投资和吸收社会公众投资三种类型。

(1) 吸收国家投资。国家投资是指有权代表国家投资的政府部门或机构，以国有资产投入公司，这种情况下形成的资本叫国有资本。吸收国家投资一般具有产权归属国家，资金的运用和处置受国家约束较大，在国有公司中采用比较广泛等特点。

(2) 吸收法人投资。法人投资是指法人单位以其依法可支配的资产投入公司，这种情况下形成的资本称为法人资本。吸收法人资本一般具有发生在法人单位之间，以参与公司利润分配或控制为目的，出资方式灵活多样等特点。

(3) 吸收社会公众投资。社会公众投资是指社会个人或本公司职工以个人合法财产投入公司，这种情况下形成的资本称为个人资本。吸收社会公众投资一般具有参加投资的人员较多，每人投资的数额相对较少，以参与公司利润分配为基本目的等特点。

2. 吸收直接投资的出资方式

吸收直接投资的出资方式主要有货币资产出资、实物出资、土地使用权出资和工业产权出资四种。

(1) 货币资产出资。货币资产出资是吸收直接投资中最重要的出资方式。企业有了货币资产，便可以获取其他物质资源，支付各种费用，满足企业创建时的开支和随后的日常周转需要。

(2) 实物出资。实物出资是指投资者以房屋、建筑物、设备等固定资产和材料、燃料、商品产品等流动资产所进行的投资。实物投资应符合适应企业生产、经营、研发等活动的需要，技术性能良好，作价公平合理等条件。

(3) 土地使用权出资。土地使用权是指土地经营者对依法取得的土地在一定期限内有进行建筑、生产经营或其他活动的权利。土地使用权具有相对的独立性，在土地使用权存续期间，包括土地所有者在内的其他任何人和单位，不能任意收回土地和非法干预使用权人的经营活动。企业吸收土地使用权投资应符合适应企业科研、生产、经营、研发等活动的需要，地理、交通条件适宜，作价公平合理等条件。

(4) 工业产权出资。工业产权出资是指投资者以专有技术、商标权、专利权、非专利技术等无形资产进行的投资。投资者以工业产权出资应符合的条件包括：① 有助于企业研究、开发和生产出新的高科技产品；② 有助于企业提高生产效率，改进产品质量；③ 有助于企业降低生产消耗、能源消耗等各种消耗；④ 作价公平合理。

3. 吸收直接投资的优缺点

(1) 优点。企业吸收直接投资的优点主要有以下三点。

① 吸收投资的手续相对比较简便，筹资费用较低。

② 能够尽快形成生产能力。吸收直接投资不仅可以取得一部分货币资金，而且能够直接获得所需的先进设备和技术，尽快形成生产经营能力。

③ 容易进行信息沟通。吸收直接投资的投资者比较单一，股权没有社会化、分散化，甚至有的投资者直接担任公司管理层职务，公司与投资者易于沟通。

(2) 缺点。企业吸收直接投资的缺点主要有以下三点。

① 资本成本较高。相对于债务筹资来说，吸收直接投资的资本成本较高。

② 企业控制权集中，不利于企业治理。采用吸收直接投资方式筹资，投资者一般都要求获得与投资数额相适应的经营管理权。如果某个投资者的投资额比例较大，则该投资者对企业的经营管理就会有相当大的控制权，容易损害其他投资者的利益。

③ 不利于产权交易。吸收直接投资由于没有证券为媒介，不利于产权交易，难以进行产权转让。

（二）发行股票

股票是指股份有限公司为筹措股权资本而发行的有价证券，是公司签发的证明股东持有公司股份的凭证。股票作为一种所有权凭证，代表着对发行公司净资产的所有权。

1. 股票的种类

（1）按股东权利和义务不同分为普通股和优先股。

普通股是公司发行的代表着股东享有平等的权利、义务，不加特别限制的，股利不固定的股票。优先股是公司发行的相对于普通股具有一定优先权的股票，优先权利主要表现在股利分配的优先权和分配剩余财产的优先权上。

（2）按股票有无记名分为记名股和不记名股。

记名股是在股票票面上记载股东姓名或名称的股票。不记名股是票面上不记载股东姓名或名称的股票，公司只记载股票数量、编号及发行日期。我国《公司法》规定，向发起人、国家授权投资的机构、法人发行的股票，应为记名股票；向社会公众发行的股票，可以是记名股票，也可以是不记名股票。

（3）按发行对象和上市地点不同分为A股、B股、H股、N股、S股等。

A股是指人民币普通股票，由我国境内公司发行，境内上市交易，它以人民币标明面值，以人民币认购和交易。B股是指人民币特种股票，由我国境内公司发行，境内上市交易，以人民币标明面值，以外币认购和交易。H股是指注册地在内地，在香港上市的股票。依此类推，在纽约和新加坡上市的股票，就分别是N股和S股。

2. 普通股筹资的优缺点

（1）优点。普通股筹资的优点主要有：

① 有利于公司自主管理、自主经营。所有权与经营权相分离，分散公司控制权，有利于公司自主管理、自主经营。普通股筹资的股东众多，公司日常经营管理事务主要由公司的董事会和管理层负责。

② 能增强公司的社会声誉。普通股筹资，股东的大众化，为公司带来了广泛的社会影响。特别是上市公司，其股票的流通性强，有利于市场确认公司的价值。

③ 筹资风险较小。普通股筹资是自有资本，可以改善企业资本结构，增强举债能力，同时普通股无须还本付息，相对债务筹资来说风险较小。

（2）缺点。普通股筹资的缺点主要有：

① 普通股的资本成本较高。首先，从投资者的角度来讲，投资于普通股风险较高，相应地要求有较高的投资报酬率。其次，对于筹资公司来讲，普通股股利从税后利润中支付，不像债券利息那样作为费用从税前支付，因而不具有抵税作用。此外，普通股的发行费用一般也高于其他证券。

② 容易分散原有股东的控制权。以普通股筹资会增加新股东，这可能会分散公司的控制权，削弱原有股东对公司的控制。

政策导航

2023 年 12 月 29 日，十四届全国人大常委会第七次会议表决通过了新修订的《公司法》，该法自 2024 年 7 月 1 日起施行。公司是最重要的市场主体，《公司法》是社会主义市场经济制度的基础性法律。修改《公司法》是贯彻落实党中央关于深化国有企业改革、优化营商环境、加强产权保护、促进资本市场健康发展等重大决策部署的需要，也是适应实践发展，不断完善公司法律制度的需要，对于完善中国特色现代企业制度、推动经济高质量发展具有重要意义。

（三）利用留存收益

留存收益是公司在经营过程中所创造的，由于公司经营发展的需要或法定的原因等，没有分配给所有者而留存在公司的盈利。留存收益是指企业从历年实现的利润中提取或留存于企业的内部积累，它来源于企业的生产经营活动所实现的净利润。

1. 留存收益的筹资途径

(1) 提取盈余公积金。盈余公积金是指具有指定用途的留存净利润，是从当期企业净利润中提取的积累资金，其提取基数是本年度的净利润。盈余公积金主要用于企业未来的经营发展，经投资者审议后也可以用于转增实收资本（股本）和弥补以前年度经营亏损，但不得用于以后年度的对外利润分配。

(2) 利用未分配利润。未分配利润是指未限定用途的留存净利润。未分配利润有两层含义：① 这部分净利润本年没有分配给公司的股东投资者；② 这部分净利润未指定用途，可以用于企业未来的经营发展、转增股本（实收资本）、弥补以前年度的经营亏损及以后年度的利润分配。

2. 留存收益筹资的优缺点

(1) 优点。利用留存收益筹资的优点如下：

① 不用发生筹资费用。与企业从外界筹集长期资本以及发行普通股等筹资方式相比，利用留存收益筹资不需要发生筹资费用，资本成本较低。

② 不改变股权分布。利用留存收益筹资，不用对外发行新股或吸收新投资者，由此增加的股权资本不会改变公司的股权结构，不会稀释原有股东的控制权。

(2) 缺点。利用留存收益筹资的主要缺点是筹资数额有限。留存收益筹资的最大数额是企业到期的净利润和以前年度未分配利润之和，不像外部筹资一次性可以筹集大量资金。如果企业发生亏损，那么当年就没有利润留存。另外，股东和投资者从自身利润出发，往往希望企业每年发放一定的股利，保持一定的利润分配比例。

试比较

吸收直接投资、发行股票、利用留存收益三种筹资方式的主要区别与联系。

二、债务筹资

债务筹资是指企业通过承担债务方式而筹集到的资金，它反映债权人的权益，又称债务资金。银行借款、发行债券等是债务筹资的基本形式。

(一) 银行借款

银行借款是指企业向银行或其他非银行金融机构借入的、需要还本付息的款项,包括偿还期限超过1年的长期借款和1年以下(含1年)的短期借款,主要用于企业购建固定资产和满足流动资金周转的需要。

1. 银行借款的种类

(1) 按提供贷款的机构分为政策性银行贷款、商业性银行贷款和其他金融机构贷款。

① 政策性银行贷款,是指执行国家政策性贷款业务的银行向企业发放的贷款,通常为长期贷款。如国家开发银行贷款,主要满足企业承建国家重点建设项目的资金需要;中国进出口银行贷款,主要为大型设备的进出口提供的买方信贷或卖方信贷;中国农业发展银行贷款,主要用于确保国家对粮、棉、油等政策性收购资金的供应。

3

② 商业性银行贷款,是指由各商业银行,如中国工商银行、中国建设银行、中国农业银行、中国银行等向工商企业提供的贷款,用以满足企业生产经营的资金需要,包括短期贷款和长期贷款。

③ 其他金融机构贷款,如从信托投资公司取得实物或货币形式的信托投资贷款;从财务公司取得的各种中长期贷款;从保险公司取得的贷款等。其他金融机构的贷款一般较商业银行贷款的期限要长,要求的利率较高,对借款企业的信用要求和担保的选择比较严格。

(2) 按机构对贷款有无担保要求分为信用贷款和担保贷款。

① 信用贷款,是指以借款人的信誉或保证人的信用为依据而获得的贷款。企业取得信用贷款,无须以财产作抵押。对于这种贷款,由于风险较高,银行通常要收取较高的利息,往往还附加一定的限制条件。

② 担保贷款,是指由借款人或第三方依法提供担保而获得的贷款。担保包括保证责任、财务抵押、财产质押,因此,担保贷款包括保证贷款、抵押贷款和质押贷款。

(3) 按企业取得贷款的用途分为基本建设贷款、专项贷款和流动资金贷款。

① 基本建设贷款,是指企业因从事新建、改建、扩建等基本建设项目需要资金而向银行申请借入的款项。

② 专项贷款,是指企业因专门用途而向银行申请借入的款项,包括更新改造技改贷款、大修理贷款、研发和新产品研制贷款、小型技术措施贷款、出口专项贷款、引进技术转让费周转金贷款、进口设备外汇贷款、进口设备人民币贷款及国内配套设备贷款等。

③ 流动资金贷款,是指企业为满足流动资金的需求而向银行申请借入的款项,包括流动基金借款、生产周转借款、临时借款、结算借款和卖方信贷。

2. 银行借款的程序

(1) 提出申请。企业根据筹资需求向银行书面申请,按银行要求的条件和内容填报借款申请书。

(2) 银行审批。银行按照有关政策和贷款条件,对借款企业进行信用审查,依据审批权限,核准公司申请的借款金额和用款计划。银行审查的主要内容是:公司的财务状况、信用情况、盈利的稳定性、发展前景、借款投资项目的可行性、抵押品和担保情况。

(3) 签订合同。借款申请获批准后,银行与企业进一步协商贷款的具体条件,签订正式的借款合同,规定贷款的数额、利率、期限和一些约束性条款。

(4) 取得借款。借款合同签订后,企业在核定的贷款指标范围内,根据用款计划和实际需要，一次或分次将贷款转入公司的存款结算户，以便使用。

3. 银行借款的信用条件

按照国际惯例，银行发放贷款时往往附加一些信用条件，主要有以下几点。

(1) 信贷额度。信贷额度是指借款人与银行签订协议，规定的借入款项的最高限额。如借款人超过限额继续借款，银行将停止办理。此外，如果企业信誉恶化，银行也有权停止借款。对信贷额度，银行不承担法律责任，没有强制义务。

(2) 周转信贷协定。周转信贷协定是指银行从法律上承诺向企业提供不超过某一最高限额的贷款协定。在协定有效期内，只要企业累计借款总额未超过最高限额，银行必须满足企业任何时候提出的借款要求。企业享有周转信贷协定，通常要对贷款限额的未使用部分付给银行一笔承诺费用。

【业务3-1】 某周转信贷协定额度为2 000万元，承诺费用率为0.2%，借款企业年度内使用了1 500万元。要求：计算该企业向银行支付的承诺费用。

解析：承诺费用 $=(2\,000-1\,500)\times 0.2\%=1$(万元)

(3) 补偿性余额。补偿性余额是指银行要求借款人在银行中保留借款限额或实际借用额的一定百分比计算的最低存款余额。企业在使用资金的过程中，通过资金在存款账户的进出，始终在银行存款的账户上保持一定的补偿性余额。这实际上增加了借款企业的利息，提高了借款的实际利率，加重了企业的财务负担。

【业务3-2】 某公司向银行借款100万元，年利率为8%，银行要求保留12%的补偿性余额。要求：计算该借款的实际年利率。

解析：借款的实际利率 $=100\times 8\%\div[100\times(1-12\%)]\approx 9.09\%$

(4) 保护性条款。长期贷款金额高、期限长、风险大，除借款合同的基本条款之外，债权人通常还在借款合同中附加各种保护性条款，以确保企业按要求使用借款和按时足额偿还借款。保护性条款一般有以下三类：

① 例行性保护条款。这类条款作为例行常规，在大多数借款合同中都会出现。如定期向提供贷款的金融机构提交财务报表，以使债权人随时掌握公司的财务状况和经营成果，如期清偿应缴纳的税金和其他到期债务，以防被罚款而造成不必要的现金流失等。

② 一般性保护条款。一般性保护条款是对企业资产的流动性及偿债能力等方面的要求条款，这类条款被应用在大多数借款合同中，如保持企业的资产流动性、限制企业非经营性支出、限制企业资本支出的规模、限制公司再举债规模、限制公司的长期投资等。

③ 特殊性保护条款。这类条款是针对某些特殊情况而出现在部分借款合同中的条款，只有在特殊情况下才能生效。特殊性保护条款主要包括：要求公司的主要领导人购买人身保险、借款的用途不得改变、违约惩罚条款等。

4. 借款利息的支付方式

(1) 收款法。收款法是指在短期借款到期时向银行一次性支付利息和本金。采用这种方法的借款名义利率等于实际利率。

(2) 贴现法。贴现法是指银行向企业发放贷款时,先从本金中扣除利息部分,而借款到期时企业再偿还全部本金的方法。采用此方法的贷款的实际利率高于名义利率。其计算公式如下:

$$实际利率=\frac{本金\times 名义利率}{实际借款额}=\frac{本金\times 名义利率}{本金-利息}=\frac{名义利率}{1-名义利率}$$

(3) 加息法。加息法是银行发放分期等额偿还贷款时采用的利息收取方法。采用这种方法时,企业所负担的实际利率要高于名义利率。

5. 银行借款筹资的优缺点

(1) 优点。银行借款筹资的主要优点如下。

① 筹资速度快。银行借款与发行证券相比,一般所需时间较短,可以较快获得资金。

② 筹资成本低。利用银行借款所支付的利息比发行债券所支付的利息低,另外,也无须支付大量的发行费用。

③ 借款弹性好。企业与银行可以直接接触,商谈确定借款的时间、数量和利息。借款期间如果企业经营情况发生了变化,也可与银行协商,修改借款的数量和条件。借款到期后如有正当理由,还可延期归还。

(2) 缺点。银行借款筹资的主要缺点如下。

① 财务风险大。企业举借长期借款,必须定期付息,在经营不利的情况下,企业有不能偿付的风险,甚至会导致破产。

② 限制条款多。企业与银行签订的借款合同中一般都附加一些限制条款,如定期报送有关部门报表、不能改变借款用途等。

③ 筹资数量有限。银行一般不愿借出巨额的长期借款,因此,利用银行借款筹资有一定的金额上限。

(二) 发行债券

企业债券又称公司债券,是企业依照法定程序发行的、约定在一定期限内还本付息的有价证券。债券是持有人拥有公司债权的书面证书,它代表持券人同发债公司之间的债权债务关系。

1. 公司债券的种类

(1) 按是否记名分为记名债券和无记名债券。

记名债券,应当在公司债券存根簿上载明债券持有人的姓名及住所、债券持有人取得债券的日期及债券的编号等债券持有人信息。

无记名债券,应当在公司债券存根簿上载明债券总额、利率、偿还期限和方式、发行日期及债券的编号。

(2) 按是否能够转换成公司股权分为可转换债券与不可转换债券。

可转换债券,是指持有者可以在规定的时间内按规定的价格转换为发债公司的股票。这种债券在发行时,对债券转换为股票的价格和比率等都作了详细规定。《公司法》规定,可转换债券的发行主体是股份有限公司中的上市公司。

不可转换债券,是指不能转换为发债公司股票的债券,大多数公司债券属于这种类型。

(3) 按有无特定财产担保分为担保债券和信用债券。

担保债券是指以抵押方式担保发行人按期还本付息的债券,主要是指抵押债券。抵押债券按其抵押品的不同,又分为不动产抵押债券、动产抵押债券和证券信托抵押债券。

信用债券是无担保债券,是仅凭公司自身的信用发行的、没有抵押品作抵押担保的债券。

在公司清算时，信用债券的持有人因无特定的资产作担保品，只能作为一般债权人参与剩余财产的分配。

知识延伸

2023 年 10 月 12 日，中国证券监督管理委员会审议通过《公司债券发行与交易管理办法》，其中第十四条规定了公开发行公司债券，应当符合的条件包括：① 具备健全且运行良好的组织机构；② 最近三年平均可分配利润足以支付公司债券一年的利息；③ 具有合理的资产负债结构和正常的现金流量；④ 国务院规定的其他条件。第十五条规定，存在下列情形之一的，不得再次公开发行公司债券：① 对已公开发行的公司债券或者其他债务有违约或者延迟支付本息的事实，仍处于继续状态；② 违反《证券法》规定，改变公开发行公司债券所募资金用途。

2. 发行债券的程序

(1) 作出决议。公司发行债券要由董事会制定方案，股东大会作出决议。

(2) 提出申请。根据《证券法》规定，公司申请发行债券由国务院证券管理部门批准。证券管理部门按照国务院确定的公司债券发行规模，审批公司债券的发行。公司申请应提交公司营业执照、公司章程、公司债券募集办法、资产评估报告和验资报告。

(3) 公告募集办法。企业发行债券的申请经批准后，向社会公告债券募集办法。公司债券分私募发行和公募发行，私募发行是以特定的少数投资者为对象发行债券，而公募发行则是在证券市场上以非特定的广大投资者为对象公开发行债券。

(4) 委托证券经营机构发售。公募间接发行是各国通行的公司债券发行方式，在这种发行方式下，发行公司与承销团签订承销协议。承销团由数家证券公司或投资银行组成，承销方式有代销和包销两种。代销是指承销机构代为推销债券，在约定期限内未售出的余额可退还发行公司，承销机构不承担发行风险。包销是由承销团先购入发行公司拟发行的全部债券，再售给社会上的投资者，如果约定期限内未能全部售出，余额要由承销团负责认购。

(5) 交付债券，收缴债券款，登记债券存根簿。发行债券通常不需填写认购证，由债券购买人直接向承销机构付款购买，承销单位付给企业债券。然后，发行公司向承销机构收缴债券款并结算代理费及预付款项。

3. 发行债券筹资的优缺点

(1) 优点。发行债券筹资的优点如下。

① 一次筹资数额大。利用发行公司债券筹资，能够筹集大额的资金，满足公司大规模筹资的需要。

② 提高公司的社会声誉。公司债券的发行主体，有严格的资格限制。发行公司债券，往往是股份有限公司和有实力的有限责任公司所为。通过发行公司债券，公司一方面筹集了大量资金，另一方面也扩大了公司的社会影响。

③ 筹集资金的使用限制条件少。与银行借款相比，债券筹资筹集资金的使用具有相对的灵活性和自主性。

(2) 缺点。发行债券筹资的缺点如下。

① 发行资格要求高，手续复杂。发行公司债券，实际上是公司面向社会负债，债权人是社

会公众，因此国家为了保护投资者利益，维护社会经济秩序，对发债公司的资格有严格的限制。从申报、审批、承销到取得资金，需要经过众多环节和较长时间。

② 资本成本较高。相对于银行借款筹资，发行债券的利息负担和筹资费用都比较高。而且债券不能像银行借款一样进行债务展期，加上大额的本金和较高的利息，在固定的到期日，将会对公司现金流量产生巨大的财务压力。

试比较

银行借款、发行债券两种筹资方式的优缺点。

三、利用商业信用筹资

3 商业信用是指在商品交易中由于延期付款或预收货款所形成的企业间的借贷关系，在短期债务筹资中占有相当大的比重。利用商业信用筹资的主要形式有应付账款、应付票据、预收账款等。

（一）商业信用筹资的主要形式

1. 应付账款

应付账款是企业购买货物暂未付款而欠对方的账项，即卖方允许买方在购货后一定时期内支付货款的一种形式。卖方利用这种方式促销，而对买方来说延期付款则等于向卖方借用资金购进商品，可以满足短期的资金需要。

(1) 应付账款的成本。倘若买方企业购买货物后在卖方规定的折扣期内付款，便可以享受免费信用，这种情况下企业没有因为享受信用而付出代价。

【业务 3-3】 某企业按 2/10、n/30 的现金折扣条件购入货物 10 万元。如果该企业在 10 天内付款，便享受了 10 天的免费信用期，并获得折扣 0.2 万元(10×2%)，免费信用额为 9.8 万元(10—0.2)。

倘若买方企业放弃折扣，在 10 天后(不超过 30 天)付款，该企业便要承受因放弃折扣而造成的隐含利息成本。放弃现金折扣的成本可由下式求得：

$$\text{放弃现金折扣成本}=\frac{\text{折扣百分比}}{1-\text{折扣百分比}}\times\frac{360}{\text{信用期}-\text{折扣期}}$$

运用上式，该企业放弃折扣所负担的成本为：

$$\frac{2\%}{1-2\%}\times\frac{360}{30-10}=36.7\%$$

计算表明，放弃现金折扣的成本与折扣百分比的大小、折扣期的长短同方向变化，与信用期的长短反方向变化。可见，如果买方企业放弃折扣而获得信用，其代价是较高的。然而，企业在放弃折扣的情况下，推迟付款的时间越长，其成本便会越小。比如，如果企业延至 50 天付款，则其成本比率为：

$$\frac{2\%}{1-2\%}\times\frac{360}{50-10}=18.4\%$$

(2) 利用现金折扣的决策。在附有信用条件的情况下，因为获得不同信用要负担不同的成本，买方企业便要在利用哪种信用之间作出决策。常见的情况有以下四种。

① 如果能以低于放弃折扣的隐含利息成本(实质是一种机会成本)的利率借入资金，便应在现金折扣期内用借入的资金支付货款，享受现金折扣。

② 如果同期的银行短期借款年利率更低，则买方企业应利用更便宜的银行借款在折扣期内偿还应付账款；反之，企业应放弃折扣。

③ 如果在折扣期内将应付账款用于交易性金融资产，所得的投资报酬率高于放弃折扣的隐含利息成本，则应放弃折扣而去追求更高的收益。当然，假使企业放弃折扣优惠，也应将付款日推迟至信用期内的最后一天，以降低放弃折扣的成本。

④ 如果企业因缺乏资金而希望延展付款期，则需在降低了的放弃折扣成本与延展付款带来的损失之间作出选择。延展付款带来的损失主要是指因企业信誉恶化而丧失供应商乃至其他贷款人的信用，或日后招致苛刻的信用条件。

2. 应付票据

应付票据是指企业在商品购销活动和对工程价款进行结算中，因采用商业汇票结算方式而产生的商业信用。商业汇票是指由付款人或存款人(或承兑申请人)签发，由承兑人承兑，并于到期日向收款人或被背书人支付款项的一种票据，它包括商业承兑汇票和银行承兑汇票。应付票据按是否带息分为带息应付票据和不带息应付票据两种。

3. 预收账款

预收账款是指销货单位按照合同和协议规定，在发出货物之前向购货单位预先收取部分或全部货款的信用行为。购买单位对于紧俏商品往往乐于采用这种方式购货；销货方对于生产周期长、造价较高的商品，往往采用预收货款方式销货，以缓和本企业资金占用过多的矛盾。

(二) 利用商业信用筹资的优缺点

1. 优点

利用商业信用筹资的主要优点如下：

① 筹资便利。利用商业信用筹措资金非常方便。因为商业信用与商品买卖同时进行，属于一种自然性融资，不用作非常正规的安排。

② 筹资成本低。如果没有现金折扣，或企业不放弃现金折扣，则利用商业信用集资没有实际成本。

③ 限制条件少。如果企业利用银行借款筹资，银行往往对贷款的使用规定一些限制条件，而商业信用则限制较少。

2. 缺点

利用商业信用筹资的缺点是期限一般较短。如果企业取得现金折扣，则时间会更短，如果放弃现金折扣，则要付出较高的资本成本。

政策导航

《关于开展“一链一策一批”中小微企业融资促进行动的通知》(工信部联企业函〔2023〕196 号)要求：以习近平新时代中国特色社会主义思想为指导，深入贯彻党的二十大和中央经济工作会议精神，认真落实国务院工作部署，围绕制造业重点产业链，建立“政府—企业—金融机构”对接协作机制，摸清产业链上中小微企业名单，了解企业融资需求，鼓励金融机构结合产业链特点，立足业务特长，“一链一策”提供有针对性的多元化金融支持举措，优质高效服务一批链上中小微企业，持续提升中小微企业融资便利度和可得性，加大金融支持中小微企业专精特新发展力度。

任务三 资金需要量预测

3

案例导入

为确保筹资款能够满足公司对资金的需求，圆荣公司需要对公司的资金需要量进行准确的预测。已知公司2023年12月31日的简要资产负债表如表3-2所示。公司2023年度销售额为6 000万元，销售净利润率为10%，留存收益率为60%。2024年预计销售额增长20%，公司有足够的生产能力，不需要增加固定资产投资。

表3-2 资产负债表

2023年12月31日 单位：万元

资产		负债及所有者权益	
货币资金	500	短期借款	1 000
应收账款	1 000	应付账款	1 500
存货	1 500	实收资本	1 500
固定资产	2 000	留存收益	1 000
合计	5 000	合计	5 000

思考与分析：假如你是该公司的财务人员，请对公司2024年的资金需要量进行预测，并确定贷款的额度。

资金需要量预测是指企业根据生产经营的需求，对未来所需资金的估计和推测。测定资金需要量有定性方法与定量方法，其中常见的定量方法有销售百分比预测法和资金习性预测法。

一、销售百分比预测法

（一）含义

销售百分比预测法，是将反映生产经营规模的销售因素与反映资金占用的资产因素连接起来，根据销售与资产之间的数量比例关系，预计企业的外部筹资需要量的一种方法。

（二）基本原理

销售百分比预测法，是根据销售增长与资产增长之间的关系，根据这个假设预计外部资金需要量的方法。当企业的销售规模扩大时，要相应增加流动资产；如果销售规模大幅增加，还必须增加长期资产。为取得扩大销售所需增加的资产，企业需要筹措资金。这些资金，一部分来自留存收益，另一部分通过外部筹资取得。通常，销售增长率较高时，仅靠留存收益不能满足资金需要，即便是获利良好的企业也需外部筹资。因此，企业需要预先知道自己的筹资需求，提前安排筹资计划，否则可能会发生资金短缺问题。

销售百分比预测法首先假设某些资产与销售额存在稳定的百分比关系，根据销售与资产的比例关系预计资产额，根据资产额预计相应的负债和所有者权益，进而确定筹资需要量。

（三）基本步骤

1. 确定敏感性资产和敏感性负债项目

资产负债表中随销售额的变动而发生正比例变动的项目被称为敏感性项目，包括敏感性资产项目（如库存现金、应收账款、存货等）和敏感性负债项目（如应付票据、应付账款等）。而长期资产、长期借款、实收资本等在短期内不会随销售额变动而改变的项目，被称为非敏感性项目。因此，在运用销售百分比预测法时，首先要分析和明确资产负债表中的敏感性资产项目和敏感性负债项目。

3

2. 计算销售百分比

计算销售百分比，是指确定敏感性资产项目和敏感性负债项目总额与销售额的稳定比例关系。如果企业资金周转的营运效率保持不变，敏感性资产项目与敏感性负债项目会随销售额的变动而呈正比例变动，保持稳定的百分比关系。企业应当根据历史资料和同业情况，剔除不合理的资金占用，寻找与销售额的稳定百分比关系。

3. 确定需要增加的筹资数量

预计由于销售增长而需要的资金需求增长额，扣除利润留存后，即为所需要的外部筹资额。其计算公式如下：

$$\text{外部融资需求量}=\frac{A}{S_1}\times\Delta S-\frac{B}{S_1}\times\Delta S-S_2\times P\times E$$

式中，A 为随销售而变化的敏感性资产项目总额；B 为随销售而变化的敏感性负债项目总额；S_1 为基期销售额；S_2 为预测期销售额；ΔS 为销售变动额；P 为销售净利率；E 为利润留存率；$\frac{A}{S_1}$ 为敏感性资产项目总额与基期销售额的关系百分比；$\frac{B}{S_1}$ 为敏感性负债项目总额与基期销售额的关系百分比。

【业务 3-4】 某公司 2023 年销售收入为 20 000 万元，销售净利润率为 12%，净利润的 60%分配给投资者。2023 年 12 月 31 日的资产负债表（简表）如表 3-3 所示。

表 3-3　资产负债表（简表）

2023 年 12 月 31 日　　单位：万元

资　产	期末余额	负债和所有者权益	期末余额
货币资金	1 000	应付账款	1 000
应收账款	3 000	应付票据	2 000
存　货	6 000	长期借款	9 000
固定资产	7 000	实收资本	4 000
无形资产	1 000	留存收益	2 000
资产合计	18 000	负债和所有者权益合计	18 000

该公司2024年计划销售收入比上年增长30%。为实现这一目标，公司需新增设备一台，价值148万元。据历年财务数据分析，公司流动资产与流动负债随销售额同比增加。假定该公司2024年的销售净利率和利润分配政策与上年保持一致。要求：预测2024年需要对外筹集的资金量。

解析：

(1) 计算销售百分比：

$$敏感性资产销售百分比=\frac{1\,000+3\,000+6\,000}{20\,000}=50\%$$

$$敏感性负债销售百分比=\frac{1\,000+2\,000}{20\,000}=15\%$$

(2) 确定内部筹资额，即增加的留存收益：

增加的留存收益 $=20\,000\times(1+30\%)\times12\%\times(1-60\%)=1\,248$(万元)

(3) 确定外部筹资数量：

对外筹资额 $=20\,000\times30\%\times(50\%-15\%)-1\,248+148=1\,000$(万元)

销售百分比预测法的优点，是能为筹资管理提供短期预计的财务报表，以适应外部筹资的需要，且易于使用。但在销售结构等相关因素发生变动的情况下，必须相应地调整原有的销售百分比。

请思考

对外筹资额算出来大于0、等于0、小于0，分别代表什么含义？

二、资金习性预测法

(一) 资金习性

资金习性，是指资金变动与产销量变动之间的依存关系。按照资金习性，可以把资金区分为不变资金、变动资金和半变动资金。

1. 不变资金

不变资金是指在一定的产销量范围内，不受产销量变动的影响而保持固定不变的那部分资金。如为维持营业而占用的最低数额的现金，原材料的保险储备，必要的成品储备，厂房、机器设备等固定资产占用的资金。

2. 变动资金

变动资金是指随产销量的变动而同比例变动的那部分资金，一般包括直接构成产品实体的原材料、外购件等占用的资金。另外，在最低储备以外的现金、存货、应收账款等也具有变动资金的性质。

3. 半变动资金

半变动资金是指虽然受产销量变化的影响，但不成同比例变动的资金，如一些辅助材料上占用的资金。半变动资金可采用一定的方法划分为不变资金和变动资金两部分。

(二) 资金习性预测法模型

资金习性预测法就是根据历史上企业资金占用总额和产销量之间的关系，把企业资金分为不变资金与变动资金两部分，然后结合预计的销售量来预测资金需要量的一种方法。其数学模型为：

$$y = a + bx$$

式中，y 为资金占用总额；a 为不变资金；b 为单位产销量所需变动资金；x 为产销量。

可见，只要求出 a 和 b，并知道预期产销量，就可以求出资金总量。而对 a 和 b 的计算，通常有高低点法和线性回归法。

1. 高低点法

高低点法是指根据企业一定期间资金占用的历史资料，按照资金习性原理和 $y = a + bx$ 直线方程式，选用最高收入期和最低收入期的资金占用量之差，与这两个收入期的销售额之差进行对比，先求 b 的值，再代入原直线方程，求出 a 的值，从而推测资金需要量。其计算公式为：

$$b = \frac{\text{最高收入期资金占用量} - \text{最低收入期资金占用量}}{\text{最高销售收入} - \text{最低销售收入}}$$

$$a = \text{最高收入期资金占用量} - b \times \text{最高销售收入}$$

$$\text{或 } a = \text{最低收入期资金占用量} - b \times \text{最低销售收入}$$

3

【业务 3-5】 某企业历史上资金占用与销售收入之间的关系，如表 3-4 所示。

表 3-4　资金占用与销售收入表　　单位：元

年　度	销售收入	资金占用
第 1 年	120 000	80 000
第 2 年	140 000	90 000
第 3 年	136 000	88 000
第 4 年	160 000	100 300
第 5 年	158 000	110 000

要求：(1) 采用高低点法计算不变资金和单位变动资金。

(2) 当第 6 年的销售收入为 165 000 元时，预测其需要占用的现金数额。

解析：$b = \frac{\text{最高收入期资金占用量} - \text{最低收入期资金占用量}}{\text{最高销售收入} - \text{最低销售收入}} = \frac{100\,300 - 80\,000}{160\,000 - 120\,000}$

$= 0.507\,5$

$a = \text{最低收入期资金占用量} - b \times \text{最低销售收入}$

$= 80\,000 - 120\,000 \times 0.507\,5 = 19\,100$(元)

$y = 19\,100 + 0.507\,5x$

第 6 年的现金占用数额 $= 19\,100 + 0.507\,5 \times 165\,000 = 103\,837.5$(元)

2．线性回归法

线性回归法又称为回归直线法，是根据若干期业务量和资金占用的历史资料，运用最小平方法原理计算不变资金和单位销售额变动资金的一种资金习性分析方法。其计算公式为：

$$a=\frac{\sum x_i^2\sum y_i-\sum x_i\sum x_iy_i}{n\sum x_i^2-\left(\sum x_i\right)^2}$$

$$b=\frac{n\sum x_iy_i-\sum x_i\sum y_i}{n\sum x_i^2-\left(\sum x_i\right)^2}$$

或 $$b=\frac{\sum y_i-na}{\sum x_i}$$

3

式中，x_i为第 i 期的产销量；y_i为第 i 期的资金占用量。

【业务 3－6】 某企业历史上资金占用与销售收入之间的关系如表 3－5 所示。要求：当 2024 年的销售量为 150 万件时，预测其需要占用的现金数额。

表 3－5　　产销量与资金变化情况表

年　度	销售量(x_i)/万件	资金占用(y_i)/万元
2018	120	100
2019	110	95
2020	100	90
2021	120	100
2022	130	105
2023	140	110

解析：(1) 根据表 3－5 中的资料，编制资金需要量预测表（表 3－6）。

表 3－6　　资金需要量预测表

年　度	销售量(x_i)/万件	资金占用(y_i)/万元	x_iy_i	x_i^2
2018	120	100	12 000	14 400
2019	110	95	10 450	12 100
2020	100	90	9 000	10 000
2021	120	100	12 000	14 400
2022	130	105	13 650	16 900
2023	140	110	15 400	19 600
合计 $n=6$	$\sum x_i=720$	$\sum y_i=600$	$\sum x_iy_i=72\ 500$	$\sum x_i^2=87\ 400$

(2) 将表 3-6 中有关数据代入公式：

$$a=\frac{\sum x_i^2\sum y_i-\sum x_i\sum x_iy_i}{n\sum x_i^2-\left(\sum x_i\right)^2}=\frac{87\,400\times 600-720\times 72\,500}{6\times 87\,400-720^2}=40(\text{万元})$$

$$b=\frac{\sum y_i-na}{\sum x_i}=\frac{600-6\times 40}{720}=0.5$$

(3) 得到方程：

$y=40+0.5b$

(4) 把 2024 年预测销售量 150 万件代入回归方程，得到 2024 年资金需要量：

2024 年资金需要量 $=40+0.5\times 150=115$(万元)

3

重要提示

运用资金习性预测法在计算出资金需要总量后，减去上年的资金需要总量就得到所需新增资金，再减去留存收益就可以得到外部筹资额。

任务四　筹资成本管理

案例导入

截至 2024 年年底，XF 印染公司资产总计 10.45 亿元，负债总计 8.69 亿元，所有者权益合计 1.76 亿元，资产负债率为 83.16%，同时公司还有 12 笔对外担保，担保金额达到1.6亿元。过高的负债比率使得 XF 印染公司面临着巨大的财务压力。此外，高达 1 亿多元的担保金额又使得 XF 印染公司背负上了巨额的潜在债务负担，财务风险日益加剧，资本结构中负债水平越来越高。

思考与分析：XF 印染公司财务风险是如何产生的？如何优化资本结构？

一、计算资本成本

(一) 资本成本的含义

认识资本成本

资本成本是指企业为筹集和使用资本而付出的代价，包括筹资费用和占用费用。

1. 筹资费用

筹资费用是指企业在资本筹措过程中为获取资本而付出的代价，如向银行支付的借款手续费，因发行股票、公司债券而支付的发行费等。筹资费用通常在资本筹集时一次性发生，在资本使用过程中不再发生，因此被视为筹资数额的一项扣除。

3

2. 占用费用

占用费用是指企业在资本使用过程中因占用资本而付出的代价,如向银行等债权人支付的利息,向股东支付的股利等。占用费用是因为占用了他人资金而必须支付的,是资本成本的主要内容。

(二) 资本成本的作用

1. 个别资本成本是比较筹资方式、选择筹资方案的依据

在评价各种筹资方式时,一般会考虑的因素包括对企业控制权的影响、对投资者吸引力的影响、融资的难易程度和风险、资本成本的高低等,而资本成本是其中的重要因素。在其他条件相同时,企业筹资应选择资本成本最低的方式。

2. 平均资本成本是衡量资本结构是否合理的依据

企业财务管理目标是企业价值最大化。企业价值是指企业资产带来的未来现金流量的贴现值。计算企业价值时,经常采用企业的平均资本成本作为贴现率,当平均资本成本最小时,企业价值最大,此时的资本结构是企业理想的资本结构。

3. 资本成本是评价投资项目可行性的主要标准

任何投资项目,如果它预期的投资报酬率超过该项目使用资金的资本成本率,则该项目在经济上就是可行的。因此,资本成本率是企业用以确定项目要求达到的投资报酬率的最低标准。

4. 资本成本是评价企业整体业绩的重要依据

一定时期企业资本成本的高低,不仅反映企业筹资管理的水平,还可作为评价企业整体经营业绩的标准。企业的生产经营活动,实际上就是所筹集资本经过投放后形成资产的营运,企业的总资产税后报酬率应高于其平均资本成本,这样才能带来剩余收益。

资本成本与货币时间价值之间有何联系与区别?

(三) 资本成本的计算

1. 个别资本成本的计算

个别资本成本是指单一融资方式本身的资本成本,包括银行借款资本成本、债券资本成本、融资租赁资本成本、优先股资本成本、普通股资本成本和留存收益资本成本等,其中前三类是债务资本成本,后三类是股权资本成本。个别资本成本的高低,用相对数即资本成本率表达。

(1) 资本成本计算的基本模式。

① 一般模式。为了便于比较分析,资本成本通常采用不考虑货币时间价值的一般通用模型进行计算。计算时,将初期的筹资费用作为筹资额的一项扣除,扣除筹资费用后的筹资额称为筹资净额,一般模式通用的计算公式为:

$$资本成本率=\frac{年资金占用费用}{筹资总额-筹资费用}=\frac{年资金占用费用}{筹资总额\times(1-筹资费用率)}$$

② 贴现模式。对于金额大、时间超过 1 年的长期资本,更准确的资本成本计算方式是采

用折现模式，即将债务未来还本付息或股权未来股利分红的折现值与目前筹资净额相等时的折现率作为资本成本率。

（2）银行借款资本成本。银行借款资本成本包括借款利息和借款手续费用。利息费用税前支付，可以起抵税作用，一般计算税后资本成本。一般模式计算为：

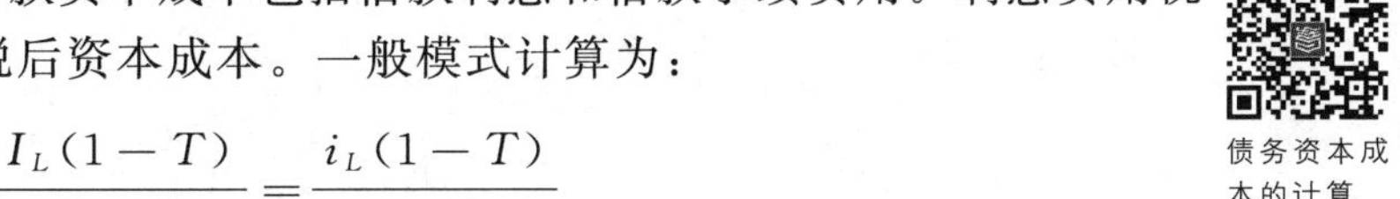

$$K_L=\frac{I_L(1-T)}{L(1-f_L)}=\frac{i_L(1-T)}{1-f_L}$$

债务资本成本的计算

式中，K_L为银行借款的资本成本；I_L为银行借款的年利息；T 为企业的所得税税率；L 为银行借款的筹资总额；f_L为银行借款的筹资费用率；i_L为银行借款利息率。

由于银行借款的手续费率很低，所以上式中的 f_L 常常忽略不计，公式可简化为：

$$K_L=i_L(1-T)$$

3

【业务 3-7】　公司取得 5 年期长期借款 200 万元，借款年利率为 10%，企业所得税税率为 25%。每年年末支付利息，到期还本，借款费用率为 0.2%。要求：计算该项银行借款的资本成本。

解析：

$$K_L=\frac{200\times10\%\times(1-25\%)}{200\times(1-0.2\%)}\times100\%=7.51\%$$

（3）债券资本成本。公司债券资本成本，包括债券利息和借款发行费用。债券可以溢价发行，也可以折价发行，其资本成本计算公式为：

$$K_B=\frac{I_B(1-T)}{B(1-f_B)}$$

式中，K_B为债券的资本成本；I_B为债券的年利息；T 为所得税税率；B 为债券筹资总额；f_B为长期债券的筹资费用率。

【业务 3-8】　公司发行一笔期限为 10 年的债券，债券发行总额为 1 000 万元，票面利率为 8%，每年付一次利息，筹资费用率为 3%，所得税税率为 25%，债券按面值等价发行。要求：计算该笔债券的资本成本。

解析：

$$K_B=\frac{1\,000\times8\%\times(1-25\%)}{1\,000\times(1-3\%)}\times100\%\approx6.19\%$$

如果该债券溢价发行，发行价格为 1 050 万元，则该债券的资本成本为：

$$K_B=\frac{1\,000\times8\%\times(1-25\%)}{1\,050\times(1-3\%)}\times100\%\approx5.89\%$$

请思考

为什么负债资本成本采用的是税后资本成本而不是税前资本成本？

(4) 优先股资本成本。优先股资本成本包括优先股的筹资费用和定期支付给优先股股东的股利。优先股股利通常是固定的，这使得优先股资本成本计算和债券资本成本计算有相同之处。不同的是，优先股无届满期限，且优先股股利在税后利润中支付，没有抵税的作用。其计算公式为：

$$K_P = \frac{D}{P_P(1-f_P)}$$

式中，K_P 为优先股的资本成本；D 为优先股每年的股利；P_P 为发行优先股总额；f_P 为优先股筹资费用率。

请思考

在计算优先股成本时，需要进行所得税调整吗？

3

【业务 3-9】 公司按面值发行 100 万元的优先股，筹资费用率为 4%，每年支付 12% 的股利。要求：计算优先股的资本成本。

解析：

$$K_P = \frac{100 \times 12\%}{100 \times (1-4\%)} \times 100\% = 12.5\%$$

普通股资本成本的计算

(5) 普通股资本成本。普通股资本成本主要是向股东支付的各期股利。由于各期股利并不一定固定，可能随企业各期收益波动，因此普通股的资本成本只能按贴现模式计算，并假定各期股利的变化呈一定规律性。计算普通股资本成本常用的方法有股利增长模型法与资本资产定价模型法。

① 股利增长模型法。假定资本市场有效，股票市场价格与价值相等；某股票本期支付的股利为 D_0，未来各期股利按速度 g 增长；目前股票市场价格为 P_S；普通股筹资费用率为 f_S。在此情形下，普通股资本成本的计算公式为：

$$K_S = \frac{D_0(1+g)}{P_S(1-f_S)} + g$$

【业务 3-10】 公司普通股每股发行价为 100 元，筹资费用率为 5%，本年发放现金股利每股 12 元，以后每年增长 4%。要求：计算普通股的资本成本。

解析：

$$K_S = \frac{12 \times (1+4\%)}{100 \times (1-5\%)} \times 100\% + 4\% \approx 17.14\%$$

② 资本资产定价模型法。基本原理是：普通股股东所要求的必要报酬率等于无风险报酬率加上风险报酬率。相应地，从企业筹资的角度看，普通股的资本成本就是无风险报酬率加上投资股票的风险报酬率。用公式表示如下：

$$K_S = R_F + \beta(R_M - R_F)$$

式中，K_S是普通股的资本成本；R_F是无风险报酬率；R_M是市场投资组合的报酬率；β是公司股票的β系数（风险系数）。

【业务3-11】 某公司普通股的β值为0.8，当前市场投资组合的必要报酬率为15%，无风险报酬率为9%。要求：计算该普通股的资本成本。

解析：

$K_S = 9\% + 0.8 \times (15\% - 9\%) = 13.8\%$

（6）留存收益资本成本。留存收益是由企业税后净利润形成的，是一种所有者权益，其实质是所有者向企业的追加投资。企业利用留存收益筹资无须发生筹资费用。如果企业将留存收益用于再投资，所获得的报酬率低于股东自己进行一项风险相似的投资项目的报酬率，企业就应将其分配给股东。留存收益的资本成本计算与普通股成本相同，也分为股利增长模型法和资本资产定价模型法，不同点在于不考虑筹资费用。

3

请思考

为什么计算留存收益资本成本时不考虑筹资费用？

【业务3-12】 公司留用利润200万元，普通股目前市价为每股20元，本年发放股利1.5元，以后每年增长4%。要求：计算该公司普通股成本。

解析：

$$K_S = \frac{1.5 \times (1 + 4\%)}{20} \times 100\% + 4\% = 11.80\%$$

试比较

银行借款、发行债券、普通股、优先股、留存收益的资本成本的大小。

2. 加权平均资本成本的计算

综合资本成本的计算

加权平均资本成本，也叫综合资本成本，是指多元化融资方式下的综合资本成本，反映着企业资本成本整体水平的高低。它是以各项个别资本在企业总资本中的比重为权数，对各项个别资本成本率进行加权平均而得到的总资本成本率。其计算公式为：

$$K_W = \sum W_j K_j$$

式中，K_W为综合资本成本；W_j为第j种资本占总资本的比重；K_j为第j种资本的成本。

【业务 3－13】 某企业共有资本 100 万元，其中债券 30 万元，优先股 10 万元，普通股 40 万元，留存收益 20 万元，各种资本成本分别为：$K_B=6\%$，$K_P=12\%$，$K_S=15.5\%$，$K_E=15\%$。则该企业综合资本成本为：

$$K_W=\frac{30\times6\%+10\times12\%+40\times15.5\%+20\times15\%}{100}\times100\%=12.20\%$$

加权平均资本成本的计算，存在着价值权数的选择问题，即各项个别资本按什么权数来确定资本比重。通常可供选择的价值形式有账面价值、市场价值、目标价值等。

想一想

请你运用 Python 相关知识实现加权平均资本成本计算。

知识延伸

账面价值权数、市场价值权数、目标价值权数的性质、含义及优缺点，如表 3－7 所示。

表 3－7 各类权数价值的性质、含义及评价

类别	性质	含义及优缺点
账面价值权数	反映过去	含义：以各项个别资本的会计报表账面价值为基础来计算资本权数，确定各类资本占总资本的比重 优点：资料容易取得，计算结果比较稳定 缺点：当债券和股票的市价与账面价值差别较大时，易导致按账面价值计算出来的资本成本不能反映目前从资本市场上筹集资本的现时资本成本，不适合评价现时的资本结构
市场价值权数	反映现在	含义：以各项个别资本的现行市价为基础来计算资本权数，确定各类资本占总资本的比重 优点：能够反映现时的资本成本水平，有利于进行资本结构决策 缺点：现行市价处于经常变动之中，不容易取得，且现行市价反映的只是现时的资本结构，不适于未来的筹资决策
目标价值权数	反映未来	含义：以各项个别资本预计的未来价值为基础来确定资本权数，确定各类资本占总资本的比重 优点：能适用于未来的筹资决策，能体现决策的相关性 缺点：目标价值的确定难免具有主观性

3. 边际资本成本计算

边际资本成本是指企业每增加一个单位资本而增加的成本。任何企业都无法以某一固定的资本成本来筹措无限的资本，当企业筹措的资本超过一定规模时，其资本成本就会增加。因

此，企业在追加筹资时，为保证决策的合理有效，就需要知道筹资规模和筹资成本的匹配关系。这就要用到边际资本成本的概念。企业为了保持最佳的资本结构，一般同时采用多种方式筹资，因此边际资本成本也是按加权平均法计算的，是追加筹资时所使用的加权平均成本。

【业务3-14】 某公司设定的目标资本结构为：银行借款20%、公司债券15%、普通股65%。现在追加300万元筹资，并按此资本结构来筹资。个别资本成本分别为：银行借款7%、公司债券12%、普通股15%。要求：计算追加300万元的边际资本成本。

解析：追加300万元的边际资本成本的计算如表3-8所示。

表3-8 边际资本成本计算

资本种类	目标资本结构/%	追加筹资额/万元	个别资本成本/%	边际资本成本/%
银行借款	20	60	7	1.4
公司债券	15	45	12	1.8
普通股	65	195	15	9.75
合 计	100	300	—	12.95

知识延伸

1. 成本习性

成本习性是指成本与业务量之间的依存关系。根据成本的习性可以把成本分为固定成本、变动成本和混合成本三类。

(1) 固定成本：成本总额在一定时期、一定业务量范围内不因业务量的变动而变动的成本。由于固定成本总额固定，随着产销量增加，固定成本将分配给更多数量的产品，即单位产品的固定成本将随产销量的增加而逐渐减少；反之，产销量减少，单位产品的固定成本将会增加。

(2) 变动成本：成本总额在一定时期、一定业务量范围内随着业务量变动而呈正比例变动的成本。单位产品的变动成本是固定不变的，随着产销量的增加，变动成本项目的总额会呈正比例增加。

(3) 混合成本：成本总额在一定时期、一定业务量范围内随着业务量变动而呈非正比例变动的成本。混合成本按一定方法又可分解成变动成本部分和固定成本部分。

2. 息税前利润与边际贡献

息税前利润是指企业支付利息和缴纳所得税之前的利润。边际贡献是指销售收入减去变动成本以后的差额。

二、应用杠杆原理

财务管理中存在着类似于物理学中的杠杆效应，表现为：由于特定固定支出或费用的存在，导致当某一财务变量以较小幅度变动时，另一相关变量会以较大幅度变动。财务管理中的杠杆效应包括经营杠杆、财务杠杆和总杠杆三种形式。杠杆效应既可以产生杠杆报酬，也可能带来杠杆风险。

(一) 经营杠杆效应

1. 经营杠杆

经营杠杆

经营杠杆是指由于企业固定成本的存在,销售收入(销售量)较小的变化将导致息税前利润较大变化的现象。经营杠杆反映了资产报酬的波动性,用以评价企业的经营风险。用息税前利润(earnings before interest and tax, $EBIT$)表示资产总报酬,则:

$$EBIT = S - V - F = (P - b)Q - F = M - F$$

式中,$EBIT$ 为息税前利润;S 为销售额;V 为变动性经营成本;F 为固定性经营成本;Q 为产销业务量;P 为销售单价;b 为单位变动成本;M 为边际贡献。

影响 $EBIT$ 的因素包括产品售价、产品需求、产品成本等因素。当产品成本中存在固定成本时,如果其他条件不变,产销业务量的增加虽然不会改变固定成本总额,但会降低单位产品分摊的固定成本,从而提高单位产品利润,使息税前利润的增长率大于产销业务量的增长率,进而产生经营杠杆效应。当不存在固定性经营成本时,所有成本都是变动性经营成本,边际贡献等于息税前利润,此时息税前利润变动率与业务量的变动率完全一致。

2. 经营杠杆系数

由以上分析得知,只要企业存在固定成本,就存在经营杠杆的作用。但不同企业或同一企业在不同销售水平下,经营杠杆作用的程度是不一样的,为此,需要对经营杠杆进行计量。对经营杠杆计量时最常用的指标是经营杠杆系数(degree of operating leverage, DOL)。经营杠杆系数是指企业息税前利润变动率相当于业务量变动率的倍数。其计算公式为:

$$DOL = \frac{\Delta EBIT \div EBIT_0}{\Delta Q \div Q_0}$$

式中,DOL 为经营杠杆系数;$EBIT_0$ 为变动前的息税前利润;$\Delta EBIT$ 为息税前利润的变动额;Q_0 为变动前的销售量;ΔQ 为销售量的变动额。

【业务 3-15】 某公司 2023 年、2024 年相关财务数据如表 3-9 所示。要求:根据相关财务数据进行分析并计算该公司 2024 年的经营杠杆系数。

表 3-9 某公司 2023 年、2024 年财务数据

项目	2023 年	2024 年
销售量/万件	10	12
单价/元	10	10
单位变动成本/元	6	6
固定成本/万元	20	20
利息/万元	5	5
企业所得税税率/%	25	25

解析：对资料进行分析与计算，可得到公司盈利数据，如表 3－10 所示。

表 3－10　　某公司 2023、2024 年盈利数据　　金额单位：万元

项　目	2023 年	2024 年	变动额	变动率/%
销售额	100	120	20	20
变动成本	60	72	12	20
边际贡献	40	48	8	20
固定成本	20	20	0	0
息税前利润	20	28	8	40

根据经营杠杆系数的定义计算公式，可以计算出该公司 2024 年的经营杠杆系数。

$$DOL=\frac{40\%}{20\%}=2$$

从以上计算过程可以看出，要计算企业某一年度的经营杠杆系数，必须知道企业当年（报告期）和上一年（基期）的相关财务数据。然而，在很多情况下，只有企业上一年的财务数据是已知的。根据基期财务数据来计算企业报告期的经营杠杆系数的公式如下。

$$\begin{aligned}DOL&=\frac{\Delta EBIT\div EBIT_0}{\Delta Q\div Q_0}\\&=\frac{\Delta Q(P-b)\div[Q_0(P-b)-F]}{\Delta Q\div Q_0}\\&=\frac{Q_0(P-b)}{Q_0(P-b)-F}\\&=\frac{M_0}{EBIT_0}\\&=\frac{M_0}{M_0-F}\end{aligned}$$

以上计算公式是经营杠杆系数的简化计算公式，将【业务 3－15】中的相关数据代入，计算出：

$$DOL=\frac{40}{40-20}=2$$

简化计算公式的计算结果和定义计算公式的结果完全一致。

重要提示

利用基期数据计算可得预期杠杆系数，即需用 2023 年数据计算 2024 年经营杠杆系数。

3. 经营杠杆与经营风险的关系

经营风险是指企业由于生产经营方面的原因而导致的资产报酬波动的风险。引起经营风险的主要原因是市场需求和生产成本等因素的不确定性,经营杠杆并不是资产报酬不确定的根源,只是资产报酬波动的表现。但是,经营杠杆放大了市场和生产等因素变化对利润波动的影响。经营杠杆系数越高,表明资产报酬等利润波动程度越大,经营风险越大。

上述公式表明,在 $EBIT$ 大于 0 的情况下,经营杠杆系数最低为 1;只要固定经营成本存在,经营杠杆系数都大于 0。另外从公式可以发现,经营杠杆系数受产品销量、销售价格、成本水平高低的影响。固定成本比重越高、成本水平越高、产品销售数量和销售价格水平越低,经营杠杆效应越大,反之亦然。

【业务 3-16】 某公司生产甲产品,固定成本 10 万元,变动成本率 60%。要求:当销售额分别为 100 万元、50 万元、25 万元时,分别计算经营杠杆系数。

解析:

$$DOL_{100}=\frac{100\times(1-60\%)}{100\times(1-60\%)-10}\approx 1.33$$

$$DOL_{50}=\frac{50\times(1-60\%)}{50\times(1-60\%)-10}=2$$

$$DOL_{25}=\frac{25\times(1-60\%)}{25\times(1-60\%)-10}\to\infty$$

在其他因素不变时,销售额越小,经营杠杆系数越大,经营风险就越大,反之亦然。若企业靠近盈亏临界点经营,由于巨大的经营杠杆效应,公司会面临巨大的经营杠杆风险。

请思考

为什么企业靠近临界点经营时,此时的 DOL 趋近于无穷大、经营风险最大?

(二) 财务杠杆效应

1. 财务杠杆

财务杠杆

财务杠杆是指由于固定性资本成本的存在,而使得企业的普通股收益(或每股收益 earnings per share, EPS)变动率大于息税前利润变动率的现象。由于从企业息税前利润中支付的债务成本是固定的,当企业息税前利润增大或减少时,每 1 元息税前利润所负担的债务成本就会相应地减少或增大,从而给企业的股权资本带来额外的收益或损失。这就是企业财务杠杆的作用。

2. 财务杠杆系数

只要企业存在固定利息支出,就存在财务杠杆的作用。但不同企业或同一企业在不同的息税前利润水平下,财务杠杆作用的程度是不一样的,为此,需要对财务杠杆进行计量。对财务杠杆的计量最常用的指标是财务杠杆系数(degree of financial leverage, DFL)。财务杠杆系数是指每股收益变动率相当于息税前利润变动率的倍数。其计算公式为:

$$DFL=\frac{\Delta EPS \div EPS_0}{\Delta EBIT \div EBIT_0}$$

式中，DFL 为财务杠杆系数；$EBIT_0$ 为变动前的息税前利润；$\Delta EBIT$ 为息税前利润的变动额；EPS_0 为变动前的每股收益；ΔEPS 为每股收益的变动额。

【业务 3－17】 根据【业务 3－15】中的资料进行分析与计算，可得到公司的每股收益数据，如表 3－11 所示。要求：计算公司 2024 年的财务杠杆系数。

表 3－11　　某公司 2023 年、2024 年每股收益数据　　金额单位：万元

项　目	2023 年	2024 年	变动额	变动率/%
销售额	100	120	20	20
变动成本	60	72	12	20
边际贡献	40	48	8	20
固定成本	20	20	0	0
息税前利润	20	28	8	40
利　息	5	5	0	0
利润总额	15	23	8	53.33
净利润(所得税税率 25%)	11.25	17.25	6	53.33
普通股总数	10	10	0	0
每股收益	1.125	1.725	0.60	53.33

解析：根据财务杠杆系数的计算公式，可以计算出公司 2024 年的财务杠杆系数。

$$DFL=\frac{0.60 \div 1.125}{8 \div 20}=\frac{53.33\%}{40\%}\approx 1.333$$

要计算企业某一年度的财务杠杆系数，必须知道企业当年（报告期）和上一年（基期）的相关财务数据。然而，在很多情况下，仅仅知道企业上一年的财务数据，此时可以根据基期的财务数据来计算企业报告期的财务杠杆系数。公式如下：

$$\begin{aligned}DFL&=\frac{\Delta EPS \div EPS_0}{\Delta EBIT \div EBIT_0}\\&=\frac{\Delta Q(P-b) \div [Q_0(P-b)-F-I]}{\Delta Q(P-b) \div [Q(P-b)-F]}\\&=\frac{Q_0(P-b)-F}{Q_0(P-b)-F-I}\\&=\frac{EBIT_0}{EBIT_0-I}\end{aligned}$$

以上计算公式是财务杠杆系数的简化计算公式，其中 $EBIT_0$ 为基期的息税前利润，I 为企业的固定利息支出。将【业务 3－17】中的相关数据代入，计算如下：

$$DFL=\frac{20}{20-5}\approx 1.333$$

简化计算公式的计算结果和定义计算公式的结果完全一致。

3. 财务杠杆与财务风险的关系

财务风险是指企业为取得财务杠杆利益而利用债务资金时，增加了破产或普通股利润大幅度变动等风险。企业筹集的资金按性质划分主要包括债务筹资和股权筹资。虽然各种筹资都有风险，但从股东的角度进行分析，债务筹资的风险最终由股东承担，而企业最终归股东所有的真正收益是税后利润。税后利润是息税前盈余减去债务利息和缴纳企业所得税后的剩余利润。由于经营风险的存在，息税前利润是不确定的，但在债务一定的情况下企业需要支付的利息则是固定的。也就是说，不论息税前利润是高是低，债务利息总是固定的，这就进一步加大了税后利润的不确定性。这种因债务筹资而引起的股东收益的不确定性，就是企业的财务风险。

3

决定财务风险大小的重要因素是财务杠杆。财务杠杆的高低决定了企业财务风险的大小。在其他因素不变的情况下，财务杠杆系数越大，企业的财务风险也越大；反之，财务风险越小。

在不考虑优先股股利的情况下，财务杠杆系数主要受两个因素的影响，即债务资本的利息和息税前利润。这两个因素决定了企业财务风险的大小。由于债务资本的利息取决于债务规模的大小和债务利息率的高低，因此，在其他条件不变的情况下，债务资本在总资本中的比重越大，债务资本的利息越高，财务杠杆系数越大，企业的财务风险也越大。息税前利润也是影响财务杠杆系数的一个主要因素，息税前利润越大，财务杠杆系数越小，企业的财务风险也就越小。可见，扩大销售、增加息税前利润，不仅可以提高股权资本的收益，也可以降低企业的财务风险。

另外，根据财务杠杆系数的简化计算公式，当企业的固定利息支出为零时，财务杠杆系数为 1。在这种情况下，企业没有财务杠杆效应，也不存在财务风险，每股收益与息税前利润将以同样的幅度变化。

（三）总杠杆效应

1. 总杠杆

总杠杆

企业由于存在固定的生产经营成本，产生经营杠杆作用，息税前利润的变动率可能大于业务量的变动率；同样，由于存在固定的利息支出，产生了财务杠杆作用，企业每股利润变动率可能大于息税前利润变动率。而对企业来讲，往往是两种杠杆同时存在，在此种情况下两种杠杆共同发挥作用，业务量稍有变动就会使普通股每股收益产生更大的变动。这种业务量稍有变动就会使普通股每股收益产生更大的变动的杠杆就是总杠杆。总杠杆是由于固定生产经营成本和固定的利息支出共同存在而导致的每股收益的变动大于销售量变动的杠杆效应，也称为复合杠杆、联合杠杆或综合杠杆。

2. 总杠杆的计量

只要企业同时存在固定的生产经营成本和固定的利息支出，就会存在总杠杆。但不同企业的固定生产成本和资本结构不同，总杠杆的作用程度是不完全一样的，因此，需要对总杠杆的作用程度进行计量。对总杠杆的计量最常用的指标是总杠杆系数（degree of total leverage，

DTL)。所谓总杠杆系数是每股收益变动率相当于销售量变动率的倍数。总杠杆系数的计算公式为:

$$DTL=\frac{\Delta EPS\div EPS_0}{\Delta Q\div Q_0}$$

式中,DTL 为总杠杆系数;Q_0 为变动前的销售量;ΔQ 为销售量的变动额;EPS_0 为变动前的每股收益;ΔEPS 为每股收益的变动额。

根据总杠杆系数的定义计算公式,结合【业务 3-17】中的相关数据,可以计算出公司 2024 年总杠杆系数为 2.67,计算过程如下。

$$DTL=\frac{0.60\div 1.125}{20\div 100}\approx 2.67$$

根据数学原理,上述公式又可写作:

$$DTL=\frac{\Delta EPS\div EPS_0}{\Delta EBIT\div EBIT_0}\times\frac{\Delta EBIT\div EBIT_0}{\Delta Q\div Q_0}=DFL\times DOL$$

即总杠杆系数为财务杠杆系数与经营杠杆系数的乘积。因而公司的总杠杆系数也可由下列公式运算得到:

$$DTL=2\times 1.333\approx 2.67$$

又因为:

$$DOL=\frac{M_0}{EBIT_0}$$

$$DFL=\frac{EBIT_0}{EBIT_0-I}$$

所以: $$DTL=\frac{M_0}{EBIT_0}\times\frac{EBIT_0}{EBIT_0-I}=\frac{M_0}{EBIT_0-I}=\frac{M_0}{M_0-F-I}$$

以上是总杠杆系数的简化计算公式。根据【业务 3-17】中的相关数据,同样可以计算出该公司 2024 年的总杠杆系数:

$$DTL=\frac{40}{40-20-5}\approx 2.67$$

3. 总杠杆与企业风险的关系

在总杠杆的作用下,当企业经济效益好时,随着业务量的增长,每股收益将以数倍的增长率大幅上升;当企业经济效益差时,每股收益也随着业务量的下降而大幅下降。由于总杠杆的作用使每股收益大幅度波动而造成的风险称为综合风险。在其他因素不变的情况下,总杠杆系数越大,复合风险越大;总杠杆系数越小,复合风险越小。

总杠杆既揭示了业务量变动对每股收益产生的影响,也揭示了经营杠杆与财务杠杆之间的相互关系。总体来说,企业可以有三个方法来降低其总杠杆系数,将综合风险控制在一定范围内:① 降低其经营杠杆系数;② 降低其财务杠杆系数;③ 既降低其经营杠杆系数,又降低其财务杠杆系数。

3

知识延伸

经营风险与财务风险的反向搭配的应用如下。

1. 根据企业经营特点

(1) 固定资产比重较大的资本密集型企业,经营杠杆系数高,经营风险大,企业筹资主要依靠股权资本,以保持较小的财务杠杆系数和财务风险。

(2) 变动成本比重较大的劳动密集型企业,经营杠杆系数低,经营风险小,企业筹资主要依靠债务资本,以保持较大的财务杠杆系数和财务风险。

2. 根据企业所处不同阶段

(1) 企业处于初创阶段,产销业务量小,经营杠杆系数大,此时企业筹资主要依靠股权资本,在较低程度上使用财务杠杆。

(2) 企业处于扩张成熟期,产销业务量大,经营杠杆系数小,此时资本结构中可扩大债务资本,在较高程度上使用财务杠杆。

三、优化资本结构

(一) 资本结构的含义

当企业成立或投资扩张时,就需要考虑追加资本,而资本的来源可以是债务资本或股权资本。那么,一种筹资方式是否优于另一种筹资方式?如果是这样,企业是否应该全部采用股权筹资或全部采用债务筹资?若不是这样,债务资本与股权资本应进行何种组合才能达到最优?这就涉及资本结构决策的问题。

资本结构是指企业资本总额中各种资本的构成及其比例关系。广义的资本结构包括全部债务与所有者权益的构成比率;狭义的资本结构则指长期负债与所有者权益的构成比率。狭义资本结构下,短期债务作为营运资本来管理。本书所指的资本结构通常是狭义的资本结构。

知识延伸

影响企业资本结构的因素众多,主要影响因素分析如表 3-12 所示。

表 3-12　　影响资本结构的因素分析

影响因素	分　　析
企业经营状况的稳定性和成长率	稳定性好——企业可较多地负担固定的利息支出 成长率高——可能采用高负债的资本结构,以提升股权资本的报酬
企业的财务状况和信用等级	财务状况好、信用等级高——容易获得债务资本
企业资产结构	拥有大量固定资产的企业——主要通过长期负债和发行股票筹集资金 拥有较多流动资产的企业——更多地依赖流动负债筹集资金 资产适用于抵押的企业——负债较多 以技术研发为主的企业——负债较少

续 表

影响因素	分 析
企业投资人和管理当局的态度	从所有者角度看：① 企业股权分散——可能更多采用股权筹资以分散企业风险；② 企业为少数股东控制——为防止控制权稀释，一般尽量避免普通股筹资 从管理当局角度看：稳健的管理当局——偏好选择负债比例较低的资本结构
行业特征和企业发展周期	行业特征：① 产品市场稳定的成熟产业——可提高债务资本比重；② 产品、技术、市场尚不成熟的高新技术企业——可降低债务资本比重 企业发展周期：① 初创阶段——经营风险高，应控制债务资本比重；② 成熟阶段——经营风险低，可适度增加债务资本比重；③ 收缩阶段——市场占有率下降，经营风险逐步加大，应逐步降低债务资本比重
经济环境的税收政策和货币政策	企业所得税税率高——债务资本抵税作用大，企业充分利用这种作用以提高企业价值 紧缩的货币政策——市场利率高，企业债务资本成本增大

3

（二）优化资本结构的方法

最优资本结构是指能使企业综合资金成本最低、企业价值最大的资本结构。理论上，最佳资本结构是存在的，但由于企业的内外部条件经常变化，寻找最佳的资本结构非常困难。资本结构决策的方法主要有比较资本成本法和每股收益分析法。

1. 比较资本成本法

最优资本结构的一个重要标准就是综合资本成本最低。根据这个标准，哪个方案的综合资本成本最低，哪个方案就是最优筹资方案。企业在作出筹资决策之前，先拟定若干个备选方案，分别计算各方案的综合资本成本，并根据综合资本成本的高低来确定资本结构，这种方法称为比较资本成本法。

【业务 3－18】 某公司需要筹资 4 000 万元，拟通过银行借款、发行债券、发行普通股三种方式筹集，按照不同比例分别形成甲、乙、丙三个筹资方案，各方案的资本成本已确定，有关资料如表 3－13 所示。要求：确定公司的最优资本结构。

表 3－13　筹资方式与资本结构和个别资本成本资料

筹资方式	资本结构			个别资本成本/%
	甲方案/%	乙方案/%	丙方案/%	
银行借款	40	30	20	6
发行债券	10	15	20	8
发行普通股	50	55	60	9
合　计	100	100	100	

解析：

分别计算三个方案的加权平均资本成本。

甲方案：$K_{甲}=40\%\times6\%+10\%\times8\%+50\%\times9\%=7.70\%$

乙方案：$K_{乙}=30\%\times6\%+15\%\times8\%+55\%\times9\%=7.95\%$

丙方案：$K_{丙}=20\%\times6\%+20\%\times8\%+60\%\times9\%=8.20\%$

由于甲方案的加权平均资本成本最低，所以该公司应该选择甲方案，即该公司的最优资本结构是银行借款 1 600 万元，发行债券 400 万元，发行普通股 2 000 万元。

比较资本成本法比较简单，容易理解，但这种方法也有其局限性。它需要事先拟定若干个筹资方案，然后从中选出最优方案。而备选方案可能会遗漏最优方案。因此，比较资本成本法实际上是选出备选方案中相对的"优"，而并非实际的"最优"。

3

2. 每股收益分析法

每股收益无差别点法

每股收益分析法，是通过分析资本结构与每股收益之间的关系，进而确定合理的资本结构。一般来说，能提高每股收益的资本结构是合理的，反之则不够合理。分析资本结构与每股收益之间的关系，可以利用每股收益无差别点来进行资本结构决策。每股收益无差别点是指每股收益不受融资方式影响（即追加股权筹资的每股收益等于追加债务筹资的每股收益）的息税前利润水平。

（1）单纯型的每股收益无差别点法。单纯型的每股收益无差别点法是指在筹资过程中一种方案是银行贷款或发行债券等债务筹资，另一种是发行普通股等股权筹资。其决策原理为：当预计的息税前利润大于每股收益无差别点的息税前利润时，运用债务筹资可获得较高的每股收益，即采用债务筹资；反之，当预计的息税前利润小于每股收益无差别点的息税前利润时，运用股权筹资可获得较高的每股收益，即采用股权筹资；当预计的息税前利润等于每股收益无差别点的息税前利润时，运用债务筹资与股权筹资可获得相同的每股收益。息税前利润与每股收益的关系如图 3-1 所示。

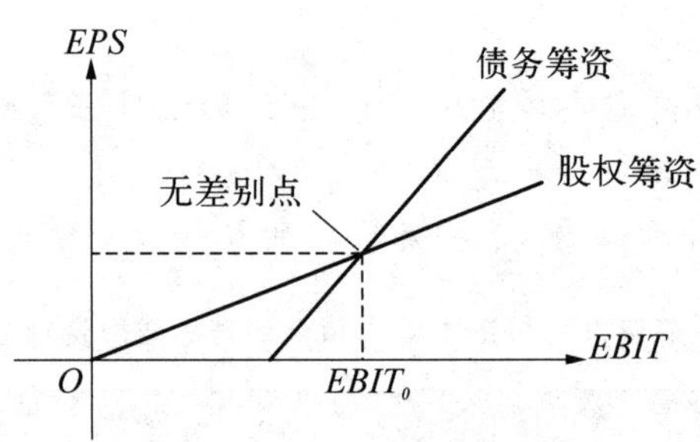

图 3-1 EBIT—EPS 关系图

假定方案 1 为债务筹资（银行借款或发行债券），方案 2 为股权筹资（发行股票），资金筹集方式单纯的表现为负债或权益。其计算公式为：

$$\frac{(EBIT_0-I_1)\times(1-T)-D}{N_1}=\frac{(EBIT_0-I_2)\times(1-T)-D}{N_2}$$

式中，$EBIT_0$为息税前利润无差别点；D 为优先股股息；T 为所得税税率；I_1、I_2分别为方案 1、方案 2 的利息；N_1、N_2分别为方案 1、方案 2 的普通股股数。

【业务 3-19】 某公司原有资本 700 万元，其中债务资本 200 万元（每年负担利息 24 万元），普通股资本 500 万元（发行普通股 10 万股，每股面值 50 元）。由于扩大业务，须追加筹资 300 万元，其筹资方式有以下两个方案。

方案 1：全部发行普通股，增发 6 万股，每股面值 50 元；

方案 2：全部筹措长期债务，债务利率仍为 12%，利息 36 万元。公司希望追加筹资后息税前利润达到 90 万元，所得税税率为 25%。要求：分析应选择哪种筹资方式。

解析：将相关数据代入如下的每股收益无差别点计算公式。

$$\frac{(EBIT_0-24)\times(1-25\%)}{10+6}=\frac{(EBIT_0-24-36)\times(1-25\%)}{10}$$

计算求得：$EBIT_0=120$（万元）

因为预计的 $EBIT$ 为 90 万元，小于每股收益无差别点时的 $EBIT$ 120 万元，所以选择股权筹资，即选择方案 1。

（2）混合型的每股收益分析法。当企业需要的资本较多时，可能会采用多种混合的筹资类型，即一种方案既有债务筹资也有股权筹资，其计算公式与单纯型的每股收益分析法基本相同。

【业务 3-20】 某公司目前资本结构为：总资本 1 000 万元，其中债务资本 400 万元（利息 40 万）；普通股资本 600 万元（面值 1 元），企业追加筹资 800 万元，所得税税率为 25%，有如下两种筹资方案。

方案 1：向银行借款 200 万元，利息为 20 万元；增发普通股 200 万股，3 元/股。

方案 2：溢价发行债券 500 万元（面值 300 万元），利息为 45 万元；增发普通股 100 万股，3 元/股。

要求：计算每股收益无差别点。（预计的 $EBIT$ 为 240 万元）

解析：

$$\frac{(EBIT_0-40-20)\times(1-25\%)}{600+200}=\frac{(EBIT_0-40-45)\times(1-25\%)}{600+100}$$

解得：$EBIT_0=260$ 万元，$EPS=0.2$ 元/股

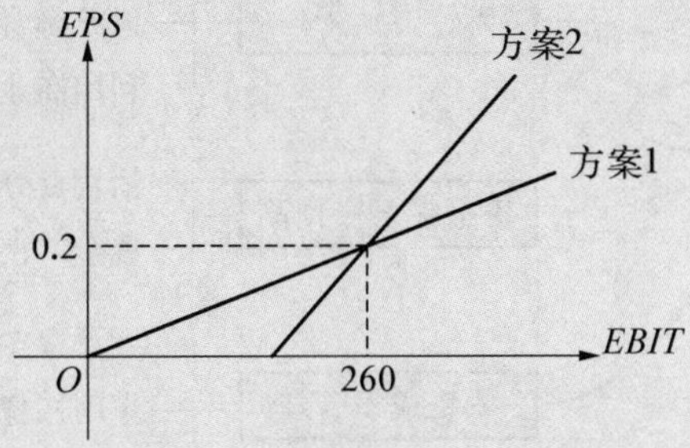

图 3-2 混合型每股收益分析

从图 3-2 可知，企业预期的 $EBIT$(240 万元)$<EBIT_0$(260 万元)，所以采用每股收益更高的普通股筹资的方案，即采用方案 1。当然在实际操作中，可以计算每个方案的每股收益，选择每股收益最高的方式。

运用每股收益分析法进行资本结构决策，计算过程比较简单，计算原理也容易理解。但是这种方法只考虑了资本结构对每股收益的影响，并假定每股收益越大，企业的价值越大。这种方法只考虑了负债对公司的好处，忽视了负债带来的财务风险。企业负债的增大会导致财务风险的增大，因而可能降低公司的价值。因此，该方法没有考虑负债的财务风险问题是其在应用中的主要缺陷。

3

政策导航

《统筹融资信用服务平台建设 提升中小微企业融资便利水平实施方案》(国办发〔2024〕15 号)指出：以习近平新时代中国特色社会主义思想为指导，全面贯彻落实党的二十大精神，完整、准确、全面贯彻新发展理念，加快构建新发展格局，着力推动高质量发展，健全数据基础制度，加大融资信用服务平台建设统筹力度，健全信用信息归集共享机制，深入推进“信易贷”工作，深化信用大数据应用，保障信息安全和经营主体合法权益，推动金融机构转变经营理念、优化金融服务、防控金融风险，为企业特别是中小微企业提供高质量金融服务。

项目知识结构图

总结：项目三

本项目知识结构如图 3-3 所示。

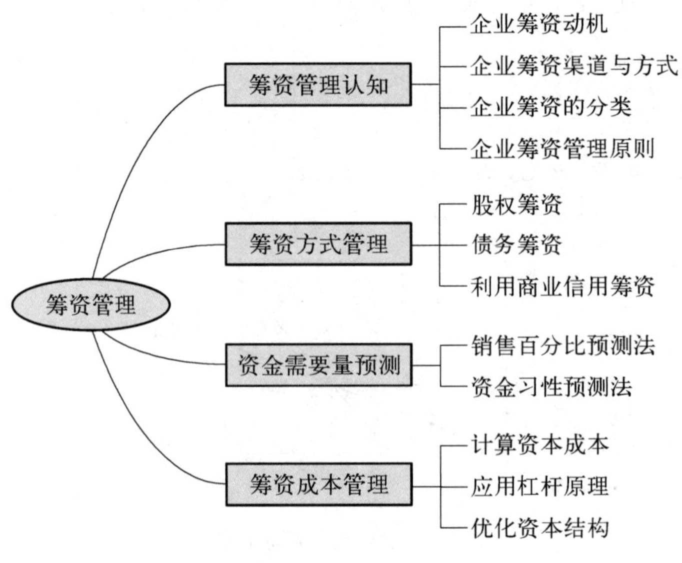

图 3-3 项目知识结构

基本训练

一、单项选择题

1. 企业在进行追加筹资决策时，应使用(　　)进行判断。

A. 个别资金成本　　B. 加权平均资金成本

C. 综合资金成本　　D. 边际资金成本

2. 下列个别资本成本属于股权资本成本的是(　　)。

A. 长期借款成本　　B. 债券成本　　C. 普通股成本　　D. 租赁成本

3. 下列筹资方式，资本成本最低的是(　　)。

A. 长期债券　　B. 长期借款　　C. 优先股　　D. 普通股

4. 留存收益成本是一种(　　)。

A. 机会成本　　B. 相关成本　　C. 重置成本　　D. 税后成本

5. 在固定成本不变的情况下，下列表述正确的是(　　)。

A. 经营杠杆系数与经营风险成正比例关系

B. 销售额与经营杠杆系数成正比例关系

C. 经营杠杆系数与经营风险成反比例关系

D. 销售额与经营风险成正比例关系

6. 企业的(　　)越小，经营杠杆系数就越大。

A. 产品售价　　B. 单位变动成本

C. 固定成本　　D. 利息费用

7. 某企业生产一种产品，该产品的边际贡献率为 60%，企业固定性费用 240 万元，当企业年销售额达到 800 万元时，经营杠杆系数等于(　　)。

A. 1.04　　B. 1.07　　C. 2　　D. 4

8. 当企业债务筹资额为 0 时，财务杠杆系数为(　　)。

A. 0　　B. 1　　C. 不确定　　D. ∞

9. 某企业发行面额为 1 000 万元的 10 年期企业债券，票面利率 10%，筹资费用率 2%，发行价格 1 200 万元，企业所得税税率为 25%，该债券资本成本为(　　)。

A. 5.58%　　B. 5.70%　　C. 6.38%　　D. 10%

10. 某企业发行在外的股份总额为 1 000 万股，2019 年净利润 2 000 万元。企业的经营杠杆系数为 2，财务杠杆系数为 3，如果在现有基础上，销售量增加 10%，企业的每股盈利为(　　)元。

A. 3　　B. 3.2　　C. 10　　D. 12

11. 某企业长期资金的账面价值合计为 1 000 万元，其中年利率为 10% 的长期借款 200 万元，年利率为 12% 的应付长期债券 300 万元，普通股 500 万元，股东要求的最低报酬率为 15%，假设企业所得税税率为 25%，则企业的加权平均资本成本为(　　)。

A. 9.9%　　B. 13.1%　　C. 14%　　D. 11.70%

12. 某企业生产 A 产品，年固定成本为 120 万元，变动成本率为 60%，当企业的销售额为 800 万元时，经营杠杆系数为(　　)。

A. 1.18　　B. 1.33　　C. 1.6　　D. 6.67

13. 某企业生产产品的边际贡献率为40%，年发生固定性费用300万元，企业有发行在外的年利率为10%的长期债券1 000万元，在销售额为1 200万元的水平上，每增加1%的销售额，每股盈利可以增加（ ）（企业适用所得税税率为25%）。

A. 2.25% B. 2.67% C. 4% D. 6%

14. 假定某企业的股权资本与债务资本的比例为60∶40，据此可知该企业（ ）。

A. 只存在经营风险 B. 经营风险大于财务风险

C. 经营风险小于财务风险 D. 同时存在经营风险和财务风险

15. 某企业2023年息税前利润为800万元，固定成本（不含利息）为200万元，预计企业2024年销售量增长10%，则2023年企业的息税前利润会增长（ ）。

A. 8% B. 10% C. 12.5% D. 15%

3

二、多项选择题

1. 资本成本是企业为筹集和使用资本而付出的代价，下列属于资本占用费用的有（ ）。

A. 股票的股息 B. 债务利息 C. 发行费用 D. 广告费用

2. 资金成本的计量形式有（ ）。

A. 个别资金成本 B. 债券成本

C. 加权平均资金成本 D. 股权资本成本

3. 企业可以通过（ ）措施降低经营风险。

A. 扩大销售额 B. 降低产品单位变动成本

C. 扩大固定成本的比重 D. 降低固定成本的比重

4. 影响企业资本结构的因素有（ ）。

A. 企业资产结构 B. 管理者态度 C. 企业发展周期 D. 货币政策

5. 下列属于股权资本成本的有（ ）。

A. 银行借款成本 B. 债券成本

C. 普通股成本 D. 留存收益成本

6. 关于经营杠杆系数，下列说法正确的有（ ）。

A. 在固定成本不变的情况下，经营杠杆系数说明了销售额增长（减少）所引起利润增长（减少）的幅度

B. 在固定成本不变的情况下，销售额越大，经营杠杆系数越小，经营风险也就越小

C. 其他因素不变，固定成本越大，经营杠杆系数越大

D. 当固定成本趋于0时，经营杠杆系数趋于1

7. 影响企业加权平均资本成本的因素有（ ）。

A. 资本结构 B. 个别资金成本的高低

C. 企业总价值 D. 筹资期限长短

8. 计算财务杠杆系数要用到的数据包括（ ）。

A. 销售额 B. 变动成本 C. 固定成本 D. 利息

9. 计算加权平均资本成本的权重形式有（ ）。

A. 账面价值权数 B. 市场价值权数

C. 目标价值权数 D. 可变现净值权数

10. 采用资本资产定价模型法来计算留存收益成本时，需考虑的因素有(　　)。

A. 无风险报酬率　　B. β 系数

C. 普通股市价　　D. 平均风险必要报酬率

三、判断题

1. 公司向股东支付的股利属于资金筹集费。(　　)
2. 边际资金成本是资金每增加一个单位而增加的成本。(　　)
3. 经营杠杆系数同经营风险成正比例关系。(　　)
4. 财务风险是由于企业利用债务筹资而引起的所有者权益的变动。(　　)
5. 财务杠杆系数越大，财务风险越小。(　　)
6. 公司使用留存收益不需付出代价。(　　)
7. 企业负债越多，财务杠杆系数就越高，财务风险就越大。(　　)
8. 假设其他因素不变，销售量超过盈亏临界点以后，销售量越大则经营杠杆系数越小。(　　)
9. 在计算加权平均资本成本时，也可按照债券、股票的市场价格确定其占全部资金的比重。(　　)
10. 根据每股盈余无差别点法，可以分析判断在何种销售水平下适于采用何种融资方式来安排和调整资本结构。(　　)
11. 长期借款由于借款期限长，风险大，因此其资金成本相对较高。(　　)
12. 在固定成本不变的情况下，销售额越大，经营杠杆系数越小，经营风险也就越小。(　　)
13. 经营杠杆受企业固定性制造费用的影响，财务杠杆受固定融资成本的影响。对于企业来说，它们都是无可选择的。(　　)
14. 债务资本比率越低，财务风险越小；债务资本比率越高，财务风险越大。(　　)
15. 固定成本占企业总资本的比重越大，经营风险越大。(　　)

四、计算分析题

1. 某公司初创时拟筹资 1 200 万元，其中：向银行借款 200 万元，利率 10%，期限 5 年，手续费率 0.2%；发行 5 年期债券 400 万元，利率 12%，筹资费用 10 万元；发行普通股 600 万元，筹资费用率 4%，第一年年末股利率 12%，以后每年增长 5%。假定公司适用企业所得税税率为 25%。

要求：计算该企业的加权平均资本成本。

2. 某企业拟采用三种方式筹资，已拟定了三个筹资方案，相关资料如表 3－14 所示。

表 3－14　三种筹资方式的资本成本与资本结构资料

筹资方式	资本成本/%	资本结构/%		
		A	B	C
发行股票	15	50	40	40
发行债券	10	30	40	30
长期借款	8	20	20	30

要求：根据已知资料选择最佳筹资方案。

3. 某公司年初拥有股权资本和长期债务资本共计 1 000 万元，债务资本比重为 40%，年内资本状况没有变化，债务利息率为 10%，假设该公司适用企业所得税税率为 25%，年末税后净利润 40 万元。

要求：计算该公司财务杠杆系数。

4. 某企业有长期资本 1 000 万元，债务资本占 20%（利率 10%），股权资本占 80%（普通股为 10 万股，每股面值 100 元）。现准备追加筹资 400 万元，有两个筹资方案：① 发行普通股 4 万股；② 借入长期负债，年利率 10%。假定所得税税率为 25%。

要求：计算每股收益无差别点及无差别点的每股收益。

3 拓展训练——Excel 运用

案例一 销售百分比法下的资金需要量预测

某公司 2023 年 12 月 31 日的简要资产负债表如表 3－15 所示。假定该公司 2023 年销售额 10 000 万元，销售净利率为 10%，利润留存率 30%，2024 年销售额预计增长 20%。公司有足够的生产能力，无需追加固定资产投资。要求：预测 2024 年需要对外筹集的资金量。

表 3－15 资产负债表简表

资　　产	本年金额/万元	负债和所有者权益	本年金额/万元
货币资金	500	短期借款	1 500
应收账款	1 500	应付账款	2 000
存　　货	3 000	应付债券	1 500
固定资产	3 000	实收资本	2 000
		留存收益	1 000
合　　计	8 000	合　　计	8 000

本题可参考的解题思路如下。

（1）导入该公司的资产负债表简表，如图 3－4 所示。

1	资产负债表简表			
2	货币资金	500	短期借款	1500
3	应收账款	1500	应付账款	2000
4	存货	3000	应付债券	1500
5	固定资产	3000	实收资本	2000
6			留存收益	1000
7	合计	8000	合计	8000

图 3－4 资产负债表简表

(2) 创建“销售百分比法敏感项目计算表”,可为敏感项目赋值“1”,非敏感项目赋值“2”,如图 3－5 所示。

10	销售百分比法敏感项目计算表					
11	资产	是否敏感	占销售和入百分比	负债和所有者权益	是否敏感	占销售收入百分比
12	货币资金	1		短期借款	2	
13	应收账款	1		应付账款	1	
14	存货	1		应付债券	2	
15	固定资产	2		实收资本	2	
16				留存收益	2	
17	合计			合计		

图 3－5　销售百分比法敏感项目百分比计算表

(3) 在工作表的第 19 行创建“外部资金需要量预测”计算表,并按资料输入基期年销售收入、销售收入增长率、销售净利率和留存收益率相应数据,如图 3－6 所示。

19	外部资金需要量预测			
20	基期销售收入	销售收入增长率	销售净利率	留存收益率
21	10000	20%	10%	30%
22	预计资金需要量			
23	内部筹资额			
24	外部筹资额			

图 3－6　外部资金需要量预测计算表

(4) 设置的敏感项目计算公式如图 3－7 所示,结果如图 3－8 所示。

10	销售百分比法敏感项目计算表					
11	资产	是否敏感	占销售收入百分比	负债和所有者权益	是否敏感	占销售收入百分比
12	货币资金	1	=IF(B12=1,B2/$A$21,"N")	短期借款	2	=IF(E12=1,D2/$A$21,"N")
13	应收账款	1	=IF(B13=1,B3/$A$21,"N")	应付账款	1	=IF(E13=1,D3/$A$21,"N")
14	存货	1	=IF(B14=1,B4/$A$21,"N")	应付债券	2	=IF(E14=1,D4/$A$21,"N")
15	固定资产	2	=IF(B15=1,B5/$A$21,"N")	实收资本	2	=IF(E15=1,D5/$A$21,"N")
16				留存收益	2	=IF(E16=1,D6/$A$21,"N")
17	合计		=SUM(C12:C14)	合计		=SUM(F12:F16)

图 3－7　敏感项目计算公式

10	销售百分比法敏感项目计算表					
11	资产	是否敏感	占销售收入百分比	负债和所有者权益	是否敏感	占销售收入百分比
12	货币资金	1	5.0%	短期借款	2	N
13	应收账款	1	15.0%	应付账款	1	20.00%
14	存货	1	30.0%	应付债券	2	N
15	固定资产	2	N	实收资本	2	N
16				留存收益	2	N
17	合计		50.0%	合计		20.00%

图 3－8　敏感项目计算结果

（5）设置预计资金需要量、预计留存收益增加额、外部筹资额的计算公式，如图 3－9 所示，结果如图 3－10 所示。

19	外部资金需要量预测			
20	基期销售收入	销售收入增长率	销售净利率	留存收益率
21	10000	20%	10%	30%
22	预计资金需要量	=(C17-F17)*A21*B21		
23	内部筹资额	=A21*(1+B21)*C21*D21		
24	外部筹资额	=B22-B23		

图 3－9　外部资金需要量预测表公式

19	外部资金需要量预测			
20	基期销售收入	销售收入增长率	销售净利率	留存收益率
21	10000	20%	10%	30%
22	预计资金需要量	600		
23	内部筹资额	360		
24	外部筹资额	240		

图 3－10　外部资金需要量计算结果

案例二　最优筹资方案的选择

某公司 2023 年资本总额 1 000 万元，其中债务资本 400 万元，债务利率 10%，普通股 600 万元（10 万股，每股面值 60 元），2024 年该公司要扩大业务，需要追加投资 300 万元，有两种筹资方式。

甲方案发行债券 300 万元，年利率 12%；乙方案发行普通股 300 万元（6 万股，每股面值 50 元）。公司追加筹资后息税前利润达到 100 万元，所得税税率 25%。要求：选择合适的筹资方式。

本题可参考的解题思路如下。

（1）根据题目建立以下基础数据表，并在单元格 D4、D5 中输入公式“＝B4 * C4”和“＝B5 * C5”计算 2023 年债务利息和 2024 年甲方案追加 300 万负债的利息，如图 3－11 所示。

D4　　fx　=B4*C4

	A	B	C	D	E	F	G
1							
2	基本数据表						
3		债务	债务利率	债务利息	股数	所得税税率	预计的EBIT
4	2023年债务利息	400	10%	40	10	25%	
5	2024年甲方案追加300万负债的利息	300	12%	36	6	25%	100

图 3－11　基础数据表

（2）利用“单变量求解”工具计算出每股收益无差别点：选中 B9 单元格，右键单击“定义名称”，将该单元格命名为“EBIT”；在单元格 C9 中输入公式：“＝（EBIT－D4－D5）*

(1－F4)/E4－(EBIT－D4)＊(1－F4)/(E4＋E5)”，如图 3－12 所示。

C9　=(EBIT-D4-D5)*(1-F4)/E4-(EBIT-D4)*(1-F4)/(E4+E5)

	A	B	C	D	E	F
7						
8		变量（EBIT）	公式			
9	计算每股收益无差别点		0			

图 3－12　C9 单元格中的公式

(3) 点击“数据”—“模拟分析”—“单变量求解”计算出每股收益无差别点，得出结果是136，具体设置如图 3－13 所示：

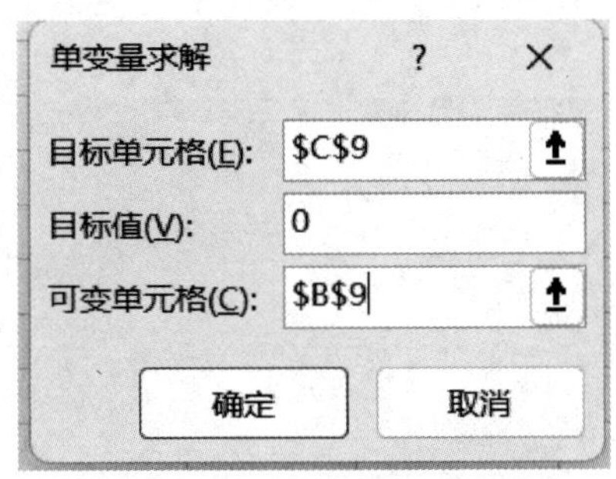

图 3－13　单变量求解的设置

(4) 利用 IF 语句进行方案判断。在 B11 单元格中输入公式“＝IF(B9＞G5,"选择乙方案","选择甲方案")”，得出结论“选择乙方案”，如图 3－14 所示。

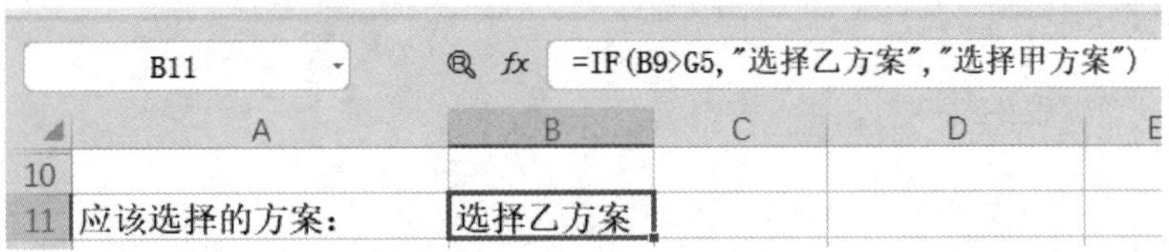

图 3－14　方案选择

项目四　投资管理

◇ **知识目标**

1. 了解项目投资的含义与特点。
2. 理解投资利润率、静态投资回收期的含义。
3. 掌握净现值、净现值率、现值指数、内含报酬率的含义。
4. 理解股票投资和债券投资的含义和特点。

◇ **技能目标**

1. 能估算现金净流量。
2. 能计算投资利润率、静态投资回收期。
3. 能计算净现值、净现值率、现值指数、内含报酬率。
4. 能灵活应用投资决策评价指标。
5. 能对股票和债券进行估值。

任务一　投资现金流量估算

案例导入

2022 年 6 月 29 日，中国三峡集团投资开发的中巴经济走廊首个水电投资项目——巴基斯坦卡洛特水电站全面投入商业运营，为当地 500 万居民源源不断地送去清洁能源，为处于困境的国家雪中送炭，解决“燃煤之急”。

卡洛特水电站位于巴基斯坦旁遮普省杰赫勒姆河上，是中巴经济走廊能源合作优先实施项目和共建“一带一路”倡议下的首个大型水电投资项目。项目总装机容量 72 万千瓦，总投资 17.4 亿美元，是巴基斯坦第五大水电站，采用“建设—拥有—经营—转让”(BOOT)模式投资建设。

项目于 2015 年 4 月破土动工，历时七年，全面投产发电后，年平均发电 32 亿千瓦时，预计每年可节约标准煤约 140 万吨，减少二氧化碳排放约 350 万吨。项目每年还可为当地直接或间接提供 4 500 多个就业岗位，在推动巴基斯坦能源建设和经济社会发展的同时，助力实现全球“碳中和”目标。

思考与分析： 企业如何在项目投资获利的同时，践行社会责任？

4

一、项目投资的含义与特点

（一）项目投资的含义

项目投资是一种以特定项目为对象，直接与新建项目或更新改造项目有关的长期投资行为。通常包括固定资产投资、无形资产投资、开办费投资和流动资金投资等。

（二）项目投资的特点

1. 投资金额大

项目投资一般并不经常发生，投资需要的金额比较大，往往是企业及其投资者多年的资金积累。

2. 影响时间长

项目投资决策将在很长时间内（1 年或一个营业周期以上）影响到企业未来的经营成果和财务状况。

3. 变现能力差

项目投资包括对固定资产（厂房和设备等）的投资，一般改变用途或出售是比较困难的，变现能力较差。

4. 投资风险高

因市场波动会影响项目投资未来收益，其投资风险比其他投资大，企业稍有不慎就有可能给企业带来毁灭性的、无法逆转的损失。

企业投资按不同标准可分为直接投资与间接投资、项目投资与证券投资、发展性投资与维持性投资、对内投资与对外投资、独立投资与互斥投资，如表 4－1 所示。

表 4－1 企业投资的分类及投资特点

分类方式	投资类别	投资特点
按投资活动与企业本身生产经营活动的关系	直接投资	将资金直接投放于形成生产经营能力的实体性资产，是直接谋取经营利润的企业投资
	间接投资	将资金投放于股票、债券等金融资产上的企业投资
按投资对象的存在形态和性质	项目投资	购买具有实质内涵的经营资产，包括有形资产和无形资产，形成具体的生产经营能力，开展实质性的生产经营活动，谋取经营利润。属于直接投资
	证券投资	通过证券资产上所赋予的权利，间接控制被投资企业的生产经营活动，获取投资收益，即购买属于综合生产要素的金融资产的企业投资。属于间接投资
按对企业生产经营前景的影响	发展性投资	对企业未来的生产经营发展全局有重大影响的企业投资，也称为战略性投资
	维持性投资	为了维持企业现有的生产经营正常顺利进行，不会改变企业未来生产经营发展全局的企业投资，也称为战术性投资
按投资方向	对内投资	在本企业范围内部的资金投放，用于购买和配置各种生产经营所需要的经营性资产；都是直接投资
	对外投资	向本企业范围以外的其他单位的资金投放；主要是间接投资，也可以是直接投资
按投资项目之间的相互关联关系	独立投资	各个投资项目互不关联，互不影响，可以并存
	互斥投资	非相容性投资，各个投资项目之间相互关联，相互替代，不能并存

二、项目计算期的构成

项目计算期是指投资项目从投资建设开始到最终清理结束整个过程的全部时间，一个完整的项目计算期包括建设期和运营期。用公式表示为：

$$项目计算期(n)=建设期(s)+运营期(p)$$

建设期（记为 s）是指项目资金从正式投入（建设起点）开始到项目建成投产（投产日）为止所需要的时间。

运营期（记为 p）是指从投产日到清理结束日（终结点）之间的时间间隔，通常包括试产期和达产期。

项目计算期的示意图，如图 4－1 所示。

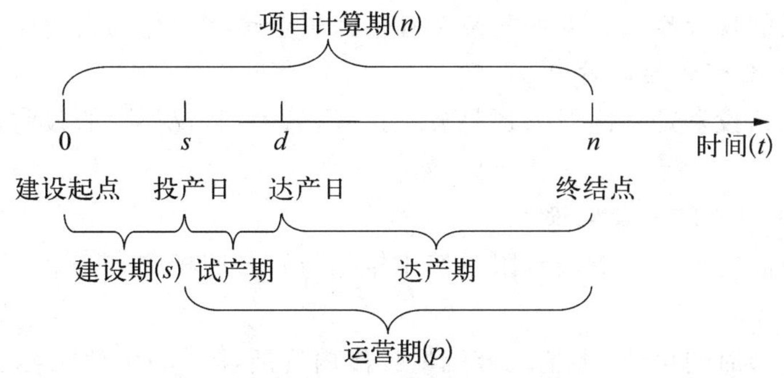

图 4-1 项目计算期的示意图

【业务 4-1】 宏胜公司拟投资新建一个项目，在建设起点开始投资，历经 3 年后投产，试产期为 2 年，主要固定资产的预计使用寿命为 15 年。要求：估算该项目的建设期、运营期、达产期、项目计算期。

解析：

(1) 建设期＝3(年)

(2) 运营期＝15(年)

(3) 达产期＝15－2＝13(年)

(4) 项目计算期＝3＋15＝18(年)

4

三、现金流量的分析

(一) 现金流量的概念

现金流量是指企业在整个项目计算期内所产生的现金流入和现金流出的数量，是项目投资决策评价的基础。这里的“现金”是广义的，包括各种货币资金以及项目需要投入的企业所拥有的非货币资源(如投资项目所需的厂房、设备、材料等)的变现价值。

试比较

财务管理中所指的现金流量与财务会计框架下的现金流量表中的现金流量的异同。

(二) 确定现金流量的假设

为便于确定现金流量的具体内容，简化现金流量的计算过程，应提出如下假设：

1. 投资项目的类型假设

假设投资项目只包括单纯固定资产投资项目、完整工业投资项目和更新改造投资项目三类。

2. 财务可行性分析假设

假设投资决策者确定现金流量就是为了进行项目财务可行性研究，该项目已经具备经济可行性和技术可行性。

3. 全部投资假设

假设在确定项目的现金流量时，只考虑全部投资的运行情况，而不具体区分自有资金和借入资金等具体形式的现金流量。即使实际存在借入资金也将其作为自有资金对待。

4. 建设期投入全部资金假设

不论项目的原始投资是一次投入还是分次投入，除个别情况外，假设它们都是在建设期内投入的。

5. 经营期与折旧年限一致假设

假设项目主要固定资产的折旧年限或使用年限与经营期相同。

6. 时点指标假设

为便于计算货币时间价值，不论现金流量具体内容所涉及的价值指标实际是时点指标还是时期指标，均假设按照年初或年末的时点指标进行处理，流动资金投资则在建设期末发生；经营期内各年的收入、成本、折旧、摊销、利润、税金等项目的确认均在年末发生；项目最终报废或清理均发生在终结点(但更新改造项目除外)。

7. 确定性假设

假设与项目现金流量有关的价格、产销量、成本水平、所得税税率等因素均为已知常数。

(三) 现金流量的内容

项目的现金流量按其流向的不同可以划分为现金流出量、现金流入量和现金净流量。

1. 现金流出量

(1) 建设投资。建设投资包括固定资产的购建费、运杂费和安装费等。它一般是在建设期发生的，投资额可能是一次性支出，也可能分次支出。

(2) 垫支的流动资金。垫支的流动资金是指投资项目建成投产后为开展正常经营活动而投放在流动资产(存货、应收账款等)上的营运资本。垫支的流动资金只有在营业终了或出售(报废)该项目时才能收回。

(3) 付现成本。付现成本是指在经营期内为满足正常生产经营而需用现金支付的成本。它是生产经营期内主要的现金流出量。

(4) 支付相关税款。支付相关税款是指项目投资取得收益后依法缴纳的、单独列示的各项税款。

(5) 其他现金流出量。其他现金流出量是指不包括以上内容中的现金流出项目。

2. 现金流入量

(1) 营业收入。营业收入是指项目投产后每年实现的全部营业收入。

(2) 收回的固定资产余值。收回的固定资产余值是指投资项目的固定资产在终结报废清理时可收回的残值收入或提前变卖可收回的变价收入。

(3) 收回的营运资本。收回的营运资本是指投资项目在项目计算期结束时，收回的各项垫付在流动资产上的营运资本。

(4) 其他现金流入量。其他现金流入量是指除以上三项指标以外的现金流入量项目。

3. 现金净流量

现金净流量又称净现金流量(net cash flow，NCF)，是指投资项目在项目计算期内现金流入量和现金流出量的差额。由于投资项目的计算期一般超过一年，因此在计算现金净流量时应考虑资金在不同时间具有不同的价值。流入量大于流出量时，净流量为正值；反之，净流量为负值。现金净流量的计算公式为：

$$\text{现金净流量}=\text{年现金流入量}-\text{年现金流出量}$$

四、现金流量的估算

估算现金流量

为了便于现金流量的估算,通常把投资项目的现金流量按时段特征,分为初始现金流量、营业现金流量和终结现金流量。

(一) 初始现金流量

初始现金流量是指从投资建设开始到完工投产这段时间,即建设期发生的现金流量。在这段时间内,没有现金流入,只有现金流出。因此,初始现金流量等于原始投资,为负数。而原始投资主要包括固定资产投资、无形资产投资、流动资金投资和其他资产投资四项内容。其估算公式为:

建设期某年的现金净流量=-该年的原始投资

(二) 营业现金流量

营业现金流量是指投资项目投入生产经营后,在其寿命周期内生产经营所带来的现金流入和流出的差额。其估算公式为:

营业现金流量=营业收入-付现成本-所得税
=营业收入-(营业成本-非付现成本)-所得税
=税后营业利润+非付现成本

知识延伸

在项目投资决策的现金流量估算中,非付现成本主要考虑固定资产折旧、无形资产摊销和开办费摊销三项内容。

(三) 终结现金流量

终结现金流量是指投资项目寿命周期结束时发生的现金流量。它主要包括固定资产报废或出售的现金流入和收回垫支的流动资金。其估算公式为:

终结现金流量=固定资产残值收入+回收垫支流动资金等

重要提示

本书将终结点作为一个单独阶段,该阶段没有营业活动。一般而言,项目终结时间短,因此和营业期的最后一年合并计算年度现金流量。

【业务4-2】 宏胜公司需投资一台设备,价值140万元,建设期1年,经营期5年,期满有残值10万元,采用直线法计提折旧,每年可获得净利润2万元。要求:估算各年现金净流量。

解析:

固定资产原值=140(万元)

年折旧额=(140-10)÷5=26(万元)

项目计算期=1+5=6(年)

终结点回收额＝10(万元)

(1) 建设期各年现金净流量。

$NCF_0 = -140$(万元)

$NCF_1 = 0$

(2) 经营期各年现金净流量。

$NCF_{2\sim5} = 2 + 26 = 28$(万元)

(3) 经营期终结现金净流量。

$NCF_6 = 2 + 26 + 10 = 38$(万元)

【业务 4-3】 宏胜公司计划进行项目投资，原始投资为 700 万元，其中，固定资产投资 500 万元，流动资金投资 200 万元；建设期为 2 年，经营期为 10 年；固定资产投资在建设起点一次投入，采用直线法计提折旧，期满有残值 40 万元；流动资金投资在项目完工时投入；每年经营收入、付现成本分别为 375 万元和 129 万元；所得税税率为 25%。要求：计算各年现金净流量。

解析：

项目计算期＝2＋10＝12(年)

固定资产原值＝500(万元)

固定资产年折旧额＝(500－40)÷10＝46(万元)

经营期年净利润＝(375－129－46)×(1－25%)＝150(万元)

(1) 建设期各年现金净流量。

$NCF_0 = -500$(万元)

$NCF_1 = 0$

$NCF_2 = -200$(万元)

(2) 经营期各年现金净流量。

$NCF_{3\sim11} = 150 + 46 = 196$(万元)

(3) 经营期终结现金净流量。

$NCF_{12} = 150 + 46 + 40 + 200 = 436$(万元)

【业务 4-4】 宏胜公司准备购入一台设备以扩充生产能力。现有甲、乙两个方案可供选择。甲方案需投资 20 000 元；使用寿命为 5 年，采用直线法计提折旧，5 年后设备无残值；5 年中每年销售收入为 8 000 元；每年的付现成本为 3 000 元。乙方案需投资 24 000 元；采用直线法计提折旧，使用寿命为 5 年，5 年后有残值收入 4 000 元；5 年中每年销售收入为 10 000 元；付现成本第一年为 4 000 元，以后随着设备折旧，将逐年增加修理费 200 元；另需要垫支营运资本 3 000 元。假定所得税税率为 25%。要求：计算各方案现金净流量。

解析：

(1) 计算两个方案每年的折旧额。

甲方案每年折旧额＝20 000÷5＝4 000(元)

乙方案每年折旧额＝(24 000－4 000)÷5＝4 000(元)

(2) 计算甲方案各年营业现金流量(表 4-2)。

表 4-2　　甲方案各年营业现金流量　　金额单位：元

项　　目	第1年	第2年	第3年	第4年	第5年
销售收入①	8 000	8 000	8 000	8 000	8 000
付现成本②	3 000	3 000	3 000	3 000	3 000
折旧③	4 000	4 000	4 000	4 000	4 000
税前利润④=①-②-③	1 000	1 000	1 000	1 000	1 000
所得税⑤	250	250	250	250	250
税后净利润⑥=④-⑤	750	750	750	750	750
营业现金流量⑦=⑥+③	4 750	4 750	4 750	4 750	4 750

(3) 计算乙方案营业现金流量(表 4-3)。

表 4-3　　乙方案各年营业现金流量　　金额单位：元

项　　目	第1年	第2年	第3年	第4年	第5年
销售收入①	10 000	10 000	10 000	10 000	10 000
付现成本②	4 000	4 200	4 400	4 600	4 800
折旧③	4 000	4 000	4 000	4 000	4 000
税前利润④=①-②-③	2 000	1 800	1 600	1 400	1 200
所得税⑤	500	450	400	350	300
税后净利润⑥=④-⑤	1 500	1 350	1 200	1 050	900
营业现金流量⑦=⑥+③	5 500	5 350	5 200	5 050	4 900

(4) 计算甲方案的现金净流量(表 4-4)。

表 4-4　　甲方案现金净流量　　金额单位：元

项　　目	0	1	2	3	4	5
固定资产投资	-20 000					
营业现金流量		4 750	4 750	4 750	4 750	4 750
现金净流量合计	-20 000	4 750	4 750	4 750	4 750	4 750

(5) 计算乙方案现金净流量(表 4-5)。

表 4-5　　乙方案现金净流量　　金额单位：元

项　　目	0	1	2	3	4	5
固定资产投资	-24 000					
营运资本垫支	-3 000					

续 表

项 目	0	1	2	3	4	5
营业现金流量		5 500	5 350	5 200	5 050	4 900
固定资产残值						4 000
营运资本回收						3 000
现金净流量合计	−27 000	5 500	5 350	5 200	5 050	11 900

任务二 投资决策指标计算

案例导入

江泰公司专门生产机床，某生产的照相机机床质量优良、价格合理，长期以来供不应求。为了扩大生产能力，江泰公司准备新建一条生产线。小王是该公司的助理会计师，主要负责筹资和投资工作。小王经过几天的调查研究，得到以下有关资料：预计该生产线建设期为 2 年，需要的原始投资额为 450 万元(均为自有资金)于建设起点一次性投入。该生产线预计使用寿命为 5 年，使用期满报废清理残值为 50 万元。该生产线的折旧方法采用直线法。该生产线投产后每年产生的息税前利润为 100 万元，江泰公司适用的企业所得税税率为 25%，项目的行业基准利润率为 20%。

思考与分析：

(1) 如何运用静态投资回收期和投资利润率指标进行项目的财务可行性分析？

(2) 如何运用净现值和净现值率指标进行项目的财务可行性分析？

一、投资决策评价指标的含义及其分类

(一) 项目投资决策评价指标的含义

项目投资决策评价指标是指为了客观、科学地分析评价各种投资方案是否可行的定量化标准与尺度，是由一系列综合反映投资效益、投入产出关系的量化指标构成的。

(二) 项目投资决策评价指标的分类

项目投资决策评价指标可以按照不同的标准进行分类，如表 4-6 所示。

表 4-6 项目决策评价指标分类

分类标准	种 类	具 体 指 标
是否考虑货币时间价值	静态指标	投资利润率、静态投资回收期
	动态指标	净现值、净现值率、获利指数和内含报酬率

续　表

分类标准	种　类	具　体　指　标
指标性质不同	正指标	除静态投资回收期以外的其他指标
	反指标	静态投资回收期
指标重要性分类	主要指标	净现值、内含报酬率
	次要指标	静态投资回收期
	辅助指标	投资利润率

政策导航

《关于进一步抓好抓实促进民间投资工作 努力调动民间投资积极性的通知》(发改投资〔2023〕1004号,以下简称《通知》),从明确工作目标、聚焦重点领域、健全保障机制、营造良好环境等4方面提出17项工作措施,努力实现促进民间投资发展各项工作目标。其中,《通知》特别指出要引导民间投资科学合理决策:一是引导民营企业切实重视可行性研究工作,不断提高投资决策的科学性和精准性,实现长期健康可持续发展;二是鼓励民营企业聚焦实业、做精主业、提升核心竞争力,避免片面追求热点、盲目扩大投资、增加运营风险;三是引导民营企业量力而行,自觉强化信用管理,合理控制债务融资规模和比例,避免超出自身能力的高杠杆投资,防止资金链断裂等重大风险。

4

二、静态评价指标

项目投资的静态评价指标,也称为“非贴现指标”,是指不考虑货币时间价值的决策方法,包括投资利润率和静态投资回收期。

(一) 投资利润率

1. 定义

投资利润率又称“投资报酬率”(return on investment, ROI),是指达产期正常年度的年平均利润额占项目投资总额的百分比,是一项反映投资盈利能力的相对数指标。

2. 计算公式

投资利润率的计算公式如下。

$$投资利润率=年平均利润额\div投资总额\times100\%$$

【业务4-5】　宏胜公司投资A项目需要固定资产投资2 000万元,经营期5年,各年平均利润分别为500万元、450万元、550万元、560万元、600万元。假设该项目的目标收益率为18%,计算投资利润率,并判断其是否可行。

解析:

$$ROI=(500+450+550+560+600)\div5\div2\,000\times100\%=26.6\%$$

由于投资利润率26.6%大于目标收益率18%,所以该方案可行。

3. 决策标准

在运用投资利润率进行决策分析时，应先确定项目的预期收益率，再计算投资项目的投资利润率。若投资项目的投资利润率达到或超过预期收益率，投资项目可行；反之，则不可行。如果有两个或两个以上投资项目的投资利润率均超过了预期收益率，那么应选择投资利润率最高的项目。该指标值越高，说明项目的盈利能力越强。

4. 优缺点

投资利润率的优点是计算简单、易于理解和掌握，能够说明投资方案的收益水平，缺点是该指标没有考虑货币时间价值因素，不能正确反映建设期长短、投资方式、回收额以及现金净流量大小等因素对投资项目的影响，且分子是时期指标，分母是时点指标，计算口径的可比性较差。

（二）静态投资回收期

1. 定义

静态投资回收期(payback period, PP)是指投资项目带来的经营现金净流量累计至抵偿原始总投资所需要的全部时间。它有“包括建设期的投资回收期(记作 PP)”和“不包括建设期的投资回收期(记作 PP′)”两种形式。

4

2. 计算公式

(1) 每年现金净流量相等时静态投资回收期的计算采用公式法，相关公式如下。

$$\text{不包括建设期的投资回收期} = \text{原始投资额} \div \text{每年现金净流量}$$

$$\text{包括建设期的投资回收期} = \text{不包括建设期的投资回收期} + \text{建设期}$$

计算投资回收期

【业务 4-6】 宏胜公司投资了 B 项目，项目建设期为 1 年，生产经营期为 10 年，该项目各年现金净流量如下：$NCF_0=-2\,500$ 万元，$NCF_1=0$，$NCF_{2\sim10}=1\,000$ 万元，$NCF_{11}=1\,100$ 万元。要求：运用静态投资回收期法计算该项目的投资回收期。

解析：

不包括建设期的投资回收期 $=2\,500\div1\,000=2.5$(年)

包括建设期的投资回收期 $=2.5+1=3.5$(年)

(2) 每年现金净流量不相等时静态投资回收期的计算采用列表法，相关公式如下。

$$\text{包括建设期的投资回收期} = M + \frac{\text{第 } M \text{ 年尚未回收额}}{\text{第 } M+1 \text{ 年净现金流量}}$$

其中，M 指收回原始投资额的前一年。

【业务 4-7】 宏胜公司 2023 年需投资 C 项目，有丙、丁两个方案可选择，两个方案各年现金净流量如表 4-7 所示。该企业期望的投资回收期为 4 至 5 年(含建设期)。要求：用静态投资回收期法选择最优方案。

表 4－7　丙、丁方案各年现金净流量表　单位：万元

年　份	丙方案各年现金净流量	丁方案各年现金净流量
0	－5 000	－5 000
1	0	0
2	1 200	1 500
3	1 800	2 000
4	2 000	2 000
5	2 000	1 800
6	1 900	1 800

解析：

根据资料计算丙、丁两个方案累计现金净流量，如表 4－8 所示。

表 4－8　丙、丁方案累计现金净流量表　单位：万元

年　份	丙方案		丁方案	
	各年现金净流量	累计现金净流量	各年现金净流量	累计现金净流量
0	－5 000	－5 000	－5 000	－5 000
1	0	－5 000	0	－5 000
2	1 200	－3 800	1 500	－3 500
3	1 800	－2 000	2 000	－1 500
4	2 000	0	2 000	500
5	2 000	2 000	1 800	2 300
6	1 900	3 900	1 800	4 100

丙方案包括建设期的投资回收期＝4(年)

丁方案包括建设期的投资回收期＝3＋1 500÷2 000＝3.75(年)

丙、丁方案的投资回收期均小于期望的投资回收期，因此，两个方案均可行。由于丁方案的投资回收期短于丙方案，所以丁方案为最优方案。

3．决策标准

在运用静态投资回收期进行决策分析时，静态投资回收期小于等于期望的静态投资回收期时，该项目可行；反之，则不可行。如果有两个或两个以上投资项目的回收期均小于或等于期望回收期，则选择静态投资回收期最短的项目。

4. 优缺点

静态投资回收期的优点有：计算简便，易于理解；能反映原始投资额的返本期限；能直接利用回收期之前的现金净流量信息。缺点有：没有考虑货币时间价值和投资的风险因素；没有考虑回收期满后继续发生的现金净流量的变化情况，不能完全反映投资的盈利程度。

知识延伸

动态回收期——未来现金净流量的现值等于原始投资额现值时所经历的时间。基本计算原理和静态投资回收期一样，但需要对投资引起的未来现金净流量进行贴现。动态回收期的计算公式如下：

$$动态回收期 = M + 第\ M\ 年尚未收回额现值 \div 第(M+1)年的现金净流量现值$$

其中 M 是收回原始投资额现值的前一年。

如宏胜公司有一投资项目，需投资 150 000 元，无建设期，使用年限为 5 年，每年现金流量分别为 30 000 元、35 000 元、60 000 元、50 000 元、40 000 元，资本成本率为 5%。对每年的现金净流量折现，计算每年现金净流量现值和累计现值，如表 4－9 所示。

表 4－9　项目现金流量表　　单位：元

年份	现金净流量	累计现金净流量	现金净流量现值	累计现金净流量现值
0	－150 000	－150 000	－150 000	－150 000
1	30 000	－120 000	30 000×$(P/F,5\%,1)$＝28 572	－121 428
2	35 000	－85 000	35 000×$(P/F,5\%,2)$＝31 745	－89 683
3	60 000	－25 000	60 000×$(P/F,5\%,3)$＝51 828	－37 855
4	50 000	25 000	50 000×$(P/F,5\%,4)$＝41 135	3 280
5	40 000	65 000	40 000×$(P/F,5\%,5)$＝31 340	34 620

根据累计现金净流量：静态回收期＝3＋25 000÷50 000＝3.5(年)

根据累计现金净流量现值：动态回收期＝3＋37 855÷41 135＝3.92(年)

三、动态评价指标

(一) 净现值

1. 定义

净现值(net present value, NPV)，是指在项目计算期内，按设定折现率或基准报酬率将各年现金净流量折算为现值的代数和。

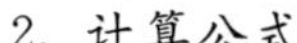

2. 计算公式

计算净现值

净现值的计算公式如下：

$$净现值 = 未来现金净流量现值 - 原始投资额的现值$$

或

$$NPV=\sum_{t=1}^{n}\frac{NCF_t}{(1+i)^t}-C$$

式中，NPV 指净现值；NCF_t 指第 t 年的净现金流量；i 指贴现率（资本成本或企业要求的报酬率）；n 指项目预计使用期限；C 指原始投资额的现值。

知识延伸

贴现率的参考标准：① 以市场利率为标准，资本市场的市场利率是整个社会投资报酬率的最低水平，可以视为一般最低报酬率要求；② 以投资者希望获得的预期最低投资报酬率为标准，考虑投资项目的风险补偿因素以及通货膨胀因素；③ 以企业平均资本成本率为标准，企业筹资承担的资本成本水平给投资项目提出了最低报酬率要求。

【业务 4-8】 为适应公司发展的需要，宏胜公司总经理决定在四川投资建厂。现在有两个方案，具体方案如表 4-10 所示。要求：帮助公司进行投资决策。（贴现率为 10%）

表 4-10　两个方案各年现金净流量表　　单位：万元

年　份	方　案　1	方　案　2
0	−100 000	−100 000
1	32 000	38 000
2	32 000	35 600
3	32 000	33 200
4	32 000	30 800
5	32 000	78 400

解析：

方案 1：$NPV=32\,000\times(P/A,10\%,5)-100\,000=21\,306$（万元）

方案 2：$NPV=38\,000\times(P/F,10\%,1)+35\,600\times(P/F,10\%,2)+33\,200\times(P/F,10\%,3)+30\,800\times(P/F,10\%,4)+78\,400\times(P/F,10\%,5)-100\,000$

$=58\,624$（万元）

具体分析：两个方案的净现值都为正值，方案都具有可行性。不过，方案 2 的净现值大于方案 1，在原始投资相同的情况下，说明其投资报酬率最高，此方案可以视为最优方案。

【业务 4-9】 宏胜公司计划进行某项目投资活动，原始投资为 150 万元，预计净残值 5 万元，全部资金于建设起点一次投入，其中包括垫支营运资本 50 万元，该项目经营期 5 年，到期残值收入为 5 万元，预计投产后年营业收入为 90 万元，年总成本为 60 万元。该企业按直线法折旧，全部营运资本于终结点一次回收，所得税税率为 25%，折现率为 10%。

要求：计算该方案的净现值。

解析：

(1) 计算年折旧额。

年折旧额 =(100 − 5) ÷ 5 = 19(万元)

(2) 分析现金流量。

$NCF_0 = -150$(万元)

$NCF_{1\sim4} = (90-60) \times (1-25\%) + 19 = 41.5$(万元)

$NCF_5 = 41.5 + 5 + 50 = 96.5$(万元)

(3) 计算净现值。

$41.5 \times (P/A, 10\%, 4) + 96.5 \times (P/F, 10\%, 5) - 150$

$= 41.5 \times 3.169\,9 + 96.5 \times 0.620\,9 - 150$

$= 131.550\,85 + 59.916\,85 - 150$

$= 41.467\,7$(万元)

3. 决策标准

在运用净现值进行决策分析时，如果净现值大于等于 0，则说明该投资项目产出大于投入，该投资项目可行；如果净现值小于 0，该投资项目产出小于投入，该投资项目不可行。如果两个或两个以上投资项目的净现值均大于 0，一般情况下，净现值最大的就是最优项目。

4. 优缺点

净现值的优点：① 考虑了货币时间价值对未来不同时期现金流入量的影响；② 考虑了项目计算期内全部的现金净流量；③ 考虑了投资风险，项目投资风险可以通过提高贴现率加以控制。其缺点：① 不能直接用于对寿命周期不同的互斥投资方案决策；② 计算比较复杂，且较难理解和掌握；③ 预测较准确的现金净流量和选择正确的贴现率比较困难。

(二) 净现值率

1. 定义

净现值率(net present value ratio, NPVR)是指投资项目的净现值占原始投资额现值的百分比。

2. 计算公式

净现值率的计算公式如下：

$$净现值率 = 投资项目的净现值 \div 原始投资额的现值 \times 100\%$$

【业务 4-10】 宏胜公司有一计划建设工程项目，原始投资为 10 000 万元，现有甲、乙、丙三种投资方案，其中 $NPV_{甲} = 653.2$ 万元，$NPV_{乙} = 784.5$ 万元，$NPV_{丙} = 966.7$ 万元，假设该公司资金成本率为 10%，计算各方案净现值率。

解析：

原始投资为 10 000 万元。

$NPVR_{甲} = 653.2 \div 10\,000 \times 100\% \approx 6.53\%$

$NPVR_{乙} = 784.5 \div 10\,000 \times 100\% \approx 7.85\%$

$NPVR_{丙} = 966.7 \div 10\,000 \times 100\% \approx 9.67\%$

计算表明，甲、乙、丙三个方案的净现值率均大于0，即三个方案均可行，其中丙方案的净现值率最大，所以此方案可以视为最优方案。

3. 决策标准

在运用净现值率进行决策分析时，如果净现值率大于等于0，则说明该投资项目产出大于投入，该投资项目可行；如果净现值率小于0，该投资项目产出小于投入，该投资项目不可行。如果两个或两个以上投资项目的净现值率均大于0，一般情况下，净现值率最大的为最优项目。

4. 优缺点

净现值率的优点在于可以从动态的角度反映项目的资金投入与净产出之间的关系，且计算过程比较简单；其缺点与净现值一样，是无法直接反映投资项目的实际收益率。

(三) 现值指数

1. 定义

现值指数(present value index, PVI)，又称获利指数，是指投产后投资方案的未来现金净流量的现值和原始投资额现值之间的比值。

2. 计算公式

现值指数的公式如下。

$$现值指数 = 未来现金净流量的现值 \div 原始投资额的现值$$

4

知识延伸

现值指数在本质上是净现值率的一个变形，公式转换如下。

$$\begin{aligned}净现值率 &= \frac{未来现金净流量的现值-原始投资额的现值}{原始投资额的现值} \\ &= \frac{未来现金净流量的现值}{原始投资额的现值} - 1 \\ &= 现值指数 - 1\end{aligned}$$

由以上公式可得，现值指数＝1＋净现值率

【业务4-11】 要求：根据【业务4-10】的资料，计算各方案的现值指数。(结果保留2位小数)

解析：

$PVI_{甲} = 1 + 6.53\% \approx 1.07$

$PVI_{乙} = 1 + 7.85\% \approx 1.08$

$PVI_{丙} = 1 + 9.67\% \approx 1.10$

计算表明，甲、乙、丙三个方案的获利指数均大于1，其中丙方案的获利指数最大，所以此方案可以视为最优方案。

3. 决策标准

在运用现值指数进行决策分析时，如果投资项目的现值指数大于或等于 1，则可行；如果投资项目的现值指数小于 1，则不可行；如果两个或两个以上投资项目的现值指数均大于 1，则现值指数越大，投资项目越好。

4. 优缺点

现值指数的优点是考虑了资金的货币时间价值，能够真实地反映投资项目的盈亏程度，也利于在初始投资额不同的投资项目之间进行对比。其缺点和净现值一样，无法直接反映投资项目的实际收益率。

试比较

现值指数与净现值法的优缺点。

(四) 内含报酬率

1. 定义

4

内含报酬率又称内部收益率(internal rate of return，IRR)，是指项目实际可望达到的报酬率，亦可将其定义为能使未来现金流入量现值等于未来现金流出量现值的折现率，简单说就是使投资项目净现值为零时的折现率。

2. 计算公式

内含报酬率的公式如下。

$$\sum \mathrm{NCF}_n \times (P/F，\mathrm{IRR}，n) = 0$$

计算内含报酬率

式中，IRR 即为内含报酬率。

由于投资及项目建成后各年现金净流量的情况不同，具体计算方法主要有年金计算法和逐次测试法。

第一种年金计算法的前提是项目全部投资均于建设起点一次投入，建设期为 0，期末无残值，经营期每年现金净流量相等，则内含报酬率可按下列步骤计算：

(1) 求出使得净现值为零的年金现值系数。

(2) 从“年金现值系数表”中找出在相同期数里与上述现值系数对应的折现率即为内含报酬率，若没有对应的折现率，就找出两个相邻的折现率。

(3) 依据两个相邻的折现率和已计算的现值系数，采用插值法计算内含报酬率。

【业务 4-12】 宏胜公司有一个投资方案，初始投资额为 200 万元，于建设起点一次性投资，无建设期，运营期 5 年，每年的现金净流量均为 80 万元。若该项目的资本成本为 10%。要求：用内含报酬率法判断该项目的投资可行性。

解析：

(1) $\mathrm{NPV} = 80 \times (P/A，\mathrm{IRR}，5) - 200 = 0$

$(P/A，\mathrm{IRR}，5) = 200 \div 80 = 2.5$

(2) 查“年金现值系数表”，找出 5 年期各利率下与 2.5 最接近的系数，分别是利率为 28%时的 2.532 和利率为 32%时的 2.345 2，利用插值法计算：

(IRR − 28%) ÷ (32% − 28%) = (2.5 − 2.532) ÷ (2.345 2 − 2.532)，

IRR = 28.69%

计算说明，该项目的 IRR 为 28.69%，大于该项目的资本成本 10%，此项目可行。

第二种逐次测试法的前提是投资项目的原始投资可能是一次性投入，也可以分次投入，但每年的现金净流量不等，则内含报酬率可按下列步骤计算。

(1) 设定一个折现率 i_1，计算净现值 NPV_1。

(2) 如果 NPV_1 大于 0，表示估计的折现率小于该方案可能达到的内含报酬率，则应提高设定的折现率，直到测算的净现值出现负数为止。

(3) 如果 NPV_1 小于 0，表示估计的折现率大于该方案可能达到的内含报酬率，则应降低估计的折现率，直到测算的净现值出现正数为止。

(4) 通过逐次测试找到使净现值一个大于 0，一个小于 0，并且最接近的两个贴现率，然后通过插值法求出内含报酬率。

【业务 4－13】 宏胜公司有一个建设工程项目，原始投资为60 000元，现有投资方案各年现金净流量资料，如表 4－11 所示。假设该公司资本成本为 10%。要求：用内含报酬率法判断该项目的投资可行性。

表 4－11　各年现金净流量表　单位：元

年　份	方案各年现金净流量	年　份	方案各年现金净流量
0	−60 000	3	45 000
1	5 000	4	2 500
2	25 000		

解析：

由于此方案各年现金净流量不等，所以只能采用逐次测试法。自行设定折现率并计算净现值，测算过程如表 4－12 所示。

表 4－12　内含报酬率测试表　单位：元

年份	NCF_t	测试 8%		测试 10%		测试 12%	
		复利现值系数	现　值	复利现值系数	现　值	复利现值系数	现　值
0	−60 000	1.000 0	−60 000.00	1.000 0	−60 000.00	1.000 0	−60 000.00
1	5 000	0.925 9	4 629.50	0.909 1	4 545.50	0.892 9	4 464.50
2	25 000	0.857 3	21 432.50	0.826 4	20 660.00	0.797 2	19 930.00
3	45 000	0.793 8	35 721.00	0.751 3	33 808.50	0.711 8	32 031.00
4	2 500	0.735 0	1 837.50	0.683 0	1 707.50	0.635 5	1 588.75
NPV		—	3 620.50	—	721.50	—	−1 985.75

根据上述结果可知 IRR 大于 10%，小于 12%，计算公式如下。

(10% − IRR) ÷ (12% − 10%) =721.5 ÷ (−1 985.75 − 721.5)

IRR = 10% + 721.5 ÷ (721.5 + 1 985.75) × 2% = 10.53%

该项目的 IRR 为 10.53%，大于该项目的资本成本 10%，此项目可行。

3. 决策标准

运用内含报酬率进行决策分析时，如果项目的内含报酬率大于其资本成本，则该项目可行；如果项目的内含报酬率小于其资本成本，则该项目不可行。如果两个或两个以上投资项目的内含报酬率都大于其资本成本，且各项目的投资额相同，那么内含报酬率高于资金成本越多的项目为最优项目；若各项目的投资额不相同，则其决策标准是“投资额×(内含报酬率－资本成本)”最大的项目为最优项目。

4. 优缺点

内含报酬率法的优点是考虑了货币时间价值，能从动态的角度直接反映投资项目的真实报酬率，且不受行业基准收益率高低的影响，比较客观。其缺点是计算过程比较复杂，在互斥投资方案决策时，如果各方案的原始投资额现值不相等，有时无法作出正确的决策。

(五) 净现值、净现值率、现值指数、内含报酬率之间的关系

当净现值>0，净现值率>0，现值指数>1，内含报酬率>设定折现率；

当净现值=0，净现值率=0，现值指数=1，内含报酬率=设定折现率；

当净现值<0，净现值率<0，现值指数<1，内含报酬率<设定折现率。

知识延伸

净现值、净现值率、现值指数、内含报酬率的区别如表 4-13 所示。

表 4-13 净现值、净现值率、现值指数、内含报酬率的区别

指　标	净现值	净现值率	现值指数	内含报酬率
是否受设定贴现率的影响	是	是	是	否
是否反映项目投资方案本身报酬率	否	否	否	是
是否直接考虑投资风险大小	是	是	是	否
指标性质	绝对数	相对数	相对数，反映投资效率	相对数，反映投资效率

任务三 投资决策方法应用

案例导入

宏胜公司的某一固定资产投资项目只有一个方案，其原始投资额为 1 000 万元，项目计算期为 11 年(其中运营期为 10 年)，基准投资收益率为 9.5%，行业基准折现率为 10%。该项目投资决策的评价指标如下：ROI＝10%，PP＝6 年，PP′＝5 年，NPV＝162.65 万元，NPVR＝17.04%，IRR＝12.73%。

思考与分析：运用所学知识进行该项目的财务可行性评价。

一、独立投资方案的决策

独立投资方案是指两个或两个以上项目互不依赖，可以同时共存，各方案的决策也是独立的。独立投资方案的决策是评价各方案本身是否可行，即方案本身是否达到某种要求的可行性标准。独立投资方案之间进行比较时，主要是确定各种可行方案的投资顺序。排序分析时，以各方案获利程度作为评价标准，一般采用内含报酬率进行比较决策。

4

【业务 4－14】 宏胜公司有足够的资金投资于三个独立投资项目。A 项目投资额 12 000元，期限 6 年；B 项目原始投资额 20 000 元，期限 6 年；C 项目原始投资额 20 000 元，期限 9 年。贴现率为 10%，其他有关资料如表 4－14 所示。要求：分析这三个独立投资项目之间的投资顺序。

表 4－14　　独立投资方案的可行性指标　　金额单位：元

项　　目	A 项目	B 项目	C 项目
原始投资额现值	－12 000	－20 000	－20 000
每年现金净流量(NCF)	3 000	6 600	5 555
期限(年)	6	6	9
净现值(NPV)	＋1 065.90	＋8 744.98	＋11 991.25
现值指数(PVI)	1.09	1.44	1.60
内含报酬率(IRR)	13%	23.88%	23.70%

解析：独立投资方案的比较决策，如表 4－15 所示。

表 4－15　　三个独立投资方案的比较

净现值(NPV)	C>B>A
现值指数(PVI)	C>B>A
内含报酬率(IRR)	B>C>A

在独立投资方案比较性决策时，内含报酬率指标综合反映了各方案的获利程度，因此，应该按照B、C、A的顺序实施投资。

请思考

独立投资方案的决策标准是什么？

投资方案决策

二、互斥投资方案的决策

互斥投资方案是指在一组方案中各个方案互相可以替代，采纳了其中一种，自动就会排斥组内其他方案。例如，某企业投资增加一台设备，既可以自行生产，也可以对外采购，可以采购国产设备，也可以采购进口设备。针对互斥方案的决策，实质上在于选择最优方案，方案的经济效益是选择的主要依据，即获利多少决定了选择哪个投资方案。通常而言，当项目的计算期相同时，采用净现值法进行决策；当项目计算期不同时，采用年金净流量法作出判断。

(一) 项目的计算期相同

当项目的计算期相同时，通常通过比较互斥方案的净现值的大小选择最优方案的方法，净现值最大的方案为优。

【业务 4 - 15】 根据【业务 4 - 14】中的资料，假设A项目与B项目是互相排斥的项目。要求：进行投资方案的选择。

解析：由于A项目与B项目的计算期都是6年，则两个方案的选择可以采用净现值法。由于B项目的净现值(8 744.98元)大于A项目的净现值(1 065.90元)，因此，选择B项目进行投资。

总之，在项目的计算期相同时，不论方案的原始投资额的大小如何，能够获得更多净现值的，即为最优方案。因此，在互斥方案选优决策中，原始投资额的大小并不影响决策。

(二) 项目的计算期不同

因为项目计算期不同，直接采用净现值法进行方案比较是不合理的，因为寿命周期短的项目，收回投资后还可以再进行新的投资。那么此时方案的净现值并不能反映项目的投资收益情况，为此可以引入等额年金法。

年金净流量(annual net cash flow, ANCF)是指项目期内全部现金净流量总额的现值或终值折算为等额年金的平均现金净流量。在运用年金净流量法进行决策时，通常选择年金净流量较大的方案。其计算公式为：

年金净流量＝现金净流量总现值÷年金现值系数＝现金净流量总终值÷年金终值系数

试比较

年金净流量法与净现值法的联系与区别。

【业务4-16】　宏胜公司拟投资新建一条生产线。现有三个方案可供选择：甲方案的原始投资额为125万元，项目计算期为11年，净现值为110.32万元；乙方案的原始投资额为110万元，项目计算期为10年，净现值为105万元；丙方案的原始投资额为100万元，项目计算期为9年，净现值为－1.25万元。行业基准折现率为10%。要求：按年金净流量法进行决策分析。

解析：因丙方案的净现值小于零，所以该方案不具有财务可行性，而甲、乙方案的净现值均大于零，所以这两个方案具有可行性。

甲方案的年金净流量＝110.32÷(P/A,10%,11)＝110.32÷6.495 1≈16.99(万元)

乙方案的年金净流量＝105÷(P/A,10%,10)＝105÷6.144 6≈17.09(万元)

因为17.09万元＞16.99万元，所以乙方案优于甲方案。

(三) 投资额不相等，项目计算期也不同

互斥方案的投资额不相等，项目计算期也不相同时，可采用年回收额法。年回收额法是指通过比较所有投资方案的年等额净现值指标的大小来选择最优方案的决策方法。年回收额法的计算步骤如下：

(1) 计算各方案的净现值(NPV)。

(2) 计算各方案的年等额净现值。若设定折现率或基准收益率为i，项目计算期为n，则年等额净回收额(A)可按下式计算：

4

年金净流量法

$$A = \mathrm{NPV} \times (A/P,\ i,\ n) = \mathrm{NPV} \div (P/A,\ i,\ n)$$

在这个方法下，所有方案中，年等额净回收额最大的方案为最优方案。

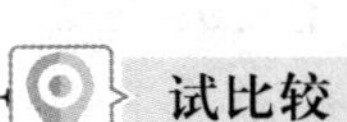

试比较

年回收额法与净现值法的优缺点。

【业务4-17】　宏胜公司拟投资新建一条生产线。现有三个方案可供选择：甲方案的原始投资额为125万元，项目计算期为11年，净现值为110.32万元；乙方案的原始投资额为110万元，项目计算期为10年，净现值为105万元；丙方案的原始投资额为100万元，项目计算期为9年，净现值为－1.25万元。行业基准折现率为10%。要求：按等额年金法进行决策分析。

解析：因丙方案的净现值小于零，所以该方案不具有财务可行性，而甲、乙方案的净现值均大于零，所以这两个方案具有财务可行性。

甲方案的年等额净回收额＝110.32÷(P/A，10%，11)

＝110.32÷6.495 1

＝16.99(万元)

乙方案的年等额净回收额 $=105\div(P/A, 10\%, 10)$

$=105\div6.1446$

$=17.09$(万元)

因为17.09万元>16.99万元,所以乙方案优于甲方案。

政策导航

《国务院关于进一步优化外商投资环境加大吸引外商投资力度的意见》(以下简称《意见》)(国发〔2023〕11号)指出:以习近平新时代中国特色社会主义思想为指导,全面贯彻落实党的二十大精神,坚持稳中求进工作总基调,完整、准确、全面贯彻新发展理念,构建新发展格局,推动高质量发展,更好统筹国内国际两个大局,营造市场化、法治化、国际化一流营商环境,充分发挥我国超大规模市场优势,更大力度、更加有效吸引和利用外商投资,为推进高水平对外开放、全面建设社会主义现代化国家作出贡献。《意见》提出了"提高利用外资质量、保障外商投资企业国民待遇、持续加强外商投资保护、提高投资运营便利化水平、加大财税支持力度、完善外商投资促进方式、加强组织实施"等措施。

任务四 股票投资管理

案例导入

H公司于2023年8月召开领导会议,集体通过了利用手中闲置资金200万元对外投资,以获得投资收益的决定。如果投资股票,拟定可供选择的投资对象如下:

(1) A公司股票中期预测每股收益0.78元,股票市场价格为17.00元/股。A公司是一家集研发、生产、销售、服务于一体的专业化空调企业,公司主营业务范围:生产销售空调器、自营空调器出口业务及其相关零配件的进出口业务。公司空调产销量居国内第一位,有行业领先优势,尤其是出口增长迅速,经营业绩稳定增长。

(2) B公司股票中期预测每股收益0.45元,股票市场价格为22.50元/股。B公司主营业务:设计制造空调制冷产品、空调使用红外遥控。B公司财务状况十分稳定,公司业绩良好。

(3) C公司股票中期预测每股收益0.10元,股票市场价格为68.00元/股。C公司主营业务:激光器、激光加工设备及成套设备、激光医疗设备等。该股票科技含量高,成长性好,计提的公积金高。

思考与分析: 面对上述可供选择的投资对象,如果公司仅为获得投资收益,应如何进行股票投资的选择?

一、股票概述

(一) 股票的定义

股票是股份有限公司为筹集股权资本而发行的有价证券，是投资者投资入股据以取得股利收入的一种有价证券。

(二) 股票的种类

股票可以按不同的标准分类：按股东所享有的不同权利，可分为普通股和优先股；按股票票面是否标明入股金额，分为有面值股票和无面值股票；按票面是否标明持有者的姓名，可分为记名股票和无记名股票；按照股东身份不同，股票分为国家股、法人股、个人股和外资股。

(三) 股票投资目的

企业进行股票投资的目的主要有：① 获取投资收益，投资股票期间可获得一定的股息红利，也可以通过低买高卖股票获取价差收入；② 得到对股票发行公司的控制权，当持有者的股份数占总数的一定比例时，就能达到控制该公司的目的，参与其经营管理。

二、股票估值

股市的价格分为开盘价、收盘价、最高价和最低价，投资人在进行股票估值时主要使用收盘价，股票的价格会随着经济形势和公司的经营状况而升降。股票带给持有人的现金收入包括股利收入和出售时的资本利得，股票的价值是指未来一系列的股利和将来出售股票时售价的现值。股票一旦发行，股票的价格就与原来的面值分离，这时候股票的价格主要由预期股利和当时的市场利率决定，即股利的资本化价值决定了股票的价格。股票投资决策的基本标准为：若股票价格小于或等于股票内在价值，则该股票可以投资；若股票价格大于股票内在价值，则该股票不适合投资。本任务将介绍四种常见的股票估值模型。

4

(一) 股票估值的基本模型

股票估值的基本模型是假设股东永远持有股票，不在市场上出售，则投资者只获得股利，是一个永久的现金流入。该模型假设未来股利的增长模式是可以预见的，贴现率是事先确定的，则股票估值的基本模型为：

$$V_S=\frac{D_1}{(1+R_S)^1}+\frac{D_2}{(1+R_S)^2}+\frac{D_3}{(1+R_S)^3}+\cdots+\frac{D_n}{(1+R_S)^n}=\sum_{t=1}^{n}\frac{D_t}{(1+R_S)^t}$$

式中，V_S 为股票内在价值；R_S 为投资者要求的必要收益率；D_t 为第 t 期的预期股利；n 为预计持有股票的期数。

【业务 4－18】　假设宏胜公司发行一只股票，该股票在未来 5 年内的股利预计为 2 元、2.5 元、3 元、4 元和 5 元，其必要收益率为 12%。要求：计算该股票的价值。

解析：

$$V=\frac{2}{(1+12\%)^1}+\frac{2.5}{(1+12\%)^2}+\frac{3}{(1+12\%)^3}+\frac{4}{(1+12\%)^4}+\frac{5}{(1+12\%)^5}$$

$$\approx 11.29(\text{元})$$

（二）股利固定模型

若持股人准备长期持有购买的股票，假设每年股利稳定不变，则股利的支付模式是一个永续年金，根据永续年金求现值的公式，股票估值模型可简化为：

$$V_S=\frac{D}{R_S}$$

式中，D 为每年固定股利，R_S 为投资者要求的必要收益率。

【业务 4-19】 宏胜公司购买的 A 公司股票，预计每年每股股利为 2.5 元，且稳定不变，若投资者要求得到的收益率为 10%。要求：计算该股票的价值。

解析：$V_S=\frac{D}{R_S}=\frac{2.5}{10\%}=25$（元）

如果企业要求投资于这种股票的期望收益率不低于 10%，股票的购入价值就不得高于 25 元，否则就不宜进行该项投资。

4

（三）股利固定增长模型

公司的股利是经常波动的，假设股利的固定增长率为 g，股利增长率总是低于企业（投资者）期望的收益率，股票估值模型变为：

$$V_S=\sum_{t=1}^{\infty}\frac{D_0\times(1+g)^t}{(1+R_S)^t}$$

当 g 为常数，并且 $R_S>g$ 时，上式可简化为：

$$V=\frac{D_0(1+g)}{R_S-g}=\frac{D_1}{R_S-g}$$

式中，R_S 为投资人要求的收益率；D_1 为预计第 1 年的股利；g 为预计股利增长率。

【业务 4-20】 宏胜公司准备投资购买东风信托股份有限公司的股票，该股票上年每股股利为 3 元，预计以后每年以 5% 的增长率增长。宏胜公司经分析后认为，必须得到 12% 的报酬率才能购买。要求：计算该股票的价值。

解析：$V_S=\frac{3\times(1+5\%)}{12\%-5\%}=45$（元）

当股票价格在 45 元以下时，宏胜公司才能购买。

（四）非固定成长股票的估值模型

对于非固定成长的股票的价值，应采用分段计算以确定股票的价值，通常在前几年表现为高速增长，以后就稳定为固定股利或固定成长股利的股票。

【业务4－21】　宏胜公司持有庆元公司的股票，宏胜公司的投资最低报酬率为15%，预计庆元公司未来3年的股利将快速增长，增长率为20%，3年之后即转为正常增长，增长率为12%，公司最近一次股利支付为3元。要求：计算庆元公司股票的内在价值。

解析：首先，计算未来3年内庆元公司非正常增长期的股利现值（表4－16）。

表4－16　　未来3年的股利现值

年　份	股利(D_t)	现值系数(15%)	现值(PVD_t)
1	3×1.2=3.6	0.870	3.132
2	3.6×1.2=4.32	0.756	3.266
3	4.32×1.2=5.184	0.658	3.411
合　计			9.809

其次，计算第3年底的普通股内在价值。

$$V_3=\frac{D_4}{R_S-g}=\frac{D_3(1+g)}{R-g}=\frac{5.184\times 1.12}{15\%-12\%}=193.54(\text{元})$$

然后，计算其现值。

$PVD_3=193.54\times(P/F,15\%,3)=193.54\times 0.658=127.35$(元)

最后，计算宏胜公司股票目前的内在价值。

$V_0=9.809+127.35=137.16$(元)

请思考

股票内在价值评估主要有哪些模型？各自适用条件是什么？

三、股票的收益

（一）股票投资收益的含义及构成

股票投资收益是指投资者从购入股票开始到出售股票为止整个持有期间的收入。股票投资收益由股息收入、资本损益和资本增值收益三部分组成。股息是指股票持有者依据股票从公司分取的盈利，具体形式主要有现金股息和股票股息两种。资本损益或资本利得是指股票买入价与卖出价之间的差额。股票的资本增值收益的形式是送股，但送股的资金来自公司提取的公积金，又可称为公积金转增股本。

重要提示

按货币时间价值的原理计算股票投资收益，无须单独考虑再投资收益的因素。

4

(二) 股票投资收益率的计算

股票的内含报酬率是使得股票未来现金流量贴现值等于目前的购买价格时的贴现率。其具体的计算分为以下两种情况。

1. 长期持有,不准备出售

(1) 股利固定模型中,用 P_0 代替 V_S,求解 R 可得计算公式:

$$R=\frac{D}{P_0}$$

式中,R 为股票的内含报酬率;D 为固定股利;P_0 为股票的购买价格。

(2) 股利固定增长模型中,用 P_0 代替 V_S,求解 R 可得计算公式:

$$R=\frac{D_1}{P_0}+g$$

式中,R 为股票的内含报酬率;D_1 为预计第 1 年股利;P_0 为股票的购买价格;g 为股利增长率。

2. 持有有限期,未来准备出售

持有有限期,未来准备出售的情况下,可得计算公式:

$$\mathrm{NPV}=\sum_{t=1}^{n}\frac{D_t}{(1+R)^t}+\frac{P_t}{(1+R)^n}-P_0=0$$

式中,R 为股票的内含报酬率;P_0 为股票的购买价格;P_t 为股票的售出价格;D_t 为各年分得的股利;n 为投资期限。

4

【业务 4-22】 宏胜公司 2021 年 1 月 1 日投资 510 万元购买某种股票 100 万股,在 2021 年、2022 年和 2023 年的 12 月 31 日每股各分得现金股利 0.5 元、0.6 元和 0.8 元,并于 2023 年 12 月 31 日以每股 6 元的价格将股票全部出售。要求:计算该项投资的投资收益率。

解析:

$$5.1=\frac{0.5}{(1+i)^1}+\frac{0.6}{(1+i)^2}+\frac{0.8}{(1+i)^3}+\frac{6}{(1+i)^3}$$

采用逐次测试法和插值法计算,试用 16%代入上式:

$0.5\times0.8621+0.6\times0.7432+0.8\times0.6407+6\times0.6407$

$=0.43105+0.44592+0.51256+3.8442$

$=5.23373$

试用 18%代入上式:

$0.5\times0.8475+0.6\times0.7182+0.8\times0.6086+6\times0.6086$

$=0.42375+0.43092+0.48688+3.6516$

$=4.99315$

$(i-16\%)\div(18\%-16\%)=(5.1-5.23373)\div(4.99315-5.23373)$

$i=17.11\%$

四、股票投资的优缺点

（一）股票投资的优点

（1）投资收益高。股票投资收益的大小取决于发行股票的公司的经营状况和盈利水平。普通股票的价格虽然变动频繁，但从均值看，股票投资是全部投资工具中获利性最高的，其收益要高于银行储蓄和购买债券。

（2）购买力风险低。普通股的股利不固定，在通货膨胀比较高时，由于物价普遍上涨，股份公司盈利增加，股利的支付也随之增加，因此，与利率固定的证券相比，普通股能有效地降低购买力风险。

（3）拥有经营控制权。与债券持有者不同，股票持有者可以参与股票发行公司的经营管理，根据其购买的股票数量的不同在公司的经营管理中享有不同的权利。股票持有者直接或间接地参与公司的经营管理，在很大程度上能够维护自身的利益。

（二）股票投资的缺点

（1）求偿权居后。普通股对企业资产和盈利的求偿权均居于最后。企业破产时，股东原来的投资可能得不到全额补偿，甚至一无所有。

（2）价格波动大。股价受众多因素影响呈现出频繁波动的特征。这一特征又决定了股票市场具有极大的投机性，投资者既可能得到高额回报，也可能血本无归，加大股票投资的风险。

（3）收益不稳定。股票股利与公司的经营状况密切相关，同时还受公司的股利政策影响。一般情况下，盈利多，则发放的股利多，反之亦然。但盈利多的时候也可能因股利政策导致少发放股利甚至不发放股利的情况发生。

（4）投资风险大。股票价格波动大，股票收益不稳定，都可以反映出股票投资最大的缺点就是风险性较大，这一缺点与股票投资较高的收益性是相对应的。高收益通常伴随着高风险，一旦股票发行公司破产，投资者将面临巨大损失。

任务五　债券投资管理

案例导入

德运公司目前有一部分闲置资金，拟购买某公司债券作为长期投资（打算持有至到期日），要求的必要收益率为6%。现有两家公司同时发行5年期、面值均为1 000元的债券。其中：甲公司债券的票面利率为8%，每年付息一次，到期还本，债券发行价格为1 041元；乙公司债券的票面利率为8%，单利计息，到期一次还本付息，债券发行价格为1 050元。

思考与分析：请判断两种公司债券是否具有投资价值，并为德运公司作出购买何种债券的决策。

一、债券概述

（一）债券的定义

债券是指一种金融契约，是政府、金融机构、工商企业等直接向社会筹措资金时，向投资者

4

发行,同时承诺按一定利率支付利息并按约定条件偿还本金的债权债务凭证。

(二) 债券投资的目的

短期债券投资的目的主要是合理利用暂时闲置资金,调节现金余额,获得收益;而长期债券投资的目的主要是获得稳定的收益。一般而言,债券投资通常适合于长期、稳健、偏向保守的投资者。

二、债券估值

对债券进行估值,就是确定债券的内在价值。债券内在价值,是指投资者在债券有效期内,因持有债券所获得的未来现金流入量的贴现值或现值。因持有债券获得的现金流量包括两部分:① 在债券有效期内获得的固定数额的利息;② 在债券到期时,按债券面值收回的本金。一般而言,用于现金流贴现的折现率(或贴现率),是由无风险利率和风险溢价组成的,可以按照投资者的预期收益率来确定。

债券投资决策方法是计算债券内在价值,然后对债券的市场价格和债券的内在价值进行比较,作出最佳决策的方法。凡是债券的市场价格小于或等于债券内在价值的,可以投资;反之,债券的市场价格大于债券内在价值的,则不宜投资。以下是三种常见的债券估值模型。

(一) 债券的基本估值模型

4

市场上典型的债券是具有固定利率,每年计息并付息,到期还本的债券。该种债券估值模型是指按复利方式计算债券价格。其债券的基本估值模型公式为:

$$V_b=\sum_{t=1}^{n}\frac{i\times M}{(1+R)^t}+\frac{M}{(1+R)^n}=\sum_{t=1}^{n}\frac{I}{(1+R)^t}+\frac{M}{(1+R)^n}$$
$$=I\times(P/A,\ R,\ n)+M\times(P/F,\ R,\ n)$$

式中,V_b 为债券的价格;i 为债券的票面利息率;M 为债券面值;I 为债券各期利息;R 为市场利率或投资人要求的必要收益率;n 为付息总期数。

【业务 4-23】 现有一种债券面值为 1 000 元,票面利率为 10%,每年付息一次,到期还本,期限为 5 年,万雄企业要对这种债券进行投资,当前的市场利率为 12%。要求:计算债券价格为多少时才适合进行投资。

解析:

由上述公式可知:

$$V_b=1\,000\times10\%\times(P/A,\ 12\%,\ 5)+1\,000\times(P/F,\ 12\%,\ 5)$$
$$=100\times3.604\,8+1\,000\times0.567\,4$$
$$=927.88(\text{元})$$

即这种债券的价格必须低于 927.88 元,该投资者才能购买。

(二) 一次还本付息且不计复利的债券估值模型

一次还本付息且不计复利的债券,其估值模型公式为:

$$V_b=\frac{M+M\times i\times n}{(1+R)^n}=(M+M\times i\times n)\times(P/F,\ R,\ n)$$

式中,V_b 为债券的价格;i 为债券的票面利息率;M 为债券面值;R 为市场利率或投资人要求的必要收益率;n 为债券期数。

【业务 4-24】　宏胜公司拟购买另一家企业发行的利随本清、期限 6 年的企业债券,该债券面值为 500 元,票面利率为 10%,不计复利,当前市场利率为 5%。要求:计算该债券对公司有投资价值时的发行价格。

解析:

$$V_b=\frac{500+500\times 10\%\times 6}{(1+5\%)^6}=\frac{800}{1.340\ 1}=596.97(\text{元})$$

即债券价格必须低于 596.97 元时,公司才能购买。

(三) 纯贴现债券的估值模型

纯贴现债券没有票面利率,到期按面值偿还。这类债券的估值模型为:

$$V_b=\frac{M}{(1+R)^n}=M\times(P/F,\ R,\ n)$$

式中,V_b 为债券的价格;M 为债券面值;R 为市场利率或投资人要求的必要收益率;n 为债券期数。

4

【业务 4-25】　现有一种债券面值为 800 元,期限为 5 年,期内不计付利息,按面值偿还,市场利率为 8%。要求:计算企业能购买该债券时的债券价格。

解析:

$V_b=800\times(P/F,\ 8\%,\ 5)=800\times 0.680\ 6=544.48(\text{元})$

即该债券的价格只有低于 544.48 元时,该债券才值得投资。

知识延伸

市场利率对债券价值的敏感性:

(1) 市场利率的上升会导致债券价值的下降,市场利率的下降会导致债券价值的上升。

(2) 长期债券对市场利率的敏感性会大于短期债券。在市场利率较低时,长期债券的价值远高于短期债券,在市场利率较高时,长期债券的价值远低于短期债券。

(3) 市场利率低于票面利率时,债券价值对市场利率的变化较为敏感,市场利率稍有变动,债券价值就会发生剧烈波动;市场利率超过票面利率后,债券价值对市场利率的变化并不敏感,市场利率的提高不会使债券价值过分降低。

三、债券的收益

(一) 债券投资收益的含义及构成

债券投资收益是指投资者从债券购入开始到售出为止整个持有期间的收益。债券投资收益主要由名义利息收益、利息再投资收益和价差收益(资本利得收益)三部分组成。

(二) 债券投资收益率的计算

债券投资收益率是指按当前市场价格购买债券并持有至到期日或转让日所产生的预期收益率。在债券的基本估价模型中,用 P_0代替 V_b,求解 R 可得计算公式:

$$P_0=\sum_{t=1}^{n}\frac{I_t}{(1+R)^t}+\frac{M}{(1+R)^n}=I\times(P/A,R,n)+M\times(P/F,R,n)$$

式中,R 为债券投资收益率;I 为债券各期利息;P_0为债券的购买价格;M 为债券面值;n 为付息总期数。

【业务 4-26】 宏胜公司于 2019 年 1 月 1 日购入面值为 1 000 元的债券,债券的票面利率为 8%,每年年末计息一次并支付相应利息,该债券于 2023 年 12 月 31 日到期。宏胜公司持有该债券至到期日。要求:计算债券投资收益率。

解析:

$1\,000=1\,000\times8\%\times(P/A,R,5)+1\,000\times(P/F,R,5)$

本题可以利用逐次测试法求得债券投资收益率 R 为 8%。

4

请思考

按照不同价格发行的债券,其到期收益率与票面利率之间的关系。

四、债券投资的优缺点

(一) 债券投资的优点

(1) 市场流通性好。上市债券具有较好的流动性,并非只有到期日才能还本,债券持有人随时可以到次级市场变现。随着金融市场改革开放发展的深化,债券的流动性将会不断加强。

(2) 安全性较高。与股票相比,债券投资风险比较小,政府债券有国家财力作后盾,其安全性较高,通常视为无风险证券。而企业债券的持有者拥有优先求偿权,即当企业破产时,优先于股东分得企业资产,其发生损失的可能性较小。

(3) 收益稳定性强。债券票面一般都标有固定利率,债券的发行人有按时支付利息的法定义务。在我国,债券的利率通常介于存款利率与贷款利率之间,投资债券后,投资者一方面可以获得稳定的、高于银行存款的利息收入,另一方面可以利用债券价格的变动,买卖债券,赚取价差。因此,在正常情况下,投资债券都能获得比较稳定的收益。

(二) 债券投资的缺点

(1) 没有经营管理权。与股票投资不同,债券投资者一般不参加债券发行公司的经营管理。一旦债券发行公司破产,债券持有人的利益就会受到损失。因而,在选择公司债券时需要相当谨慎。

(2) 购买力风险较大。相对于股票投资而言,债券具有较大的购买力风险。债券的本金和利息的偿还都是固定的,如投资期间通货膨胀水平上升,则本金和利息的购买力将不同程度地受到侵蚀，在通货膨胀非常高时，投资者虽然名义上有收益，但实际上却有损失。

（3）收益能力较差。相对于股票投资，债券投资承担的风险相对较低。与低风险相伴随的就是较低的收益，因此，债券投资的收益能力较差。

项目知识结构图

本项目知识结构如图 4－2 所示。

总结：项目四

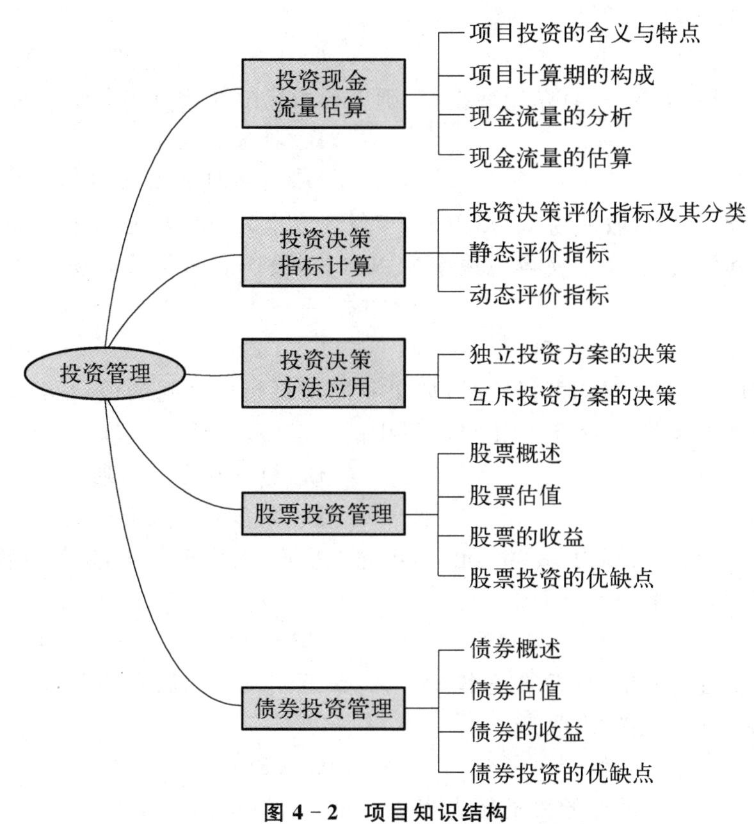

图 4－2　项目知识结构

基本训练

一、单项选择题

1. 在长期投资决策中，一般来说，属于经营期现金流出项目的是（　　）。

A. 固定资产投资　　B. 开办费

C. 经营成本　　D. 无形资产投资

2. 项目投资决策中，完整的项目计算期是指（　　）。

A. 建设期　　B. 生产经营期

C. 建设期＋达产期　　D. 建设期＋生产经营期

3. 某投资项目原始投资额为100万元，使用寿命10年，已知该项目第10年的经营现金净流量为25万元，期满处置固定资产残值收入及回收流动资金共8万元，则该投资项目第10年的现金净流量为(　　)万元。

A. 8　　B. 25　　C. 33　　D. 43

4. 下列指标的计算中，没有直接利用现金净流量的是(　　)。

A. 内含报酬率　　B. 投资利润率　　C. 净现值率　　D. 现值指数

5. 公司拟发行面值为1 000元，不计复利，5年后一次还本付息，票面利率为10%的债券。已知发行时资金市场的年利率为12%，$(P/F,\ 10\%,\ 5)=0.620\ 9$，$(P/F,\ 12\%,\ 5)=0.567\ 4$。则该公司债券的发行价格为(　　)元。

A. 851.10　　B. 907.84　　C. 931.35　　D. 993.44

6. 如果其他因素不变，一旦贴现率提高，则下列指标中其数值将会变小的是(　　)。

A. 净现值　　B. 投资利润率

C. 内含报酬率　　D. 静态投资回收期

7. 某项目投产后销售收入为1 000万元，年付现成本为600万元，年折旧费为100万元，假定不存在利息与其他费用，企业所得税税率为25%，则投产后的年营业现金净流量为(　　)万元。

A. 325　　B. 300　　C. 1 225　　D. 1 175

4

8. 在评价单一方案的财务可行性时，如果不同评价指标之间的评价结论发生了矛盾，就应当以主要评价指标的结论为准，如下列项目中的(　　)。

A. 净现值　　B. 静态投资回收期

C. 投资利润率　　D. 年平均报酬率

9. 某投资项目原始投资为12 000元，当年完工投产，有效期3年，每年可获得现金净流量4 600元，则该项目内含报酬率为(　　)。

A. 7.33%　　B. 7.68%　　C. 8.32%　　D. 6.68%

10. 某公司发行的股票，预期收益率为10%，最近刚支付的股利为每股1元，估计股利年增长率为4%，则该种股票的价值为(　　)元。

A. 17.33　　B. 10　　C. 25　　D. 16.67

11. 已知某投资项目的原始投资额为350万元，建设期为2年，投产后第1至5年每年净现金流量为60万元，第6至10年每年现金净流量为55万元。则该项目包括建设期的静态投资回收期为(　　)年。

A. 7.909　　B. 8.909　　C. 5.833　　D. 6.833

12. 下列投资项目评价指标中，不受建设期长短、投资回收时间先后及回收额有无影响的评价指标是(　　)。

A. 静态投资回收期　　B. 投资利润率

C. 净现值率　　D. 内含报酬率

二、多项选择题

1. 净现值指标属于(　　)。

A. 动态评价指标　　B. 正指标

C. 辅助指标　　D. 主要指标

2. 净现值指标的缺点有(　　)。

A. 不能从动态的角度直接反映投资项目的实际收益率水平

B. 当多个项目投资额不等时,仅用净现值无法确定投资方案的优劣

C. 现金净流量的测量和折现率的确定比较困难

D. 没有考虑投资的风险

3. 决定债券收益率的因素主要有(　　)。

A. 票面利率　B. 持有时间　C. 市场利率　D. 购买价格

4. 下列有关投资利润率指标的表述正确的有(　　)。

A. 没有利用现金净流量

B. 指标的分母原始投资中不考虑资本化利息

C. 没有考虑时间价值

D. 分子分母口径不一致

5. 影响项目内含报酬率的因素包括(　　)。

A. 投资项目的有效年限　B. 企业要求的最低投资报酬率

C. 投资项目的现金流量　D. 建设期

6. 股票投资的缺点有(　　)。

A. 求偿权居后　B. 价格不稳定　C. 收入不稳定　D. 购买力风险大

7. 净现值率指标的优点有(　　)。

A. 考虑了货币时间价值

B. 考虑了项目计算期的全部现金净流量

C. 比其他折现相对数指标更容易计算

D. 可从动态上反映项目投资的资金投入与净产出之间的关系

8. 在项目生产经营阶段上,最主要的现金流出量项目有(　　)。

A. 流动资金投资　B. 建设投资　C. 经营成本　D. 各种税款

9. 甲投资项目的现金净流量如下:$NCF_0=-210$ 万元,$NCF_1=-15$ 万元,$NCF_2=-20$ 万元,$NCF_{3\sim6}=60$ 万元,$NCF_7=72$ 万元。则下列说法正确的有(　　)。

A. 项目的建设期为 2 年　B. 项目的运营期为 7 年

C. 项目的原始总投资为 245 万元　D. 终结点的回收额为 12 万元

10. 投资项目的现金流入主要包括(　　)。

A. 营业收入　B. 回收固定资产余值

C. 固定资产折旧　D. 回收流动资金

11. 与股票投资相比,债券投资的优点有(　　)。

A. 本金安全性好　B. 投资收益率高

C. 购买力风险低　D. 收入稳定性强

12. 已知某项目需投资 20 000 元,建设期 1 年,项目投资额为借款,年利率为 5%,采用直线法计提折旧,项目寿命期为 5 年,净残值为 1 000,投产需垫支的流动资金为 10 000 元,则下列表述正确的有(　　)。

A. 原始投资为 20 000 元　B. 项目总投资为 31 000 元

C. 折旧为 4 000 元　D. 建设投资为 30 000 元

三、判断题

1. 投资项目评价所运用的内含报酬率指标的计算结果与项目预定的贴现率高低有直接关系。 （ ）

2. 现金净流量是指一定期间现金流入量和现金流出量的差额。 （ ）

3. 投资利润率和静态的投资回收期这两个静态指标的优点是计算简单，容易掌握，且均考虑了现金流量。 （ ）

4. 某一投资方案按 10%的贴现率计算的净现值大于零，那么，该方案的内含报酬率大于 10%。 （ ）

5. 在投资项目决策中，只要投资方案的投资利润率大于零，该方案就是可行方案。 （ ）

6. 比较多个互斥方案时，一般应选择净现值大的方案。 （ ）

7. 在计算现金净流量时，无形资产摊销额的处理与折旧额相同。 （ ）

8. 不论在什么情况下，都可以通过逐次测试逼近方法计算内含报酬率。 （ ）

9. 在整个项目计算期内，任何一年的现金净流量，都可以通过“利润＋折旧”的简化公式来确定。 （ ）

10. 在独立投资方案决策中，只要方案的现值指数大于 0，该方案就具有财务可行性。 （ ）

4

四、计算分析题

1. 华盛企业拟建造一项生产设备。预计建设期为 2 年，所需原始投资 450 万元（均为自有资金）于建设起点一次投入。该设备预计使用寿命为 5 年，使用期满报废清理残值为 50 万元。该设备折旧方法采用直线法。该设备投产后每年增加息税前利润 100 万元，所得税税率为 25%。

要求：(1) 计算项目计算期内各年现金净流量。

(2) 计算该设备的静态投资回收期。

(3) 计算该投资项目的投资利润率。

(4) 假定适用的行业基准折现率为 10%，计算项目净现值。

(5) 计算项目净现值率。

(6) 评价其财务可行性。

2. 华盛企业拟建造一项生产设备，预计建设期为 1 年，所需原始投资 100 万元于建设起点一次投入。该设备预计使用寿命为 4 年，使用期满报废清理时残值为 5 万元。该设备折旧方法采用双倍余额递减法。该设备投产后每年增加净利润 30 万元。假定适用的行业基准折现率为 10%。

要求：(1) 计算项目计算期内各年的现金净流量。

(2) 计算该项目的净现值、净现值率、获利指数。

(3) 利用净现值指标评价该投资项目的财务可行性。

3. 华盛企业某投资项目第一年年初投资 3 200 万元，第一年开始经营，预计第一年至第五年各年经营过程中的现金净流量依次为 600 万元、900 万元、1 100 万元、1 000 万元、800 万元。现有甲、乙两个决策者对上述项目进行决策，甲投资者的期望报酬率为 9%，乙投资者的期望报酬率为 12%。

要求：通过计算后回答以下问题。

(1) 甲、乙两个投资者对该项目可行性的评价结果是否相同?

(2) 用插值法近似计算该投资项目的内含报酬率。(计算结果精确到 0.01%)

4. 华盛企业拟投资购买 A 公司的股票。A 公司去年支付的股利是每股 1 元，根据有关信息，投资者估计 A 公司股利增长率可达 10%。A 公司股票的 β 系数为 2，证券市场股票的平均收益率为 15%，现行国债利率为 8%。

要求：(1) 计算该股票的预期收益率。

(2) 计算该股票的内在价值。

5. 假定有一张票面利率为 1 000 元的公司债券，票面利率为 10%，5 年后到期。

要求：(1) 若市场利率是 12%，计算债券的价值。

(2) 如果市场利率为 10%，计算债券的价值。

(3) 如果市场利率为 8%，计算债券的价值。

6. 华盛企业计划利用一笔长期资金投资购买股票。现有 A 公司股票和 B 公司股票可供选择，但甲企业只准备投资一家公司的股票。企业要求的投资必要报酬率为 8%。已知：(1) A公司股票现行市价为每股 9 元，上年每股股利为 0.20 元，预计以后每年以 6%的增长率增长。(2) B 公司股票现行市价为每股 7 元，上年每股股利为 0.50 元，股利分配政策将一贯坚持固定股利政策。

要求：(1) 运用股票估值模型分别计算 A、B 公司股票价值。

(2) 华盛企业应如何决策？为什么?

4

拓展训练——Excel 运用

甲公司拟投资建设一条生产线，行业基准折现率为 10%，现有四个方案可供选择，各年相关的现金净流量数据如下表 4-17 所示。

表 4-17　四个方案各年相关的现金净流量　单位：万元

年份	0	1	2	3	4	5—8	9	10	11
A	−1 050	−50	500	450	400	350	150	100	50
B	−1 100	0	275	275	275	275	275	275	275
C	−1 100	275	275	275	275	275	275	275	—
D	−550	−550	275	275	275	275	275	275	275

注：5—8 是指第 5 年到第 8 年的现金净流量一致。

要求：

(1) 计算四个方案的净现值、年金净流量、内含报酬率，并判断四个方案的可行性。(结果保留两位小数或百分号前两位小数)

(2) 若四个方案为独立方案，请确定甲公司的投资顺序。

（3）若四个方案为互斥方案，甲公司应该选择哪个方案？

本题可参考的解题思路如下。

1. 计算投资决策评价指标并判断方案可行性

（1）计算净现值。在单元格 B17 中输入公式“＝ROUND(NPV(10％，B4：B14)＋B3，2)”，即可得到 A 方案的净现值为 806.53 万元。同理，在单元格 C17 中输入公式“＝ROUND(NPV(10％，C4：C14)＋C3，2)”，在单元格 D17 中输入公式“＝ROUND(NPV(10％，D4：D13)＋D3，2)”，在单元格 E17 中输入公式“＝ROUND(NPV(10％，E4：E14)＋E3，2)”，可分别计算得到 B 方案、C 方案和 D 方案的净现值。计算结果如图 4－3 所示。

B17 =ROUND(NPV(10%,B4:B14)+B3,2)

	A	B	C	D	E
1	已知条件				
2	年份	A	B	C	D
3	0	-1050	-1100	-1100	-550
4	1	-50	0	275	-550
5	2	500	275	275	275
6	3	450	275	275	275
7	4	400	275	275	275
8	5	350	275	275	275
9	6	350	275	275	275
10	7	350	275	275	275
11	8	350	275	275	275
12	9	150	275	275	275
13	10	100	275	275	275
14	11	50	275	-	275
15	折现率	10%			
16	投资决策评价指标的计算				
17	净现值（NPV）	806.53	436.14	589.76	486.14
18	年金净流量（ANCF）				
19	内含报酬率（IRR）				
20	可行性评价				

图 4－3 净现值的计算

（2）计算年金净流量。在单元格 B18 中输入公式“＝ROUND(PMT(＄B＄15，＄A＄14，－B17)，2)”，即可得到 A 方案的年金净流量为 124.18 万元。同理，在单元格 C18 中输入公式“＝ROUND(PMT(＄B＄15，＄A＄14，－C17)，2)”，在单元格 D18 中输入公式“＝ROUND(PMT(＄B＄15，＄A＄13，－D17)，2)”，在单元格 E18 中输入公式“＝ROUND(PMT(＄B＄15，＄A＄14，－E17)，2)”，可分别计算得到 B 方案、C 方案和 D 方案的年金净流量。计算结果如图 4－4 所示。

（3）计算内含报酬率。在单元格 B19 中输入公式“＝ROUND(IRR(B3：B14)，4)”，即可得到 A 方案的内含报酬率为 24.94％。同理，在单元格 C19 中输入公式“＝ROUND(IRR(C3：C14)，4)”，在单元格 D19 中输入公式“＝ROUND(IRR(D3：D13)，4)”，在单元格 E19 中输入公式“＝ROUND(IRR(E3：E14)，4)”，可分别计算得到 B 方案、C 方案和 D 方案的内含报酬率。计算结果如图 4－5 所示。

B18 =ROUND(PMT($B$15,$A$14,-B17),2)

	A	B	C	D	E
1	已知条件				
2	年份	A	B	C	D
3	0	-1050	-1100	-1100	-550
4	1	-50	0	275	-550
5	2	500	275	275	275
6	3	450	275	275	275
7	4	400	275	275	275
8	5	350	275	275	275
9	6	350	275	275	275
10	7	350	275	275	275
11	8	350	275	275	275
12	9	150	275	275	275
13	10	100	275	275	275
14	11	50	275	-	275
15	折现率	10%			
16	投资决策评价指标的计算				
17	净现值（NPV）	806.53	436.14	589.76	486.14
18	年金净流量（ANCF）	124.18	67.15	95.98	74.85
19	内含报酬率（IRR）				
20	可行性评价				

图 4－4　年金净流量的计算

B19 =ROUND(IRR(B3:B14),4)

	A	B	C	D	E
1	已知条件				
2	年份	A	B	C	D
3	0	-1050	-1100	-1100	-550
4	1	-50	0	275	-550
5	2	500	275	275	275
6	3	450	275	275	275
7	4	400	275	275	275
8	5	350	275	275	275
9	6	350	275	275	275
10	7	350	275	275	275
11	8	350	275	275	275
12	9	150	275	275	275
13	10	100	275	275	275
14	11	50	275	-	275
15	折现率	10%			
16	投资决策评价指标的计算				
17	净现值（NPV）	806.53	436.14	589.76	486.14
18	年金净流量（ANCF）	124.18	67.15	95.98	74.85
19	内含报酬率（IRR）	24.94%	16.90%	21.41%	18.76%
20	可行性评价				

图 4－5　内含报酬率的计算

（4）判断各项目是否可行。在单元格 B20 中输入公式“＝IF(B17＞＝0,"可行","不可行")”，即可得到“A 方案可行”的结论。将单元格 B20 向右复制到单元格“C20:E20”区域，即可判断 B 方案、C 方案和 D 方案的可行性。判断结果如图 4－6 所示。

B20 =IF(B17>=0,"可行","不可行")

	A	B	C	D	E
1	已知条件				
2	年份	A	B	C	D
3	0	-1050	-1100	-1100	-550
4	1	-50	0	275	-550
5	2	500	275	275	275
6	3	450	275	275	275
7	4	400	275	275	275
8	5	350	275	275	275
9	6	275	275	275	275
10	7	275	275	275	275
11	8	275	275	275	275
12	9	150	275	275	275
13	10	100	275	275	275
14	11	50	275	-	275
15	折现率	10%			
16	投资决策评价指标的计算				
17	净现值（NPV）	690.72	436.14	589.76	486.14
18	年金净流量（ANCF）	106.35	67.15	95.98	74.85
19	内含报酬率（IRR）	23.52%	16.90%	21.41%	18.76%
20	可行性评价	可行	可行	可行	可行

图 4-6 判断方案可行性

2. 独立方案排序

选中“A2:B6”区域，工具栏选择“数据”—“排序”—“排序依据”，“排序依据”选择“内含报酬率(IRR)”—“单元格值”—“降序”—“确定”，如图 4-7 所示。可得出的独立方案的投资顺序是先投资 A 方案，再投资 C 方案，然后投资 D 方案，最后投资 B 方案。计算结果如图 4-8 所示。

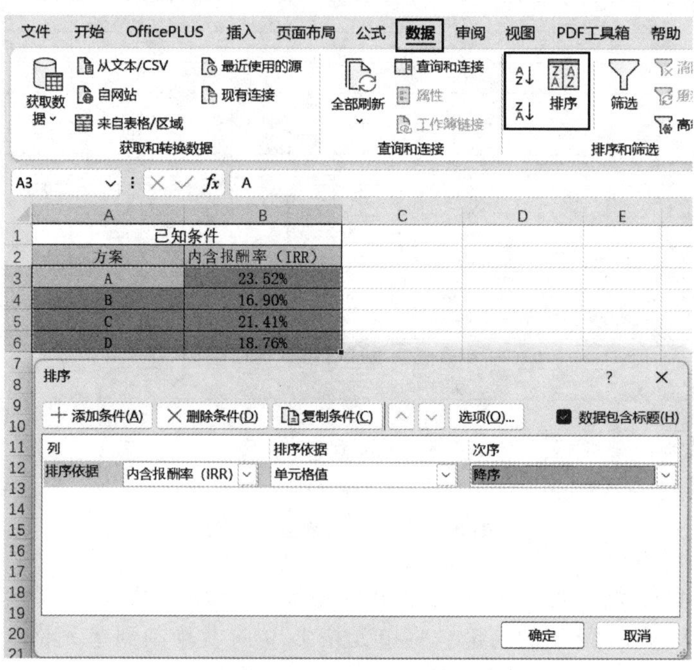

图 4-7 进行独立方案排序

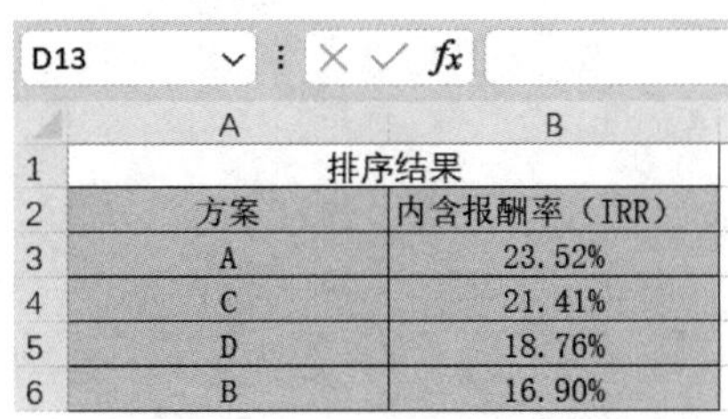

排序结果	
方案	内含报酬率（IRR）
A	23.52%
C	21.41%
D	18.76%
B	16.90%

图 4-8 独立方案排序

3. 互斥方案决策

通过以上计算得知，A 方案现金净流量最大，选择 A 方案。

项目五　营运资本管理

◇ **知识目标**

1. 了解营运资本的相关概念和特点。
2. 理解营运资本管理的原则。
3. 理解现金、应收账款及存货的相关成本分析。
4. 掌握现金、应收账款和存货的日常管理方法。

◇ **技能目标**

1. 能利用成本模型、存货模型和随机模型计算最佳现金持有量。
2. 能通过计算选择合适的应收账款信用政策。
3. 能计算最佳经济订货批量及保险储备。

任务一　营运资本管理认知

案例导入

随着电子商务的快速发展，M电商企业面临着巨大的市场竞争和资金压力。当前，该企业在营运资本管理中遇到的问题与挑战主要有：

(1) 现金流管理方面，随着业务规模的扩大，现金流的波动性和不确定性增加，如何确保现金流的稳定性和充足性成为企业面临的一大挑战。

(2) 存货管理方面，由于电商行业的特殊性，存货周转速度直接影响企业的资金占用和盈利能力。然而，该企业之前存在存货积压、存货周转率低的问题。

(3) 应收账款管理方面，随着销售额的增加，应收账款的规模和账龄也在增加，如何加快应收账款的回收速度，降低坏账风险成为企业亟须解决的问题。

思考与分析： 为了在竞争中保持领先地位，该电商企业该如何从现金管理、应收账款管理以及存货管理等方面优化其营运资本管理。

一、营运资本的概念和特点

(一) 营运资本的概念

营运资本是指在企业生产经营活动中占用在流动资产上的资金。营运资本有广义和狭义之分。广义的营运资本是指一个企业流动资产的总额。狭义的营运资本是指流动资产减去流动负债后的余额。本项目指的是狭义的营运资本概念，因此，营运资本的管理既包括流动资产的管理，又包括流动负债的管理。

1. 流动资产

流动资产是指可以在1年以内或超过1年的一个营业周期内变现或运用的资产。流动资产具有占用时间短、周转快、易变现等特点。企业拥有较多的流动资产，可在一定程度上降低财务风险。流动资产按不同的标准可进行不同的分类，常见分类方式如下：

(1) 按占用形态不同，分为现金、交易性金融资产、应收及预付款项、存货等。

(2) 按在生产经营过程中所处的环节不同，分为生产领域中的流动资产、流通领域中的流动资产以及其他领域的流动资产。

(3) 按随着销售季节的波动性不同，分为永久性流动资产和波动性流动资产。永久性流动资产具有一定刚性和相对稳定性，其需求量不会随着季节性的波动而变化；波动性流动资产或称临时性流动资产，是指那些由于季节性或临时性的原因而形成的流动资产，其占用量随当时的需求而波动。

2. 流动负债

流动负债是指需要在1年或者超过1年的一个营业周期内偿还的债务。流动负债又称短期负债，具有成本低、偿还期短的特点，必须加强管理。流动负债按不同标准可作不同分类，最常见的分类方式如下：

(1) 以应付金额是否确定为标准，可以分为应付金额确定的流动负债和应付金额不确定的流动负债。应付金额确定的流动负债是指那些根据合同或法律规定到期必须偿付、并有确定金额的流动负债,如短期借款、应付票据等;应付金额不确定的流动负债是指那些要根据企业生产经营状况,到一定时期或具备一定条件才能确定的流动负债,或应付金额需要估计的流动负债,如应交税费等。

(2) 以流动负债的形成情况为标准,可以分为自然性流动负债和人为性流动负债。自然性流动负债是指不需要正式安排,由于结算程序或有关法律法规的规定等原因而自然形成的流动负债;人为性流动负债是指根据企业对短期资金的需求情况,通过人为安排所形成的流动负债,如短期银行借款等。

(3) 以是否支付利息为标准,可以分为有息流动负债和无息流动负债。

(4) 按照随着销售季节的波动性不同,流动负债分为临时性流动负债和自发性流动负债。临时性流动负债又称为筹资性流动负债,是指为了满足临时性流动资金需要所发生的负债,如商业零售企业春节前为满足节日销售需要,超量购入货物而举借的短期银行借款。临时性流动负债一般只能供企业短期使用。自发性流动负债又称为经营性流动负债,是指直接产生于企业持续经营中的负债,如商业信用筹资和日常运营中产生的其他应付款,以及应付职工薪酬、应付利息、应交税费等。自发性流动负债可供企业长期使用。

(二) 营运资本的特点

为了有效地管理企业的营运资本,必须研究营运资本的特点,以便有针对性地进行管理。营运资本一般具有如下特点:

(1) 其来源具有灵活多样性。与筹集长期资金的方式相比,企业筹集营运资本的方式较为灵活多样,通常有银行短期借款、短期融资券、商业信用、应交税费、应付职工薪酬等多种内外部融资方式。

5

(2) 其数量具有波动性。流动资产的数量会随企业内外条件的变化而变化,时高时低,波动很大。随着流动资产数量的变动,流动负债的数量也会相应发生变动。

(3) 其周转具有短期性。企业占用在流动资产上的资金,通常会在 1 年或 1 个营业周期内收回。根据这一特点,营运资本可以用商业信用、银行短期借款等短期筹资方式来加以解决。

(4) 其实物形态具有变动性和易变现性。交易性流动资产、应收账款、存货等流动资产一般具有较强的变现能力,如果遇到意外情况,企业出现资金周转不灵、现金短缺时,便可迅速变卖这些资产,以获取现金,这对财务上应付临时性资金需求具有重要意义。

二、营运资本管理的原则

企业的营运资本在全部资本中一般占有相当大的比重,而且周转期短,形态易变,是企业财务管理工作的一项重要内容。企业进行营运资本管理,应遵循以下原则。

(一) 满足合理的资金需求

企业应认真分析生产经营状况,合理确定营运资本的需求数量。企业营运资本的需求数量与企业生产经营活动有直接关系。一般情况下,当企业产销两旺时,流动资产会不断增加,流动负债也会相应增加;而当企业产销量不断减少时,流动资产和流动负债也会相应减少。因此,企业财务人员应认真分析生产经营状况,采用一定方法预测营运资本的需要数量,营运资本的管理必须把满足正常合理的资金需求作为首要任务。

（二）提高资金使用效率

营运资本的周转是指企业的营运资本从现金投入生产经营开始，到最终转化为现金的过程。加速资金周转是提高资金使用效率的主要手段之一。提高营运资本使用效率的关键就是采取得力措施，缩短营业周期，加速变现过程，加快营运资本周转。因此，企业要千方百计地加速存货、应收账款等流动资产的周转，以便用有限的资金，服务于更大的产业规模，为企业取得更好的经济效益提供条件。

（三）节约资金使用成本

在营运资本管理中，必须正确处理保证生产经营需要和节约资金使用成本二者之间的关系。要在保证生产经营需要的前提下，遵守勤俭节约的原则，尽力降低资金使用成本。一方面，要挖掘资金潜力，盘活全部资金，精打细算地使用资金；另一方面，积极拓展融资渠道，合理配置资源，筹措低成本资金，服务于生产经营。

（四）保持足够的短期偿债能力

偿债能力的高低是企业财务风险高低的标志之一。合理安排流动资产与流动负债的比例关系，保持流动资产结构与流动负债结构的适配性，保证企业有足够的短期偿债能力是营运资本管理的重要原则之一。流动资产、流动负债以及二者之间的关系能较好地反映企业的短期偿债能力。流动负债是在短期内需要偿还的债务，而流动资产则是在短期内可以转化为现金的资产。因此，如果一个企业的流动资产比较多，流动负债比较少，说明企业的短期偿债能力较强；反之，则说明短期偿债能力较弱。但如果企业的流动资产太多，流动负债太少，也不是正常现象，这可能是因流动资产闲置或流动负债利用不足所致。

5

知识延伸

流动资产分为永久性流动资产和波动性流动资产。永久性流动资产具有一定刚性和相对稳定性，对其需求量不会随着季节性的波动而变化；永久性流动资产主要依靠长期融资方式来融通，如长期负债和股权资本。波动性流动资产会随着经营季节的变化而变化；波动性流动资产主要靠短期融资来融通，如短期借款等。

根据不同流动资产的融资策略不同，企业可以制定出不同的流动资产融资策略：

（1）期限匹配的融资策略即永久性流动资产主要依靠长期融资方式来融通，如长期负债和股权资本；波动性流动资产主要靠短期融资来融通，如短期借款等。主要特点为风险中等、收益中等、融资成本中等。

（2）保守型融资策略即除永久性流动资产外，部分波动性流动资产也依靠长期融资方式融通资金。主要特点为风险较低、收益较低、融资成本较高。

（3）激进型融资策略即除波动性流动资产外，部分永久性流动资产也采用短期融资方式融通资金。主要特点为风险较高、收益较高、融资成本较低。

当企业处于经营淡季时，一般只需要永久性流动资产；当企业处于经营旺季时，既需要有永久性流动资产，又需要波动性流动资产。

任务二 现金管理

案例导入

HK公司2022年投资3 600余万元，引进年产50余万辆自行车的生产线，投产后每年新增销售收入1.4亿元，年净利润3 000余万元。最近几年公司的货币资金持有量不断增加，公司财务经理很想减少闲置的资金，提高资金的收益率，考虑确定最佳现金持有量。

思考与分析： 如何确定公司现金最佳持有量？

一、现金的概念

现金有广义、狭义之分。广义的现金是指在生产经营过程中以货币形态存在的资金，包括库存现金、银行存款和其他货币资金等。狭义的现金仅指库存现金。本项目指的是广义的现金。

二、持有现金的动机

持有现金是出于三种需求：交易性需求、预防性需求和投机性需求。

（一）交易性需求

交易性需求是指企业为了维持日常周转及正常商业活动所需持有的现金额。企业每日都在发生许多支出和收入，这些支出和收入在数额上不相等并在时间上不匹配，使得企业需要持有一定现金来调节，以保证生产经营活动能持续进行。

（二）预防性需求

预防性需求是指企业需要维持充足现金，以应对突发事件。这种突发事件可能是政治环境变化，也可能是企业的某大客户违约导致企业突发性偿付等。尽管财务主管试图利用各种手段来较准确地估算企业需要的现金数，但这些突发事件会使原本很好的财务计划失去效果。因此，企业为了应对突发事件，有必要维持比日常正常运转所需金额更多的现金。

（三）投机性需求

投机性需求是指企业为了抓住突然出现的获利机会而持有的现金，这种机会常常是稍纵即逝的，如证券价格的突然下跌，企业若没有用于投机的现金，就会错过这一机会。

 **请思考**

持有现金的成本主要包括哪些？

三、最佳现金持有量的确定

基于现金的以上三种需求，企业必须持有一定数量的现金。现金虽然流动性好，却是收益性最差的一项资产，持有过多虽然可降低风险，但却影响企业投资收益的提高，持有少量又不能满足各种动机的需要。因此，最佳现金持有量的确定是管理现金的关键。

（一）成本模型

成本模型强调企业持有现金是有成本的，最佳现金持有量是使得现金持有成本最小化的持有量。该模型下的现金持有成本包括以下项目。

1. 机会成本

现金的机会成本是指企业因持有一定现金而丧失的再投资收益。再投资收益是企业不能同时用该现金进行有价证券投资所产生的机会成本，这种成本在数额上等于资本成本。机会成本与现金持有量呈正方向变动关系，即现金持有量越大，机会成本越大，反之就越小。

2. 管理成本

现金的管理成本是指企业因持有一定数量的现金而发生的管理费用。例如管理者工资、安全措施费用等。一般认为这是一种固定成本，这种固定成本在一定范围内和现金持有量之间没有明显的比例关系。

3. 短缺成本

现金的短缺成本是指在现金持有量不足，又无法及时通过有价证券变现加以补充所给企业造成的损失。现金的短缺成本与现金持有量呈反方向变动，即现金的短缺成本随现金持有量的增加而下降，随现金持有量的减少而上升。

三种成本的关系如图 5－1 所示。其中，管理成本属于固定成本，机会成本是正相关成本，短缺成本是负相关成本。因此，成本模型是要找到机会成本、管理成本和短缺成本所组成的总成本曲线中最低点所对应的现金持有量，即最佳现金持有量。其计算公式为：

$$最佳现金持有量 = \min(管理成本 + 机会成本 + 短缺成本)$$

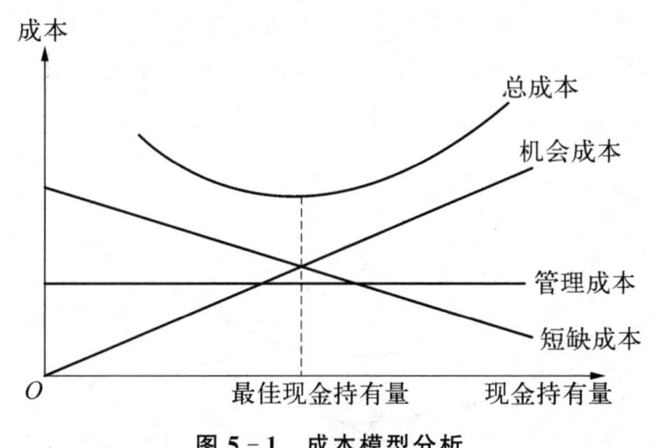

图 5－1 成本模型分析

【业务 5－1】 某企业有四种现金持有方案，它们各自的持有量、机会成本、管理成本和短缺成本如表 5－1 所示。要求：计算确定该企业的最佳现金持有量。

表 5－1 **现金持有方案** 单位：元

方　案	甲方案	乙方案	丙方案	丁方案
现金持有量	20 000	25 000	25 000	50 000
机会成本	2 000	2 500	2 500	5 000
管理成本	5 000	5 000	5 000	5 000
短缺成本	4 000	3 750	3 750	0

解析：这四种方案的总成本计算结果如下表 5－2 所示。

表 5－2　现金持有的总成本　单位：元

方　案	甲方案	乙方案	丙方案	丁方案
现金持有量	20 000	25 000	30 000	50 000
机会成本	2 000	2 500	3 000	5 000
管理成本	5 000	5 000	5 000	5 000
短缺成本	4 000	3 750	2 500	0
总成本	11 000	11 250	10 500	10 000

由此可见，丁方案的总成本最低，所以 50 000 元是该企业的最佳现金持有量。

（二）存货模型

存货模型是根据存货经济订货量模型原理来确定企业的最佳现金持有量。在该模型下，可以通过出售有价证券获取现金的方式满足企业的需要，还能降低现金的机会成本。但大量的有价证券与现金的转换又会加大转换成本。因此，可以通过存货模型来确定最佳的现金持有量。现金的机会成本与交易成本所组成的相关总成本曲线如图 5－2 所示。

5

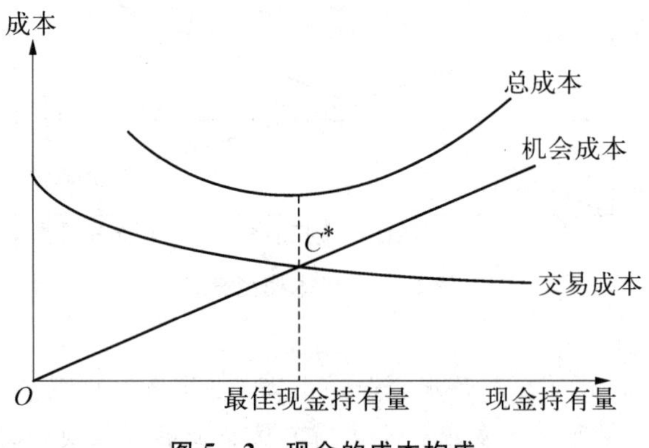

图 5－2　现金的成本构成

这种模式下的最佳现金持有量，是持有现金的机会成本与转换成本相等时的现金持有量，即当 $\frac{C^*}{2} \times K = \frac{T}{C^*} \times F$ 时：

现金总成本（TC）＝机会成本＋交易成本 $= \frac{C^*}{2} \times K + \frac{T}{C^*} \times F$

$$最佳现金持有量（C^*）= \sqrt{\frac{2TF}{K}}$$

式中，C^* 为最佳现金持有量；T 为现金需求总量；K 为持有现金机会成本率；F 为单位交易成本。

【业务5-2】 某公司每月现金需求总量为800 000元，每次现金转换的成本为200元，持有现金的机会成本率均为5%。要求：计算该企业的最佳现金持有量。

解析：该企业的最佳现金持有量的计算过程如下。

$$C^{*}=\sqrt{\frac{2\times 800\ 000\times 200}{5\%}}=80\ 000(\text{元})$$

（三）随机模型

在实际工作中，企业现金流量往往具有很大的不确定性。假定每日现金净流量的分布接近正态分布，每日现金流量可能低于也可能高于期望值，其变化是随机的。由于现金流量波动是随机的，只能对现金持有量确定一个控制区域，定出上限和下限。当企业现金余额在上限和下限之间波动时，表明企业现金持有量处于合理水平，无须进行调整。当现金余额达到上限时，则将部分现金转换为有价证券；当现金余额下降到下限时，则卖出部分证券。该模型如图5-3所示，计算公式如下：

$$R=\sqrt[3]{\frac{3b\times \delta^{2}}{4i}}+L$$

$$H=3R-2L$$

式中，R 为回归线（最佳现金持有量）；H 为最高控制线；L 为最低控制线；b 为单位转换成本（证券转换为现金或现金转换为证券的成本）；δ 为每日现金流量的标准差；i 为每日的机会成本。

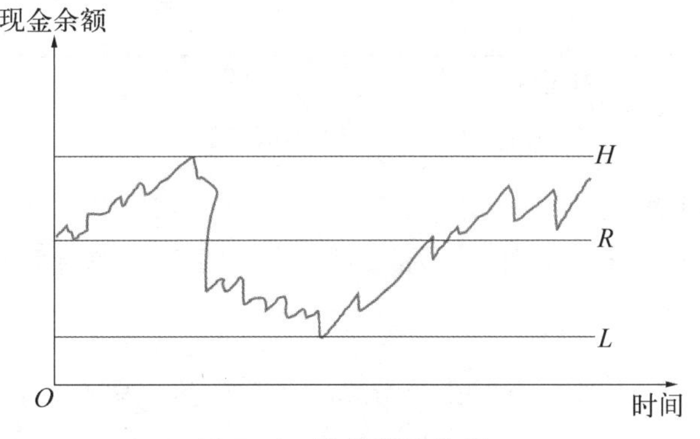

图5-3 随机模型分析

【业务5-3】 宏胜公司现金部经理决定 L 值应为10 000元，估计公司现金流量标准差 δ 为1 000元，持有现金的年机会成本为15%，换算为 i 值是0.000 39，b 值是150元。要求计算该公司的最佳现金持有量。

解析：根据该模型，可列出如下计算过程。

$$R=\sqrt[3]{\frac{3\times 150\times 1\ 000^{2}}{4\times 0.000\ 39}}+10\ 000=16\ 607(\text{元})$$

$H=3\times 16\,607-2\times 10\,000=29\,821$(元)

该公司最佳现金持有量为 16 607 元。如现金持有额达到 29 821 元,则买进 13 214 元(29 821－16 607)的证券;若现金持有额降至 10 000 元,则卖出 6 607 元(16 607－10 000)的证券。

四、现金的日常管理

企业在确定了最佳现金持有量后,加强现金的日常管理就可以围绕着控制最佳现金持有量来进行。加强现金日常管理的目的,是防止现金闲置与流失,保障其安全和完整,并有效地发挥其效能,加速资金的运转,增强企业资产的流动性和债务的可清偿性,提高资金的收益率。

(一) 现金周转期

为了确定企业的现金周转期,需要了解营运资本的循环过程:首先,企业要购买原材料,但是并不是购买原材料的当天就马上付款,这一延迟的时间段就是应付账款周转期。企业对原材料进行加工最终转变为产成品并将之卖出,这一时间段被称为应收账款周转期。而现金周转期,是指介于公司支付现金与收到现金之间的时间段,也就是存货周转期与应收账款周转期之和减去应付账款周转期。具体循环过程如图 5－4 所示。

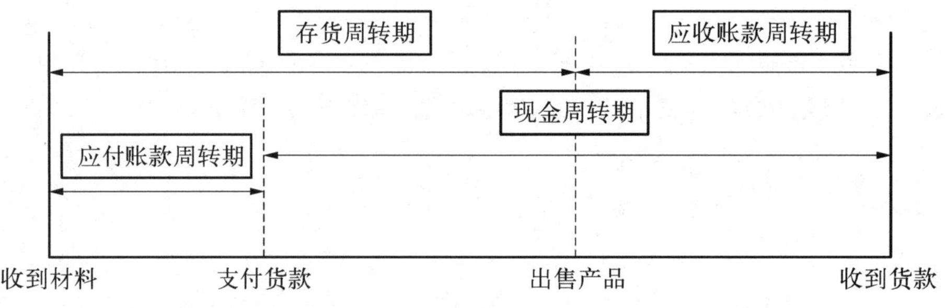

图 5－4 现金周转期

现金周转期的公式如下。

现金周转期＝存货周转期＋应收账款周转期－应付账款周转期

其中:

存货周转期＝存货平均余额÷每天的销货成本

应收账款周转期＝应收账款平均余额÷每天的销货收入

应付账款周转期＝应付账款平均余额÷每天的购货成本

因此,要减少现金周转期,可以从以下方面着手:① 加快制造与销售产成品来减少存货周转期;② 加速应收账款的回收来减少应收账款周转期;③ 减缓支付应付账款来延长应付账款周转期。

(二) 现金收入的管理

现金收入管理的主要任务是加速现金的回收。一个高效率的收款系统能够使收款成本和收款浮动期达到最小,同时能够保证与客户汇款及其他现金流入来源相关的信息的质量。收款成本包括浮动期成本，管理收款系统的相关费用（如银行手续费）及第三方处理费用或清算相关费用。收款浮动期是指从支付开始到企业收到资金的时间间隔。收款浮动期主要是由支票等支付方式导致的，主要有邮寄浮动期、处理浮动期和结算浮动期三种类型。

（三）现金支出的管理

现金支出管理的主要任务是尽可能延缓现金的支出时间。当然，这种延缓必须是合理合法的，且不影响企业的信用。企业延期支付账款的方法主要有：使用现金浮游量、推迟应付款项的支付、汇票代替支票、改进员工工资支付模式、透支、争取现金流出与现金流入同步、使用零余额账户等。企业若能有效控制现金支出，同样可带来大量的现金结余。

任务三　应收账款管理

案例导入

某零售企业近年来快速发展，销售额持续增长，但由于其应收账款管理存在缺陷，导致现金流紧张，影响了企业的正常运营和扩张计划。企业应收账款管理的缺陷主要有三个方面。首先，账期过长：企业给予客户的账期普遍偏长，部分客户账期甚至超过90天，导致应收账款周转率低，资金占用成本高。其次，坏账风险高：由于缺乏对客户信用状况的有效评估，部分客户存在违约风险，坏账率较高，给企业带来较大损失。最后，催收效率低：企业催收流程繁琐，催收手段单一，导致应收账款回收速度慢，现金流回流不畅。

思考与分析：该企业应如何根据自身情况制定合适的应收账款管理策略，不断完善和优化管理流程，以实现最佳管理效果。

一、应收账款的概念和作用

应收账款是指因为企业对外赊销产品、材料、供应劳务等应向对方收取而未收取的款项。在激烈的市场竞争中，通过提供赊销可有效地促进销售。因为企业提供赊销不仅向顾客提供了商品，也在一定时间内向顾客提供了购买该商品的资金，顾客将从赊销中得到好处。所以赊销会带来企业销售收入和利润的增加。企业持有一定产成品存货的同时，会相应地占用资金，形成仓储费用、管理费用等，产生成本；而赊销则可避免这些成本的产生。所以当企业的产成品存货较多时，一般会采用优惠的信用条件进行赊销，将存货转化为应收账款，节约支出。

二、应收账款的成本

应收账款作为企业为增加销售和盈利进行的投资，必然会发生一定的成本。应收账款的成本主要包括机会成本、管理成本、坏账成本。

（一）机会成本

应收账款会占用企业一定量的资金，而企业若不把这部分资金投放于应收账款，便可用于其他投资并可能获得收益，例如投资债券获得利息收入。这种因投放于应收账款而放弃其他投资所带来的收益，即为应收账款的机会成本。

（二）管理成本

应收账款的管理成本主要是指在进行应收账款管理时所增加的费用。其主要包括：调查顾客信用状况的费用、收集各种信息的费用、账簿的记录费用、收账费用、数据处理成本、相关管理人员成本和从第三方购买信用信息的成本等。

（三）坏账成本

在赊销交易中，债务人由于种种原因无力偿还债务，债权人就有可能无法收回应收账款而发生损失，这种损失就是坏账成本。可以说，企业发生坏账成本是不可避免的，而此项成本一般与应收账款发生的数量成正比。

三、应收账款管理的目标

企业发生应收账款的主要原因是为了扩大销售，增强竞争力，那么其管理的目的就是求得利润。应收账款作为企业的一项投资，在扩大销售、产生盈利的同时，肯定会发生一定的成本。应收账款的管理目标就是需要在应收账款信用政策所增加的盈利和带来的成本间作出权衡，选择最佳的信用政策。

四、应收账款的信用政策

（一）信用政策

应收账款的信用政策主要包括信用标准、信用条件和收账政策三个方面。

1. 信用标准

5 信用标准是指客户能够获得企业提供信用所必须具备的最低条件。如果企业执行的信用标准过于严格，可能会降低对符合可接受信用风险标准客户的赊销额，因此会限制企业的销售机会；如果企业执行的信用标准过于宽松，可能会对不符合可接受信用风险标准的客户提供赊销，因此会增加随后还款的风险并增加坏账费用。

判定企业的信用标准主要有两种方法：定性分析和定量分析。常用的定性分析法是5C信用评价系统，即评估申请人信用品质的五个方面：品质（character）、能力（capacity）、资本（capital）、抵押（collateral）和条件（condition）。定量分析主要是运用相关的财务指标对申请人的财务报表进行评价，主要包括对营运能力、偿债能力、盈利能力等方面财务指标的分析。

2. 信用条件

信用条件是销货企业要求赊购客户支付货款的条件，由信用期间和折扣条件两个要素组成。信用期间是企业允许顾客从购货到付款之间的时间，或者说是企业给予顾客的付款期间，一般简称为信用期。例如，若某企业允许顾客在购货后的50天内付款，则信用期为50天。延长信用期，会使销售额增加，产生有利影响；与此同时，应收账款、收账费用和坏账损失也会增加，产生不利影响。折扣条件包括现金折扣和折扣期两个方面。现金折扣是企业对顾客在商品价格上的扣减，主要目的在于吸引顾客为享受优惠而提前付款，缩短企业的平均收款期。另外，现金折扣也能招揽一些视折扣为减价出售的顾客前来购货，借此扩大销售量。现金折扣常用“5/10、3/20、n/30”表示。其中，“5/10”表示10天内付款，可享受5%的价格优惠；“3/20”表示20天内付款，可享受3%的价格优惠；“n/30”表示付款的最后期限为30天，此时付款无优惠。现金折扣带给企业的好处前面已经提过，但也会使企业承受价格上的损失，所以当企业给予顾客某种现金折扣时，应当考虑现金折扣带来的报酬与成本，权衡利弊。

3. 收账政策

收账政策是指信用条件被违反时，企业采取的收账策略。企业如果采取较积极的收账政策，可能会减少应收账款投资，减少坏账损失，但要增加收账成本。如果采用较消极的收账政策，则可能会增加应收账款投资，增加坏账损失，但会减少收账费用。企业需要作出适合的权衡。一般来说，可以参照评价信用标准、信用条件的方法来评价收账政策。

（二）信用政策的选择

应收账款信用政策的选择主要通过计算不同方案之间的边际贡献和相关成本，比较不同方案单位净收益来进行。具体计算过程如下。

（1）计算边际贡献。

边际贡献＝年销售额－变动成本＝年销售额×（1－变动成本率）

（2）计算应计利息。

应收账款信用政策的选择

应收账款占用资金的应计利息（应收账款的机会成本）
＝应收账款占用资金×资本成本
＝应收账款平均余额×变动成本率×资本成本
＝日销售额×平均收现期×变动成本率×资本成本
＝全年销售额÷360×变动成本率×平均收现期×资本成本
＝全年销售变动成本÷360×平均收现期×资本成本

其中，　平均收现期 $=\sum$（信用期 ÷ 折扣期 × 享受现金折扣的顾客比例）

（3）计算坏账损失。

（4）计算收账费用。

（5）计算现金折扣成本。

现金折扣成本 $=\sum$（年销售额 × 现金折扣 × 享受现金折扣的顾客比例）

（6）计算存货占用资金的应计利息。

存货占用资金的应计利息＝存货平均余额×资本成本

其中，　存货平均余额＝存货增加量×单位变动成本
＝存货平均数量×进价（单位变动成本）
＝存货周转期×年销货成本÷360
$=\dfrac{\text{存货数量}}{2}\times$进价

（7）计算应付账款占用资金的应计利息。

应付账款占用资金的应计利息＝应付账款平均余额×资本成本

其中，　应付账款平均余额＝应付账款周转期×年购货成本÷360

（8）计算税前损益。

税前损益＝边际贡献－应收账款占用资金应计利息－坏账损失－收账费用－现金折扣成本－存货占用资金的应计利息＋应付账款占用资金的应计利息

信用政策的选择原则是选择税前损益较大的信用政策。

5

试比较

应收账款、存货和应付账款占用资金应计利息的计算有何不同？

【业务5-4】 某公司不同信用政策条件下的有关数据如表5-3所示。

表5-3 信用政策资料

方案	信用政策	年销售额/（万元/年）	收账费用/（万元/年）	所有账户的坏账损失率/%	享受现金折扣的顾客比例/%
甲	*n*/45	2 400	40	2	
乙	2/10，*n*/90	2 700	10	3	10

已知该公司的变动成本率为80%，存货周转天数始终保持60天不变（按销售成本确定的），若投资要求的最低报酬率为15%。坏账损失率是指预计年度坏账损失和销售额的百分比。假设不考虑所得税的影响。要求：根据上述材料选择应收账款的信用政策。

解析：

不同信用政策条件下的税前损益的计算过程如表5-4所示。

表5-4 信用政策计算表 金额单位：万元

方案	边际贡献	应收账款占用资金应计利息	收账费用	坏账损失	现金折扣成本	存货占用资金应计利息	税前损益
甲	2 400×(1−80%)=480	2 400÷360×45×80%×15%=36	40	2 400×2%=48		2 400×80%÷360×60×15%=48	308
乙	2 700×(1−80%)=540	2 700÷360×82×80%×15%=73.8	10	2 700×3%=81	2 700×2%×10%=5.4	2 700×80%÷360×60×15%=54	315.8

根据计算结果，甲方案的税前损益小于乙方案，所以应选择乙方案。

五、应收账款的日常管理

实施信用政策时，企业应当监督和控制每一笔应收账款和应收账款总额。例如，可以运用应收账款周转天数衡量企业需要多长时间收回应收账款，可以通过账龄分析表追踪每一笔应收账款，可以采用ABC分析法来确定重点监控的对象等。

（一）应收账款周转天数

应收账款周转天数是一个简单的指标，将企业当前的应收账款周转天数与规定的信用期限、历史趋势以及行业正常水平进行比较，可以反映企业整体的收款效率。

$$应收账款周转天数=\frac{应收账款平均余额}{平均日销售额}$$

$$平均逾期天数=应收账款周转天数-平均信用期天数$$

（二）应收账款账龄分析

账龄分析表将应收账款划分为未到信用期的应收账款和以30天为间隔的逾期应收账款，这是衡量应收账款管理状况的另外一种方法。企业既可以按照应收账款总额进行账龄分析，也可以按照顾客进行账龄分析。账龄分析法可以确定逾期应收账款，随着逾期时间的增加，应收账款收回的可能性越小。

（三）ABC分析法

ABC分析法是现代经济管理中广泛应用的一种“抓重点、照顾一般”的管理方法，又称重点管理法。它将企业的所有欠款客户按其金额的多少进行分类排序，然后分别采用不同收账策略。这种方法一方面有利于加快应收账款收回，另一方面能将收账费用与预期收益联系起来。

知识延伸

Python在应收账款管理中的应用主要体现在数据分析和自动化处理上，具体如用于分析客户的付款行为，预测付款时间，识别潜在的坏账风险。运行基于Python编写的脚本，可以实现自动从数据库或财务系统中提取应收账款数据，进行数据处理，对账款的年龄分布、历史付款记录进行分析的功能，从而帮助企业更好地管理现金流和信用风险。另外，Python还可以用于自动化生成账单、发送催款通知和生成报表，从而大大提高了应收账款管理的效率和准确性。

政策导航

《关于促进民营经济发展壮大的意见》中提出要完善拖欠账款常态化预防和清理机制。严格执行《保障中小企业款项支付条例》，健全防范化解拖欠中小企业账款长效机制，依法依规加大对责任人的问责处罚力度。机关、事业单位和大型企业不得以内部人员变更，履行内部付款流程，或在合同未作约定情况下以等待竣工验收批复、决算审计等为由，拒绝或延迟支付中小企业和个体工商户款项。建立拖欠账款定期披露、劝告指导、主动执法制度。强化商业汇票信息披露，完善票据市场信用约束机制。完善拖欠账款投诉处理和信用监督机制，加强对恶意拖欠账款案例的曝光。完善拖欠账款清理与审计、督查、巡视等制度的常态化对接机制。

任务四 存货管理

案例导入

MB服饰曾是一家处于行业领先地位的休闲服饰企业，但在2021年6月中期报告中却显示期末存货11.6亿，净资产11.47亿，公司的净资产全部转化成了存货。高额的仓储、人工成本与存货减值风险，让MB服饰花大量的财力物力在存货上，可以说该公司最值钱的就是放在仓库里还没卖出去的存货。

思考与分析：企业如何有效地对存货进行管理？

存货是指企业在生产经营过程中为销售或耗用而储备的物资，包括材料、燃料、低值易耗品、在产品、半成品、产成品、协作件、商品等。存货管理水平的高低直接关乎着企业的生产经营能否顺利进行，并最终影响企业的回报、风险等状况。因此，存货管理是财务管理的一项重要内容。

一、存货管理的目标

企业持有存货一方面是为了保证生产或销售的经营需要，另一方面出自价格的考虑。采购物资的价格往往较高，而整批购买在价格上有优惠。但过多的存货要占用更多的资金，并且会增加包括仓储费、保险费、维护费、管理人员工资在内的各项开支。因此，存货管理的目标，就是在保证生产或销售经营需要的前提下，最大限度地降低存货成本。

二、存货的持有成本

5

（一）取得成本

取得成本是指为取得某种存货而支出的成本，通常用TC_a来表示。其分为订货成本和购置成本。订货成本是指取得订单的成本，其中有一部分与订货次数无关，如常设采购机构的基本开支等，如办公费、电话费等，称为固定的订货成本，用F_1表示；另一部分与订货次数有关，如差旅费、邮资等，称为订货的变动成本，每次订货的变动成本用K表示。购置成本指为购买存货本身所支出的成本，即存货本身的价值，经常用数量D与单价U的乘积来确定。取得成本的计算公式为：

取得成本＝订货成本＋购置成本＝订货固定成本＋订货变动成本＋购置成本

$$TC_a = F_1 + \frac{D}{Q} \cdot K + D \cdot U$$

（二）储存成本

储存成本是指为保持存货而发生的成本，通常用TC_c来表示。其分为固定成本和变动成本。固定成本与存货数量的多少无关，如仓库折旧、仓库职工的固定工资等，常用F_2表示。变动成本与存货的数量有关，如存货资金的应计利息、存货的破损和变质损失、存货的保险费用等，单位储存变动成本用K_c来表示。储存成本的计算公式为：

储存成本＝储存固定成本＋储存变动成本

$$TC_c = F_2 + \frac{Q}{2} \cdot K_c$$

（三）缺货成本

缺货成本是指由于存货供应中断而造成的损失。包括材料供应中断造成的停工损失、产成品库存缺货造成的拖欠发货损失、丧失销售机会的损失及造成的商誉损失等；如果生产企业以紧急采购代用材料解决库存材料中断之急，那么缺货成本表现为紧急额外购入成本。缺货成本用 TC_s 表示。

如果以 TC 表示持有存货的总成本，计算公式为：

$$TC = TC_a + TC_c + TC_s = F_1 + \frac{D}{Q} \cdot K + D \cdot U + F_2 + \frac{Q}{2} \cdot K_c + TC_s$$

三、最佳存货持有量的确定

（一）经济订货量模型

经济订货量模型是建立在一系列严格假设基础上的。这些假设包括：① 存货总需求量是已知常数；② 订货提前期是常数；③ 货物是一次性入库的；④ 单位货物成本为常数，无批量折扣；⑤ 库存持有成本与库存水平呈线性关系；⑥ 货物是一种独立需求的物品，不受其他货物影响。

存货经济订货批量

在以上假设基础上，存货的经济订货量模型相关公式如下：

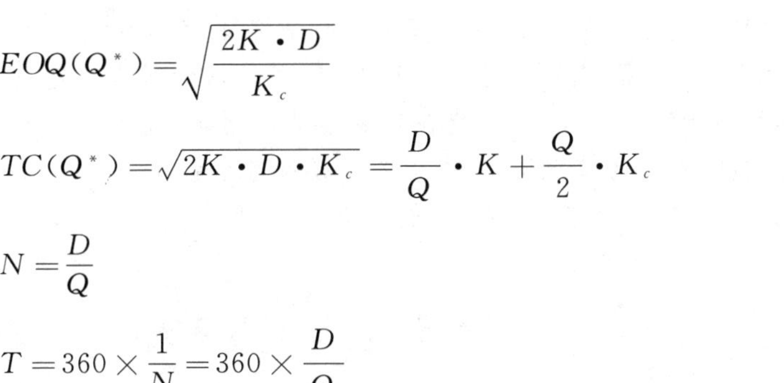

$$EOQ(Q^*) = \sqrt{\frac{2K \cdot D}{K_c}}$$

$$TC(Q^*) = \sqrt{2K \cdot D \cdot K_c} = \frac{D}{Q} \cdot K + \frac{Q}{2} \cdot K_c$$

$$N = \frac{D}{Q}$$

$$T = 360 \times \frac{1}{N} = 360 \times \frac{D}{Q}$$

$$存货平均占用资金 = \frac{Q}{2} \cdot U$$

式中，D 为年需求量；K 为单位订货成本；K_c 为单位储存成本；U 为进价；$EOQ(Q^*)$ 为经济订货量（最佳存货持有量）；$TC(Q^*)$ 为与经济订货批量相关的总成本；N 为最佳订货次数；T 为最佳订货周期。

但在实践中，经济订货量模型常常不能满足全部假设，还需要对上述模型进行修正，从而产生一些扩展经济订货量模型，以扩大其适用范围，在这里不再详细阐述。

【业务 5-5】 宏胜公司每年需耗用 A 材料 45 000 件，单位材料年存储成本 20 元，平均每次进货费用为 180 元，A 材料全年平均单价为 360 元。假定不存在数量折扣，不会出现陆续到货和缺货的现象。

要求：

(1) 计算A材料的经济订货量。

(2) 计算A材料年度最佳进货次数。

(3) 计算A材料的相关进货成本。

(4) 计算A材料的相关存储成本。

(5) 计算A材料经济进货批量平均占用资金。

解析：

(1) 经济订货批量 $EOQ(Q^*)=\sqrt{\frac{2\times 180\times 45\,000}{20}}=900$(件)

(2) 最佳进货次数 $=\frac{45\,000}{900}=50$(次)

(3) 相关进货成本 $=50\times 180=9\,000$(元)

(4) 相关储存成本 $=\frac{900}{2}\times 20=9\,000$(元)

(5) 存货平均占用资金 $=\frac{900}{2}\times 360=162\,000$(元)

知识延伸

陆续供应和使用存货的经济订货量的计算不能直接使用基本的经济订货量模型。在建立基本模型时，是假设一次全部入库，故存货增加时存量变化为一条垂直的直线。事实上，各批存货可能陆续入库，使存货数量陆续增加，尤其是自制品入库，几乎是陆续供应和耗用的。在这种情况下，需要对基本模型进行修改。

假设日送货量(日产量)为 P，日耗用量为 d，则：

$$经济订货量\ Q=\sqrt{\frac{2KD}{K_c}\times\frac{P}{P-d}}$$

$$存货相关成本\ TC=\sqrt{2KDK_c\times\frac{P-d}{P}}$$

$$存货占用资金=\frac{Q}{2}\times U\left(\frac{P-d}{P}\right)$$

5

(二) 保险储备

前面讨论的经济订货量是以供需稳定为前提的。但实际情况并非完全如此，企业对存货的需求量可能发生变化，交货时间也可能会延误。在交货期内，如果发生需求量增大或交货时间延误，就会发生缺货。为防止缺货，再订货点应等于交货期内的预计需求与保险储备之和。即：

$$再订货点=预计交货期内的需求+保险储备$$

企业应保持多少保险储备才合适，这取决于存货中断的概率和存货中断的损失。较高的保险储备可以降低缺货损失，但也增加了存货的储存成本。因此，最佳的保险储备应能够使缺货损失和保险储备的储存成本之和达到最低。

【业务5-6】 宏胜公司计划年度耗用B材料100 000千克，材料单价50元，经济订货量25 000千克，全年订货4次(100 000÷25 000)。单位材料年持有成本为材料单价的25%，单位材料缺货损失24元。在交货期内，生产需求量及其概率如表5-5所示。

表5-5 生产需求量及其概率

生产需求量/千克	概　率	生产需求量/千克	概　率
1 000	0.1	1 300	0.2
1 100	0.2	1 400	0.1
1 200	0.4		

要求：确定该公司最佳的保险储备。

解析：

交货期内平均需求 $=1000\times0.1+1100\times0.2+1200\times0.4+1300\times0.2+1400\times0.1$
$=1200$(千克)

(1) 当保险储备量 $=0$ 时，再订货点 $=1200+0=1200$(千克)

平均缺货量 $=(1300-1200)\times0.2+(1400-1200)\times0.1=40$(千克)

相关总成本 $TC=40\times4\times24+0\times12.5=3840$(元)

(2) 当保险储备量 $=100$ 时，再订货点 $=1200+100=1300$(千克)

平均缺货量 $=(1400-1300)\times0.1=10$(千克)

相关总成本 $TC=10\times4\times24+100\times12.5=2210$(元)

(3) 当保险储备量 $=200$ 时，再订货点 $=1200+200=1400$(千克)

平均缺货量 $=0$

相关总成本 $TC=0+200\times12.5=2500$(元)

根据上述计算结果可知，当保险储备为100千克时，相关总成本最低，因此，该企业合理的保险储备量为100千克，再订货点为1 300千克。

四、存货的日常管理

在满足全部假设的基础上，经济订货量模型能够较好地确定合理的进货批量和进货时间，从而使存货的总成本最低。而在存货的日常管理中，还需要通过存货周转天数来分析存货的周转速度及变现能力，以及用ABC分类法对存货进行分类管理等。

(一) 存货周转天数

存货周转天数是指一定时期内企业平均存货与日销货成本的比率。它是衡量和评价企业

5

购入存货、投入生产、销售收回等各环节管理效率的综合性指标。存货周转天数越短，表明存货占用水平越低，流动性越强，变现能力越快。计算公式为：

存货周转天数＝360÷存货周转次数＝360÷(销售成本÷存货平均金额)

(二) ABC 分类法

ABC 分类法是指对企业种类繁多的存货，依据其重要程度、价值大小或者资金占用等标准分为三大类：A 类高价值库存，品种数量约占整个库存的 10%至 15%，但价值约占全部库存的 50%至 70%；B 类中等价值库存，品种数量约占整个库存的 20%至 25%，价值约占全部库存的 15%至 20%；C 类低价值库存，品种数量多，约占整个库存的 60%至 70%，但价值约占全部库存的 10%至 35%。企业针对不同类别的库存分别采用不同的管理方法，A 类库存应作为管理的重点，实行重点控制、严格管理；而对 B 类和 C 类库存的重视程度则可依次降低，采取一般管理。

重要提示

将存货分成 A、B、C 三类的主要标准是存货的重要程度或价值大小，而并非数量。

项目知识结构图

本项目知识结构如图 5－5 所示。

5

总结：项目五

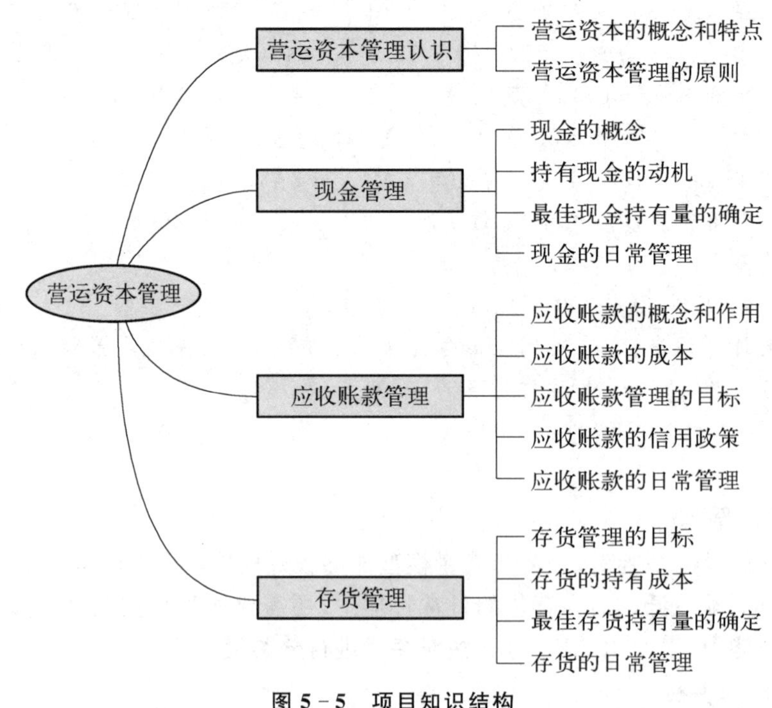

图 5－5 项目知识结构

基本训练

一、单项选择题

1. 下列有关营运资本的等式中正确的是(　　)。

A. 营运资本=流动资产-流动负债　　B. 营运资本=资产-负债

C. 营运资本=流动资产-自发性的流动负债　　D. 营运资本=长期资产-流动负债

2. 下列选项中,不属于营运资本的特点的是(　　)。

A. 来源具有灵活多样性　　B. 数量具有波动性

C. 投资的集中性和收回的分散性　　D. 周转具有短期性

3. 下列各项中,不属于营运资本构成内容的有(　　)。

A. 存货　　B. 应收账款　　C. 货币资金　　D. 无形资产

4. 企业为了维持日常周转及正常商业活动所需持有现金的动机是(　　)。

A. 弥补性需求　　B. 预防性需求

C. 投机性需求　　D. 交易性需求

5. 甲公司现金部经理决定采用随机模型进行现金余额管理,确定 L 值应为 10 000 元,估计公司现金流量标准差 δ 为 2 000 元,持有现金的年机会成本为 12.6%,转换成本 b 为 210 元,一年按 360 天计算。则该公司最优回归线 R 应为(　　)元。

A. 12 805.79　　B. 22 164.40　　C. 1 449 137.68　　D. 1 467 137.68

6. 乙公司预测的年度赊销收入净额为 4 500 万元,应收账款收账期为 30 天,变动成本率为 50%,资本成本为 10%,一年按 360 天计算,则应收账款的机会成本为(　　)万元。

A. 10　　B. 18.75　　C. 8.5　　D. 12

7. A 企业主营甲产品,该产品的单价为 5 元,变动成本为 4 元,原有信用期为 30 天,全年销售量为 10 万件,现将信用期延长至 45 天,全年的销售量变为 12 万件,假设等风险投资的最低报酬率为 15%,一年按 360 天计算。改变信用期间增加的机会成本为(　　)元。

A. 4 000　　B. 5 000　　C. 7 000　　D. 9 000

8. 某公司 3 月底在外的应收账款为 500 万元,信用条件为“$n/30$”,过去 3 个月的赊销情况为:1 月 250 万元,2 月 220 万元,3 月 340 万元,则应收账款的平均逾期天数为(　　)天。

A. 25.56　　B. 46.56　　C. 55.56　　D. 66.56

9. 某企业全年需用 A 材料 2 400 吨,每次订货成本为 400 元,每吨材料年储存成本为 12 元,假设一年按 360 天计算,则该企业相邻两次订货最佳的订货间隔期为(　　)天。

A. 80　　B. 60　　C. 40　　D. 20

10. 采用 ABC 控制法对存货进行控制时,应当重点控制的是(　　)。

A. 数量较多的存货　　B. 占用资金较多的存货

C. 品种较多的存货　　D. 库存时间较长的存货

二、多项选择题

1. 企业在进行营运资本管理时,应遵循的原则有(　　)。

A. 满足合理的资金需求　　B. 提高资金使用效率

C. 节约资金使用成本　　D. 保持足够的短期偿债能力

2. 下列项目中属于持有现金的管理成本的有（　　）。

A. 现金的再投资收益　　B. 现金管理者的工资

C. 现金安全措施费用　　D. 现金不足间接损失

3. 信用政策包括（　　）。

A. 信用标准　　B. 信用条件　　C. 收账政策　　D. 商业折扣

4. 与存货有关的成本主要有（　　）。

A. 订货成本　　B. 购置成本　　C. 储存成本　　D. 缺货成本

5. 下列各项中，属于建立存货经济订货量基本模型假设前提的有（　　）。

A. 订货提前期是常数　　B. 存货总需求量是已知常数

C. 货物多次性入库　　D. 库存储存成本与库存水平呈线性关系

6. 下列各项属于商业信用的有（　　）。

A. 应付账款　　B. 应付职工薪酬　　C. 预收货款　　D. 融资租赁信用

三、判断题

1. 广义的营运资本是流动资产减去流动负债后的余额。（　　）

2. 在利用成本模型和随机模型确定最佳现金持有量时，都考虑了管理成本。（　　）

3. 应收账款管理成本包括调查顾客信用状况的费用。（　　）

4. 账龄分析表法是现代经济管理中广泛应用的一种“抓重点、照顾一般”的管理方法。（　　）

5. 进行商业信用的定量分析可以从考查信用申请人的财务报表开始，通常使用比率分析法评价顾客的财务状况。（　　）

6. 存货管理的目标，就是在保证生产或销售经营需要的前提下，最大限度地降低存货成本。（　　）

7. 在确定再订货点时，需要综合考虑保险储备量、原材料的日消耗量、预计交货时间和每次订货成本。（　　）

四、计算分析题

1. 某企业有三种现金持有方案，它们各自的持有量、机会成本、管理成本和短缺成本资料，如表 5-6 所示。

表 5-6　　现金持有方案　　单位：元

方　案	甲方案	乙方案	丙方案
现金持有量	25 000	50 000	75 000
机会成本	3 000	6 000	9 000
管理成本	20 000	20 000	20 000
短缺成本	12 000	6 750	2 500

要求：确定该企业的最佳现金持有量。

2. 公司预计的年度赊销收入为 5 000 万元，信用条件是“3/10，2/20，n/45”，其变动成本率为 40%，资本成本率为 10%，收账费用为 120 万元。预计占赊销额 60%的客户会利用 3%的现金折扣，占赊销额 18%的客户利用 2%的现金折扣，其余客户在信用期内付款。一年按 360 天计算。

要求：(1) 计算平均收账期。

(2) 计算应收账款平均余额。

(3) 计算应收账款机会成本。

(4) 计算现金折扣成本。

(5) 计算该信用政策下的税前损益。

3. 某公司是一家冰箱生产企业，全年需要压缩机 360 000 台，均衡耗用。全年生产时间为 360 天，每次的订货费用为 160 元，每台压缩机持有费率为 80 元，每台压缩机的进价为 900 元。根据经验，压缩机从发生订单到进入可使用状态一般需要 5 天，保险储备量为 2 000 台。

要求：(1) 计算经济订货量。

(2) 计算全年最佳订货次数。

(3) 计算最低存货相关成本和最低存货总成本。

拓展训练——Excel 运用

案例一　放弃现金折扣的资本成本计算

某企业计划购入一批货物，采购金额为 100 000 元，供应商提出的信用条件是“2/10，n/30”。要求：计算该企业分别在第 15、20、30、60 天和第 90 天时的实际付款额和放弃现金折扣的机会成本。（一年按照 360 天计算）

本题可参考的解题思路如下。

(1) 计算实际付款额。在单元格 B8 中输入公式“＝IF(A8<＝$B$3，$B$2＊(1－$B$4)，$B$2)”，即可得到该企业在第 15 天时的实际付款额为 98 000 元。将单元格 B8 向下复制到单元格“B9:B12”区域，便可计算出其他付款天数的实际付款金额，如图 5－6 所示。

B8　fx　=IF(A8<=$B$3,$B$2*(1-$B$4),$B$2)

	A	B	C
1	已知条件		
2	采购金额（元）	100000	
3	折扣期限（天）	20	
4	现金折扣率	2%	
5	信用期限（天）	30	
6	放弃现金折扣的机会成本的计算		
7	付款日期（天）	付款金额（元）	机会成本
8	15	98000	
9	20	98000	
10	30	100000	
11	60	100000	
12	90	100000	

图 5－6　实际付款额的计算

(2) 计算放弃现金折扣的机会成本。在单元格 C8 中输入公式"=IF(A8<=$B$3,0,$B$4/(1-$B$4)*360/(A8-$B$3))",即可得到该企业在第 15 天时放弃现金折扣的机会成本。将单元格 C8 向下复制到单元格"C9:C12"区域,便可计算出其他付款天数的放弃现金折扣的机会成本,如图 5-7 所示。

C8 =IF(A8<=$B$3,0,$B$4/(1-$B$4)*360/(A8-$B$3))

	A	B	C
1	已知条件		
2	采购金额(元)	100000	
3	折扣期限(天)	20	
4	现金折扣率	2%	
5	信用期限(天)	30	
6	放弃现金折扣的机会成本的计算		
7	付款日期(天)	付款金额(元)	机会成本
8	15	98000	0
9	20	98000	0
10	30	100000	73.47%
11	60	100000	18.37%
12	90	100000	10.50%

图 5-7 放弃现金折扣的机会成本的计算

案例二 存货经济订货批量分析

某企业每年需耗用 A 材料 60 000 件,单位材料年存储成本 30 元,平均每次进货费用为 90 元,A 材料全年平均单价为 150 元。假定不存在数量折扣,不会出现陆续到货和缺货的现象。要求:计算 A 材料的经济订货量及相关总成本。

本题可参考的解题思路如下。

(1) 计算 A 材料的经济订货量。在单元格 B6 中输入公式"=SQRT(2*B2*B3/B4)",即可得到 A 材料的经济订货批量为 600 件,如图 5-8 所示。

B7 =SQRT(2*B2*B3/B4)

	A	B
1	已知条件	
2	A材料全年需求量(件)	60000
3	A材料单位订货成本(元)	90
4	A材料单位储存成本(元)	30
5	A材料平均单价(元)	150
6	经济订货量模型的计算	
7	A材料经济订货量(件)	600
8	A材料的相关总成本(元)	

图 5-8 存货经济订货批量的计算

(2) 计算 A 材料的相关总成本。在单元格 B7 中输入公式"＝B2/B6＊B3＋B6/2＊B4＋B5＊B2",即可得到 A 材料的相关总成本为 9 018 000 元,如图 5－9 所示。

B8 =B2/B7*B3+B7/2*B4+B5*B2

	A	B
1	已知条件	
2	A材料全年需求量（件）	60000
3	A材料单位订货成本（元）	90
4	A材料单位储存成本（元）	30
5	A材料平均单价（元）	150
6	经济订货量模型的计算	
7	A材料经济订货量（件）	600
8	A材料的相关总成本（元）	9018000

图 5－9 存货相关总成本的计算

项目六　利润分配管理

◇ **知识目标**

1. 了解利润分配的原则、内容与程序。
2. 掌握股利分配的形式、政策类型及优缺点。
3. 明确不同股利分配形式对所有者权益的影响。

◇ **技能目标**

1. 能根据公司的实际情况选择恰当的股利分配政策。
2. 能正确计算与分析不同股利政策对公司的影响。

任务一　利润分配管理认知

案例导入

2024 年 4 月 28 日晚，W 公司发布的 2023 年财务报告显示，公司实现营业总收入 832.72 亿元，同比增长 12.58%；实现归属于上市公司股东的净利润 302.11 亿元，同比增长 13.19%。企业披露分红预案，拟向全体股东每 10 股派发现金红利 46.70 元，分红总金额为 181.27 亿元。从分红率来看，2023 年 W 公司的分红率为 60%，在上一年度 55% 的基础上提升 5 个百分点，创上市以来新高。

思考与分析： 上述资料涉及企业财务管理中的一个重要问题——利润分配决策。公司管理当局应该采用哪一种股利政策？这种股利政策会对公司今后的发展产生怎样的影响？

一、利润分配的概念

企业通过经营活动所赚取的利润，需要将其在相关各利益群体之间进行分配。企业的利润分配有广义和狭义两种。广义的利润分配是指对企业的收入和利润总额进行分配的过程，如工资支出、福利费支出、税费支出等；狭义的利润分配是指对企业净利润的分配。利润分配是企业财务决策的重要内容之一，其分配形式的选取是否得当，对一个公司的发展有着至关重要的影响。企业财务管理人员，应在明确利润分配基本原则、基本流程的基础上，掌握利润分配政策的制定，协调好公司长远发展与股东群体之间的利益关系。这里所指的利润分配是指净利润的分配。

二、利润分配的原则

（一）依法分配原则

企业的利润分配必须依法进行。为了规范企业的利润分配行为，维护各利益相关者的合法权益，国家颁布了相关法律法规，这些法律法规规定了企业利润分配的基本要求、一般程序和重要比例，企业应当认真执行，不得违反。

6

（二）兼顾各方面利益原则

企业的利润分配必须兼顾各方面的利益。利润的分配关系到投资者、经营者、债权人、职工等各方利益。投资者作为资本投入者、企业的所有者，依法享有净利润的分配权；企业的债权人，借给企业资金的同时承担了一定的风险，企业的利润分配应当保护债权人利益；企业的员工是企业财富的创造者，也是企业发展的决定力量，也应当考虑到员工的长远利益。

（三）分配与积累并重原则

企业的利润分配必须坚持分配与积累并重的原则。企业赚取的净利润，一部分对投资者进行分配；另一部分形成企业的积累。企业积累起来的留存收益仍归企业所有者拥有，只是暂时未作分配。积累的留存收益不仅为企业扩大再生产筹措了资金，同时也增强了企业抵抗风险的能力，提高了企业经营的稳定性和安全性，有利于所有者的长远利益。正确处理分配与积累之间的关系，留存一部分净利润以供未来分配之需，还可以达到稳定投资报酬率的效果，因此，企业在进行利润分配时，应当正确处理分配与积累之间的关系。

(四) 投资与报酬对等原则

企业的利润分配应当体现“谁投资谁获益”，获益大小与投资比业务相适应的原则，这是处理好企业和投资者利益关系的立足点。投资者因其投资行为而享有收益权，投资收益应同其投资比例对等。企业在向投资者分配利润时，应本着平等一致的原则，按照投资者投入资本比例进行分配，不允许任何一方投资者随意多分配。这样才能从根本上实现利润分配的公开、公平、公正，保护投资者的利益，提高投资者的积极性。

三、利润分配管理的内容

(一) 收入管理

销售收入是企业收入的主要构成部分，是企业能够持续经营的基本条件，销售收入的制约因素主要是销售和价格，销售预测分析与销售定价管理构成了利润分配管理的主要内容。

1. 销售预测分析

销售预测分析是对市场动态与销售情况的预测分析。企业财务部门和销售部门应深入调查研究，把握市场动态和变化趋势，采用科学方法对销售情况和相应的收入进行合理预测，从而更好地帮助管理层决策。常见的预测分析方法主要有两类：一类是定性分析法，即非数量分析法，如营销员判断法、专家判断法和产品寿命周期分析法；另一类是定量分析法，也称数量分析法，一般包括趋势预测分析法和因果预测分析法。

2. 销售定价管理

在市场经济条件下，企业拥有商品的定价权，应根据各自的定价目标选择科学、可行的定价方法，合理确定商品的销售价格。价格策略的制定，应考虑市场供求状况、竞争激烈程度、消费者心理以及市场定位等因素。常见的定价方法主要有两类：一类是基于成本的定价方法，如全部成本费用加成定价法、目标利润法等；另一类是基于市场需求的定价方法，如需求价格弹性系数定价法、边际分析定价法等。

(二) 分配管理

分配管理是指对利润分配的管理。利润是收入弥补成本费用后的余额。由于成本费用包括的内容与表现的形式不同，利润所包含的内容与形式也有一定的区别。若成本费用不包括利息和所得税，则利润表现为息税前利润；若成本费用包括利息而不包括所得税，则利润表现为利润总额；若成本费用包括了利息和所得税，则利润表现为净利润。

1. 弥补以前年度亏损

企业在提取法定公积金之前，应先用当年利润弥补以前年度亏损。企业年度亏损可以用下一年度的税前利润弥补，下一年度不足弥补的，可以在5年之内用税前利润连续弥补，连续5年未弥补的亏损则用税后利润弥补。其中，税后利润弥补亏损可以用当年实现的净利润，也可以用盈余公积转入。

政策导航

《中华人民共和国公司法》已由中华人民共和国第十四届全国人民代表大会常务委员会第七次会议于2023年12月29日修订通过，自2024年7月1日起施行。其中，第二百一十条规定：公司分配当年税后利润时，应当提取利润的百分之十列入公司法定公积金。公司法定公积金累计额为公司注册资本的百分之五十以上的，可以不再提取。公司的法定公积金不足以弥补以前年度亏损的，在依照前款规定提取法定公积金之前，应当先用当年利润弥补亏损。公司从税后利润中提取法定公积金后，经股东会决议，还可以从税后利润中提取任意公积金。公司弥补亏损和提取公积金后所余税后利润，有限责任公司按照股东实缴的出资比例分配利润，全体股东约定不按照出资比例分配利润的除外；股份有限公司按照股东所持有的股份比例分配利润，公司章程另有规定的除外。公司持有的本公司股份不得分配利润。

2. 提取法定公积金

根据《中华人民共和国公司法》(以下简称《公司法》)的规定，法定公积金的提取比例为当年税后利润(弥补亏损后)的10%。当年法定公积金的累积额已达注册资本的50%时，可以不再提取。法定公积金提取后，根据企业的需要，可用于弥补亏损或转增资本，但法定公积金转增资本后，法定公积金的余额不得低于转增前公司注册资本的25%。提取法定公积金的主要目的是增加企业内部积累，以利于企业扩大再生产。

3. 提取任意公积金

根据《公司法》的规定，公司从税后利润中提取法定公积金后，经股东会或股东大会决议，还可以从税后利润中提取任意公积金。这是为了满足企业经营管理的需要，控制向投资者分配利润的水平，以及调整各年度利润分配的波动。

4. 向股东(投资者)分配股利(利润)

根据《公司法》的规定，公司弥补亏损和提取公积金后剩余税后利润，可以向股东(投资者)分配。其中，有限责任公司股东按照实缴的出资比例分取红利，全体股东约定不按照出资比例分取红利的除外；股份有限公司按照股东持有的股份比例分配，但股份有限公司章程规定不按照持股比例分配的除外。此外，近年来，以期权形式或类似期权形式进行的股权激励在一些大公司逐渐流行起来。从本质上来说，股权激励是企业对管理层或者员工进行的一种经济利益分配。

任务二　股利分配政策选择

案例导入

甲公司2023年年末利润分配前的有关资料如表6-1所示。

表6-1　利润分配前所有者权益构成情况表　单位：万元

项目	金额
年初未分配利润	1 000
本年税后利润	2 000

续 表

项目	金额
普通股股本(500 万股,每股 1 元)	500
资本公积金	100
盈余公积金	400
所有者权益合计	4 000

该公司决定:本年度按规定比例 10%提取盈余公积金,发放股票股利 10%,并按发放股票股利的股数派发现金股利,每股 1 元。该公司每股市价为 40 元。

思考与分析: 结合上述资料,该公司本年度利润分配后的所有者权益各项目数额有何变化?假设股票的每股市价与每股净资产成正比,预计的普通股每股市价是多少?发放股票股利的同时派发现金股利对股东和企业有何好处?

股利政策是指在法律允许的范围内,企业是否发放股利、发放多少股利以及何时发放股利的方针及对策。股利政策的最终目标是使公司价值最大化。股利往往可以向市场传递一些信息,股利发放的多少、是否稳定、是否增长等,是大多数投资者推测公司经营状况、发展前景优劣的依据。因此,股利政策关系到公司在市场上、在投资者中间的形象,成功的股利政策有利于提高公司的市场价值。

一、股利分配政策类型

股利政策由企业在不违反国家有关法律、法规的前提下,根据本企业具体情况制定。股利政策既要保持相对稳定,又要符合公司财务目标和发展目标。在实际工作中,通常有以下几种股利政策可供选择。

(一) 剩余股利政策

剩余股利政策是指公司在有良好的投资机会时,根据目标资本结构,测算出投资所需的股权资本额,先从盈余中留用,然后将剩余的盈余作为股利来分配,即净利润首先满足公司的资金需求,如果还有剩余,就派发股利;如果没有,则不派发股利。剩余股利政策的理论依据是股利无关理论。根据股利无关理论,在完全理想的资本市场中,公司的股利政策与普通股每股市价无关,故而股利政策只需随着公司投资、融资方案的制定而自然确定。

采用剩余股利政策时,公司要遵循如下四个步骤:

(1) 设定目标资本结构,在此资本结构下,公司的加权平均资本成本将达最低水平。

(2) 确定公司的最佳资本预算,并根据公司的目标资本结构预计资金需求中所需增加的股权资本数额。

(3) 最大限度地使用留存收益来满足资金需求中所需增加的股权资本数额。

(4) 留存收益在满足公司股权资本增加需求后,若还有剩余,再用来发放股利。

【业务6-1】　宏达公司2023年税后净利润为300万元，2024年的投资计划需要资金360万元，公司的目标资本结构为股权资本占60%，债务资本占40%。按照目标资本结构的要求，公司投资方案所需的股权资本数额为216万元(360×60%)。

公司当年全部可用于分派的盈利为300万元，除了满足上述投资方案所需的股权资本数额外，还有剩余可用于发放股利。2023年，公司可以发放的股利额为84万元(300−216)。

要求：假设该公司当年流通在外的普通股为200万股，计算其每股股利。

解析：每股股利＝84÷200＝0.42(元/股)

1. 剩余股利政策的优点

剩余股利政策下，留存收益优先满足再投资的需要，有助于降低再投资的资本成本，保持最佳的资本结构，实现企业价值的长期最大化。

2. 剩余股利政策的缺陷

剩余股利政策的缺陷是若完全遵照执行剩余股利政策，每年股利发放额就会随着投资机会和盈利水平的波动而波动。在盈利水平不变的前提下，股利发放额与投资机会的多少呈反方向变动；而在投资机会维持不变的情况下，股利发放额将与公司盈利呈同方向波动。剩余股利政策不利于投资者安排收入与支出，也不利于公司树立良好的形象，因此一般适用于公司初创阶段。

(二) 固定或稳定增长的股利政策

固定或稳定增长的股利政策是指公司将每年派发的股利额固定在某一特定水平或是在此基础上维持某一固定比率逐年稳定增长。公司只有在确信未来盈余不会发生逆转时才会宣布实施固定或稳定增长的股利政策。在这一政策下，应首先确定股利分配额，而且该分配额一般不随资金需求的波动而波动。

1. 固定或稳定增长的股利政策的优点

固定或稳定增长股利政策的优点如下：

(1) 稳定的股利向市场传递着公司正常发展的信息，有利于树立公司的良好形象，增强投资者对公司的信心，稳定股票的价格。

(2) 稳定的股利有助于投资者安排股利收入和支出，有利于吸引那些打算进行长期投资并对股利有很高依赖性的股东。

(3) 固定或稳定增长的股利政策可能会不符合剩余股利理论，但考虑到股票市场会受多种因素影响(包括股东的心理状态和其他要求)，为了将股利或股利增长率维持在稳定的水平上，即使推迟某些投资方案或暂时偏离目标资本结构，也可能比降低股利或股利增长率更为有利。

2. 固定或稳定增长的股利政策的缺点

固定或稳定增长股利政策的缺点包括：股利的支付与企业的盈利相脱节，即不论公司盈利多少，均要支付固定的或按固定比率增长的股利，这可能会导致企业资金紧缺，财务状况恶化。此外，在企业无利可分的情况下，若依然实施固定或稳定增长的股利政策，也是违反《公司法》的行为。

因此，采用固定或稳定增长的股利政策，要求公司对未来的盈利和支付能力能作出准确的判断。一般来说，公司确定的固定股利额不宜太高，以免陷入无力支付的被动局面。固定或稳定增长的股利政策通常适用于经营比较稳定或正处于成长期的企业，但很难被长期采用。

【业务6-2】 假设宏达公司执行的是固定增长股利政策，2023年税后净利润为300万元，现金股利分配额为100万元，公司固定股利增长率为10%。要求：计算2024年公司现金股利分配额。

解析：2024年公司分配现金股利为100×(1+10%)=110(万元)

(三) 固定股利支付率政策

固定股利支付率政策是指公司将每年净利润的某一固定百分比作为股利分派给股东。这一百分比通常称为股利支付率，股利支付率一经确定，一般不得随意变更。在这一股利政策下，只要公司的税后利润经计算确定，所派发的股利也就相应确定了。固定股利支付率越高，公司留存的净利润越少。

1. 固定股利支付率政策的优点

固定股利支付率政策的优点如下：

(1) 采用固定股利支付率政策，股利与公司盈余紧密地配合，体现了“多盈多分、少盈少分、无盈不分”的股利分配原则。

(2) 由于公司的获利能力在年度间是经常变动的，因此，每年的股利也应随着公司收益的变动而变动。采用固定股利支付率政策，公司每年按固定的比例从税后利润中支付现金股利，从企业的支付能力来看，这是一种稳定的股利政策。

2. 固定股利支付率政策的缺点

固定股利支付率政策的缺点如下：

(1) 大多数公司每年的收益很难保持稳定不变，导致各年度间的股利额波动较大。由于股利的信号传递作用，波动的股利很容易给投资者带来经营状况不稳定、投资风险较大的不良印象，成为影响股价的不利因素。

(2) 容易使公司面临较大的财务压力。这是因为公司实现的盈利多，并不能代表公司有足够的现金流来支付较多的股利额。

(3) 合适的固定股利支付率的确定难度比较大。

由于公司每年面临的投资机会、筹资渠道都不同，而这些都可以影响公司的股利分配，所以，一成不变地奉行固定股利支付率政策的公司在实际中并不多见。固定股利支付率政策只是较适用于那些处于稳定发展且财务状况也较稳定的公司。

6

【业务6-3】 甲公司长期以来用固定股利支付率政策进行股利分配，确定的股利支付率为25%。2023年税后净利润为400万元，如果仍然继续执行固定股利支付率政策。要求：计算公司2024年度将要支付的股利额。

解析：公司2024年度收益支付的股利额=400×25%=100(万元)

低正常股利加额外股利政策

(四) 低正常股利加额外股利政策

低正常股利加额外股利政策，是指公司事先设定一个较低的正常股利额，每年除了按正常股利额向股东发放股利外，还在公司盈余较多、资金较为充裕的年份向股东发放额外股利。但是，额外股利并不固定化，不意味着公司永久地提高了股利支付额。相关公式如下：

$$Y = a + bX$$

式中，Y 为每股股利；X 为每股收益；a 为低正常股利；b 为股利支付比率。

1. 低正常股利加额外股利政策的优点

低正常股利加额外股利政策的优点如下：

(1) 赋予公司较大的灵活性，使公司在股利发放上留有余地，并具有较大的财务弹性。公司可根据每年的具体情况，选择不同的股利发放水平，以稳定和提高股价，进而实现公司价值的最大化。

(2) 使那些经济上高度依赖股利的股东每年至少可以得到虽然较低但比较稳定的股利收入，从而吸引住这部分股东。

2. 低正常股利加额外股利政策的缺点

低正常股利加额外股利政策的缺点如下：

(1) 由于各年度之间公司盈利的波动使得额外股利不断变化，造成分派的股利不同，容易给投资者造成收益不稳定的感觉。

(2) 当公司在较长时间持续发放额外股利后，可能会被股东误认为"正常股利"，一旦取消，传递出的信号可能会使股东认为这是公司财务状况恶化的表现，进而导致股价下跌。

相对来说，对那些盈利随着经济周期波动较大的公司或者盈利与现金流量很不稳定时，低正常股利加额外股利政策也许是一种不错的选择。

请思考

在企业生命周期的各个阶段，应采用哪种股利政策更合理？为什么？

二、利润分配制约因素

利润分配制约因素解析

企业的利润分配涉及企业相关各方的切身利益，受众多不确定因素的影响，在确定分配政策时，应当考虑各种相关因素的影响，主要包括法律、公司、股东及其他因素。

(一) 法律因素

为了保护债权人和股东的利益，法律法规就公司的利润分配作出了如下规定。

1. 资本保全约束

资本保全约束规定公司不能用资本(包括实收资本或股本和资本公积)发放股利，目的在于维持企业资本的完整性，防止企业任意减少资本结构中的所有者权益的比例，保护企业完整的产权基础，保障债权人的利益。

2. 资本积累约束

资本积累约束规定公司必须按照一定的比例和基数提取各种公积金，股利只能从企业的可供股东分配利润中支付。此处可供股东分配利润包含公司当期的净利润按照规定提取各种公积金后的余额和以前累积的未分配利润。另外，在进行利润分配时，一般应贯彻"无利不分"的原则，即当企业出现年度亏损时，一般不进行利润分配。

3. 超额累积利润约束

超额累积利润约束规定，由于资本利得与股利收入的税率不一致，如果公司为了股东避税而使得盈余的保留大大超过公司目前及未来的投资需要时，将被加征额外的税款。

4. 偿债能力约束

偿债能力是企业按时、足额偿付各种到期债务的能力。如果当期没有足够的现金派发股利，则不能保证企业在短期债务到期时有足够的偿债能力，这就要求公司考虑现金股利分配对偿债能力的影响，确定在分配后仍能保持较强的偿债能力，以维持公司的信誉和借贷能力，从而保证公司的正常资金周转。

（二）公司因素

公司基于短期经营和长期发展的考虑，在确定利润分配政策时，需要关注以下因素。

1. 现金流量

由于会计规范的要求和核算方法的选择，公司盈余与现金流量并非完全同步，净收入的增加不一定意味着可供分配的现金流量的增加。公司在进行利润分配时，要保证正常的经营活动对现金的需求，以维持资金的正常周转，使生产经营得以有序进行。

2. 资产的流动性

企业现金股利的支付会减少其现金持有量，降低资产的流动性，而保持一定的资产流动性是企业正常运转的必备条件。

3. 盈余的稳定性

企业的利润分配政策在很大程度上会受盈利稳定性的影响。一般来讲，公司的盈余越稳定，其股利支付水平也就越高。对于盈利不稳定的公司，可以采用低股利政策。

4. 投资机会

如果公司的投资机会多，对资金的需求量大，那么它就很可能会考虑采用低股利支付水平的分配政策；相反，如果公司的投资机会少，对资金的需求量小，那么它就很可能倾向于采用较高的股利支付水平的分配政策。此外，如果公司将留存收益用于再投资所得报酬低于股东个人单独将股利收入投资于其他投资机会所得报酬时，公司就不应多留留存收益，而应多发放股利，这样有利于股东价值的最大化。

5. 筹资因素

如果公司具有较强的筹资能力，随时能筹集到所需资金，那么它会具有较强的股利支付能力。另外，留存收益是企业内部筹资的一种重要方式，它同发行新股或举债相比，不需花费筹资费用，同时增加了公司股权资本的比重，降低了财务风险，便于低成本取得债务资本。

6. 其他因素

由于股利的信号传递作用，公司不宜经常改变其利润分配政策，应保持一定的连续性和稳定性。此外，利润分配政策还会受其他因素的影响，比如不同发展阶段、不同行业的公司股利支付比例会有差异，这就要求公司在进行政策选择时要考虑发展阶段以及所处行业状况。

（三）股东因素

股东在控制权、收入和税负方面的考虑会对公司的利润分配政策产生影响。

1. 控制权

现有股东往往将股利政策作为维持其控制地位的工具。公司支付较高的股利导致留存收益减少，当公司为有利可图的投资机会筹集所需资金时，发行新股的可能性增大，新股东的加入必然稀释现有股东的控制权。所以，股东会倾向于较低的股利支付水平，以便从内部的留存收益中取得所需资金。

2. 稳定的收入

如果股东依赖现金股利的程度高，他们往往要求公司能够支付稳定的股利，而反对留存过多的利润。还有一些股东认为通过增加留存收益引起股价上涨而获得的资本利得是有风险的，而目前的股利是确定的，即便是现在较少的股利，也强于未来的资本利得，因此他们往往也要求较多的股利支付。

3. 税负

政府对企业利润征收企业所得税后，还要对自然人股东征收个人所得税，股利收入的税率要高于资本利得的税率。因而，一些高股利收入的股东往往倾向于较低的股利支付水平。

(四) 其他因素

1. 债务契约

一般来说，股利支付水平越高，留存收益越少，公司的破产风险越大，就越有可能损害债权人的利益。因此，为了保证自己的利益不受侵害，债权人通常都会在债务契约、租赁合同中加入关于借款公司股利政策的限制条款。

2. 通货膨胀

通货膨胀会带来货币购买力水平下降，导致固定资产重置资金不足，此时，企业往往不得不考虑留存一定的利润，以便弥补由于购买力下降而造成的固定资产重置资金缺口。因此，在通货膨胀时期，企业一般会采取偏紧的利润分配政策。

三、股利支付形式与程序

股利支付形式与程序

(一) 股利支付形式

1. 现金股利

现金股利是指以现金形式支付的股利，它是股利支付最常见的方式。公司选择发放现金股利除了要有足够的留存收益外，还要有足够的现金，而现金充足与否往往会成为公司发放现金股利的主要制约因素。

2. 财产股利

财产股利是指以现金以外的其他资产支付的股利，主要是以公司所拥有的其他公司的有价证券，如债券、股票等，作为股利支付给股东。

3. 负债股利

负债股利是指以负债方式支付的股利，通常以公司的应付票据支付给股东，有时也以发放公司债券的方式支付股利。财产股利和负债股利实际上是现金股利的替代，但这两种股利支付形式在我国公司实务中很少使用。

4. 股票股利

股票股利是指公司以增发股票的方式所支付的股利，我国实务中通常也称其为“红股”。发放股票股利对公司来说，并没有现金流出企业，也不会导致公司的财产减少，而只是将公司的未分配利润转化为股本和资本公积。但股票股利会增加流通在外的股票数量，同时降低股票的每股价值。它不改变公司所有者权益总额，但会改变所有者权益的构成。

发放股票股利虽不直接增加股东的财富，也不增加公司的价值，但对股东和公司都有特殊意义。

【业务6-4】 某上市公司在2023年发放股票股利前，其资产负债表上的所有者权益账户情况如表6-2所示。

表6-2　　所有者权益账户金额表　　单位：万元

所有者权益账户	金　额	所有者权益账户	金　额
实收资本（股本）（面值1元，发行在外2 000万股）	2 000	盈余公积	3 000
		未分配利润	2 000
资本公积	3 000	所有者权益合计	10 000

假设该公司宣布发放10%的股票股利，现有所有者每持有10股，即可获赠1股普通股。若该股票当时市价为6元，那么随着股票股利的发放，从“未分配利润”账户划转出的资金为：2 000×10%×6=1 200(万元)

由于股票面值(1元)不变，发放200万股，“实收资本(股本)”账户应增加200万元，其余的800万元(1 200—200)应作为股本溢价转至“资本公积”账户，而公司的所有者权益总额并未发生改变，仍是10 000万元，股票股利发放后资产负债表上的所有者权益账户情况如表6-3所示。

表6-3　　所有者权益账户金额表　　单位：万元

所有者权益账户	金　额	所有者权益账户	金　额
实收资本（股本）（面值1元，发行在外2 200万股）	2 200	盈余公积	3 000
		未分配利润	800
资本公积	4 000	所有者权益合计	10 000

假设一位所有者派发股票股利之前持有公司的普通股100万股，那么，他所拥有的股权比例为：

100÷2 000×100%=5%

派发股利之后，他所拥有的股票数量和股权比例为：

100×(1+10%)=110(万股)

110÷2 200×100%=5%

对所有者而言，股票股利的主要优点如下：

(1) 理论上，派发股票股利后，每股市价会呈反比例下降，但实务中这并非必然结果。因为市场和投资者普遍认为，发放股票股利往往预示着公司会有较大的发展和成长，这样的信息传递会稳定股价或使股价下降比例减小甚至不降反升，所有者便可以获得股票价值相对上升的好处。

(2) 由于股利收入和资本利得税率的差异，如果所有者把股票股利出售，还能获得资本利得的税收优惠政策。

对公司而言，股票股利的主要优点如下：

(1) 发放股票股利不需要向所有者支付现金，在再投资机会较多的情况下，公司就可以为再投资提供成本较低的资金，从而有利于公司的发展。

(2) 发放股票股利可以降低公司股票的市场价格，既有利于促进股票的交易和流通，又有利于吸引更多的投资者成为公司所有者，进而使股权更为分散，有效地防止公司被恶意控制。

(3) 股票股利的发放可以传递公司未来发展前景良好的信息，从而增强投资者的信心，在一定程度上稳定股票价格。

请思考

发放现金股利和发放股票股利对股东和公司各有哪些不同的影响？

(二) 股利支付程序

公司股利的发放必须遵守相关要求，按照日程安排来进行。一般情况下，先由董事会提出分配预案，然后提交股东大会决议，股东大会决议通过才能进行分配。股东大会决议通过分配预案后，要向股东宣布发放股利的方案，并确定股权登记日、除息日和股利发放日。

1. 股利宣告日

股利宣告日是指股东大会决议通过并由董事会将股利支付情况予以公告的日期。公告中将宣布每股应支付的股利、股权登记日、除息日以及股利支付日。

2. 股权登记日

股权登记日是指有权领取本期股利的股东资格登记截止日期。凡是在此指定日期收盘之前取得公司股票，成为公司在册股东的投资者都可以作为股东享受公司本期分派的股利。在这天之后取得股票的股东则无权领取本次分派的股利。

3. 除息日

除息日是指领取股利的权利与股票分离的日期。在除息日之前购买股票的股东才能领取本次股利，而在除息日当天或是以后购买股票的股东，则不能领取本次股利。由于失去了“收息”的权利，除息日的股票价格会下跌。除息日是股权登记的下一个交易日。

4. 股利发放日

股利发放日是指公司按照公布的分红方案向股权登记日在册的股东实际支付股利的日期。

6

【业务 6-5】 某上市公司于 2024 年 4 月 12 日公布 2023 年度的最后分红方案，其公告如下：“2024 年 4 月 10 日在杭州召开的股东大会，通过了董事会关于每股分派 0.20 元的 2023 年股息分配方案。股权登记日为 4 月 24 日，除息日为 4 月 25 日，股东可在 5 月 9 日至 24 日之间通过上海证券交易所按交易方式领取股息。特此公告。”要求：梳理该公司的股利支付程序。

解析：该公司的股利支付程序如图 6-1 所示。

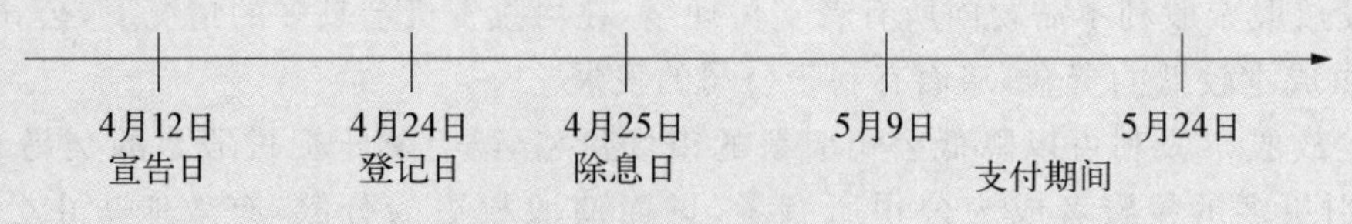

图 6-1 股利支付程序

知识延伸

企业的股利分配方案既取决于企业的股利政策，又取决于决策者对股利分配的理解与认识，即股利分配理论。股利分配理论是指人们对股利分配的客观规律的科学认识与总结，其核心问题是股利政策与公司价值的关系问题。在市场经济条件下，股利分配要符合财务管理目标。人们对股利分配与财务目标之间关系的认识存在不同的流派与观念，至今还没有一种被大多数人接受的权威观点和结论，但主要有以下两种较流行的观点。

1. 股利无关论

股利无关论认为，在一定的假设条件限制下，股利政策不会对公司的价值或股票的价格产生任何影响，投资者不关心公司股利的分配。公司市场价值的高低，是由公司所选择的投资决策的获利能力和风险组合所决定的，而与公司的利润分配政策无关。

由于公司对股东的分红只能采取派现或股票回购等方式，因此，在完全有效的资本市场上，股利政策的改变就仅仅意味着股东的权益在现金股利与资本利得之间分配上的变化。如果投资者按理性行事的话，这种改变不会影响公司的市场价值以及股东的财富。该理论是建立在完全资本市场理论之上的，假定条件包括：① 市场具有强式效率，没有交易成本，没有任何一个股东的实力足以影响股票价格；② 不存在任何公司或个人所得税；③ 不存在任何筹资费用；④ 公司的投资决策与股利决策彼此独立，即投资决策不受股利分配的影响；⑤ 股东对股利收入和资本增值并无偏好。

2. 股利相关理论

与股利无关理论相反，股利相关理论认为，企业的股利政策会影响股票价格和公司价值。主要观点有以下几种。

(1)“一鸟在手”理论。“一鸟在手”理论认为，用留存收益再投资给投资者带来的报酬具有较大的不确定性，并且投资的风险随着时间的推移会进一步加大，因此，厌恶风险的投资者会偏好确定的股利收益，而不愿将报酬留存在公司内部去承担未来的投资风险。该理论认为公司的股利政策与公司的股票价格是密切相关的，即当公司支付较高的股利时，公司的股票价格会随之上升，公司价值将得到提高。

(2) 信号传递理论。信号传递理论认为，在信息不对称的情况下，公司可以通过股利政策向市场传递有关公司未来获利能力的信息，从而影响公司的股价。一般来讲，预期未来获利能力强的公司，往往愿意通过相对较高的股利支付水平把自己与预期获利能力差的公司区别开来，以吸引更多的投资者。对于市场上的投资者来讲，股利政策的差异或许是反映公司预期获利能力的有价值的信号。如果公司连续保持较为稳定的股利支付水平，那么，投资者就可能对公司未来的盈利能力与现金流量抱有乐观的预期。另外，如果公司的股利支付水平在过去一个较长的时期内相对稳定，而现在却有所变动，投资者将会把这种现象看作公司管理当局将改变公司未来收益率的信号，股票市价将会对股利的变动作出反应。

(3) 所得税差异理论。所得税差异理论认为，由于普遍存在的税率以及纳税时间的差异，资本利得收益比股利收益更有助于实现收益最大化目标，公司应当采用低股利政策。一般来说，对资本利得收益征收的税率低于对股利收益征收的税率；再者，即使二者没有税率上的差异，由于投资者对资本利得收益的纳税时间选择更具有弹性，投资者仍可以享受延迟纳税带来的收益差异。

(4) 代理理论。代理理论认为，股利政策有助于减缓管理者与股东之间的代理冲突，即股利政策是协调股东与管理者之间代理关系的一种约束机制。该理论认为，股利的支付能够有效地降低代理成本：① 股利的支付减少了管理者对自由现金流量的支配权，这在一定程度上可以抑制公司管理者的过度投资或在职消费行为，从而保护外部投资者的利益；② 较多的现金股利发放，减少了内部融资，导致公司进入资本市场寻求外部融资，从而公司将接受资本市场上更多的、更严格的监督，这样便通过资本市场的监督减少了代理成本。因此，高水平的股利政策降低了企业的代理成本，但同时增加了外部融资成本，理想的股利政策应当使两种成本之和最小。

试比较

四种股利有关论的主要区别。

任务三　股票分割与股票回购

案例导入

2024 年 2 月 5 日，Y 公司公告："公司今日通过集中竞价交易方式首次实施回购公司股份，回购股份数为 2 027.5 万股，占公司截至本公告日总股本的 0.69%，回购最高价格人民币 51.72 元/股，回购最低价格人民币 46.50 元/股，回购均价人民币49.321 元/股，使用资金总额人民币 10 亿元(不含交易费用)。截至本公告日，公司本次回购股份事项已实施完毕。"

思考与分析： 上市公司为何要进行股票回购？

6

一、股票分割

(一) 股票分割的概念

股票分割，又称拆股，是指将一股股票拆分成多股股票的行为。股票分割一般只会增加发行在外的股票总数，但不会对公司的资本结构产生任何影响。股票分割与股票股利非常相似，都是在不增加所有者权益的情况下增加了股份数量。不同的是，股票股利虽不会引起所有者权益总额的改变，但所有者权益的内部结构会发生变化；而股票分割之后，所有者权益总额及其内部结构都不会发生任何变化，变化的只是股票面值。

(二) 股票分割的作用

股票分割有降低股票价格、传递远期良好信号、帮助实施公司并购这三个主要作用。

(1) 降低股票价格。股票分割会使每股市价降低，买卖该股票所需资金量减少，从而可以促进股票的流通和交易。流通性的提高和股东数量的增加，会在一定程度上加大对公司股票恶意收购的难度。此外，降低股票价格还可以为公司发行新股做准备，因为股价太高会使许多潜在投资者力不从心而不敢轻易对公司股票进行投资。

(2) 传递远期良好信号。公司向市场和投资者传递“公司发展前景良好”的信号，有助于提振投资者对公司股票的信心。一般来说，股票分割是成长中的公司所为，因为企业进行股票分割往往被视为一种利好消息而影响其股票价格，这样公司股东就能从股份数量和股票价格中获得相对收益。

(3) 有助于公司并购的实施。公司在并购另一家公司之前，首先将自己的股票分割，可以提高其对被并购方股东的吸引力。

【业务 6-6】 某公司原发行面额为 10 元的普通股 800 万股，若按 1 股换成 5 股的比例进行分割，要求：列出股票分割对所有者权益各项目的影响。(假设股票分割前，公司资本公积 5 000 万元，未分配利润 3 000 万元)

解析：股票分割前后的所有者权益各项目如表 6-4 所示。

表 6-4 股票分割前后的所有者权益变化

项　　目	股票分割前	股票分割后
股本：		
股份数/万股	800	4 000
每股面值/元	10	2
股本金额/万元	8 000	8 000
资本公积/万元	5 000	5 000
未分配利润/万元	3 000	3 000
所有者权益合计/万元	16 000	16 000

请思考

股票分割对公司所有者权益结构是否有影响？

二、股票回购

(一) 股票回购的含义及方式

股票回购是指上市公司出资将其发行在外的普通股以一定价格购回予以注销或作为库存

股的一种资本运作方式。公司不得随意收购本公司的股份，只有满足相关法律规定的情形才允许股票回购。

股票回购的方式主要包括公开市场回购、要约回购和协议回购三种。其中，公开市场回购是指公司在公开交易市场上以当前市价回购股票；要约回购是指公司在特定期间向股东发出以高出当前市价的某一价格回购既定数量股票的要约，并根据要约内容进行回购；协议回购则是指公司以协议价格直接向一个或几个主要股东回购股票。

（二）股票回购的动机

在证券市场上，股票回购的动机多种多样，主要有以下几种。

（1）现金股利的替代。现金股利政策会对公司产生未来的派现压力，而股票回购不会。当公司有富余资金时，通过购回股东所持股票将现金分配给股东，这样，股东就可以根据自己的需要选择继续持有股票或出售获得现金。

（2）改变公司的资本结构。无论是现金回购还是举债回购股份，都会提高公司的财务杠杆水平，改变公司的资本结构。公司认为股权资本在资本结构中所占比例较大时，为了调整资本结构而进行股票回购，可以在一定程度上降低整体资本成本。

（3）传递公司信息。由于信息不对称和预期差异，证券市场上的公司股票价格可能被低估，而过低的股价将会对公司产生负面影响。一般情况下，投资者会认为股票回购意味着公司认为其股票价值被低估而采取的应对措施。

（4）基于控制权的考虑。控股股东为了保证其控制权不被改变，往往采取直接或间接的方式回购股票，从而巩固既有的控制权。另外，股票回购使流通在外的股份数变少，股价上升，从而可以有效防止敌意收购。

（三）股票回购的影响

股票回购对上市公司的影响主要表现在以下几个方面。

（1）股票回购需要大量资金支付回购成本，容易造成资金紧张，降低资产流动性，影响公司的后续发展。

（2）股票回购无异于股东退股和公司资本的减少，也可能会使公司的发起人股东更注重创业利润的实现，从而不仅在一定程度上削弱了对债权人利益的保护，而且忽视了公司的长远发展，损害了公司的根本利益。

（3）股票回购容易导致公司操纵股价。公司回购自己的股票容易导致其利用内幕消息进行炒作，加剧公司行为的非规范化，损害投资者的利益。

6

试比较

股票回购与股票分割的主要区别。

政策导航

2023 年 12 月，为更好顺应市场实际和公司需求，增强回购制度包容度和便利性，推动上市公司重视回购、实施回购、规范回购，积极维护公司价值和所有者权益，中国证券监督管理委员会（以下简称“证监会”）修订发布《上市公司股份回购规则》，对部分条款予以优化完善。本次修订的主要内容包括：一是着力提高股份回购便利度，放宽并增设一项为维护公司价值及所有者权益所必需而回购股份的条件，取消禁止回购窗口期的规定，适度放宽上市公司回购基本条件，优化回购交易申报的禁止性规定。二是进一步健全回购约束机制，鼓励上市公司形成实施回购的机制性安排，明确触及为维护公司价值及所有者权益所必需回购情形时的董事会义务。三是进行适应性文字性修改。前期，证监会已就规则修订向社会公开征求意见，各方总体表示认可支持。

股份回购作为资本市场的一项基础性制度安排，具有优化资本结构、维护公司投资价值、健全投资者回报机制等方面的功能作用。证监会鼓励上市公司依法合规运用回购工具，积极回报投资者，促进市场稳定健康发展，同时也将加大回购的事中事后监管，对利用回购实施内幕交易、操纵市场等违法行为的，依法严厉查处。

项目知识结构图

总结：项目六

本项目知识结构如图 6-2 所示。

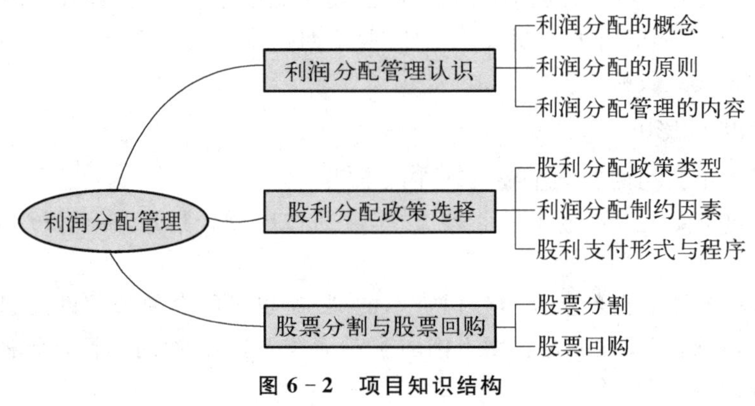

图 6-2 项目知识结构

6

基本训练

一、单项选择题

1. 假定某公司的税后利润为 500 000 元，按法律规定，至少需提取 50 000 元公积金。公司的目标资本结构为长期有息负债：所有者权益＝1：1，该公司第二年投资计划所需资金为 600 000 元，当年流通在外普通股为 100 000 股，若采用剩余股利政策，该年度股东可获每股股利为（　　）元。

A. 3　　B. 2　　C. 4　　D. 1.5

2. 假定甲公司本年盈余为 110 万元，某股东持有 10 000 股普通股（占总股数的 1%），目前每股市价为 22 元。股票股利发放率为 10%。假设市盈率不变，则下列表述中不正确的是（　　）。

A. 发放股票股利之后每股收益为 1 元

B. 发放股票股利之后每股价格为 20 元

C. 发放股票股利之后该股东持股比例为 1.1%

D. 发放股票股利之后该股东持股总价值不变

3. 下列情形中，会使企业提高股利支付水平的是（　　）。

A. 市场竞争加剧，企业利润的稳定性减弱

B. 企业财务状况不好，无力偿还负债

C. 经济增长速度减慢，企业缺乏良好的投资机会

D. 企业的举债能力不强

4. 在积累与消费关系的处理上，企业应贯彻积累优先的原则，合理确定提取盈余公积金和分配给投资者利润的比例。这样的处理体现的利润分配基本原则是（　　）。

A. 依法分配的原则　　B. 资本保全的原则

C. 充分保护债权人利益的原则　　D. 多方及长短期利益兼顾的原则

5. 下列股利分配政策中，最有利于股价稳定的是（　　）。

A. 剩余股利政策

B. 固定或持续增长的股利政策

C. 固定股利支付率政策

D. 低正常股利加额外股利政策

6. 某公司目标资本结构为股权资本与债务资本各占 50%，明年将继续保持。已知今年实现税后利润 600 万元，预计明年需要增加投资 800 万元，假设流通在外普通股为 200 万股，如果采取剩余股利政策，明年股东可获每股股利为（　　）元。

A. 1　　B. 2　　C. 3　　D. 5

7. 下列关于制定股利分配政策应考虑因素的表述中，错误的是（　　）。

A. 按照资本保全的限制，股本和资本公积都不能发放股利

B. 按照企业积累的限制，法定公积金达到注册资本的 50% 时可以不再提取

C. 按照净利润的限制，五年内的亏损必须足额弥补，有剩余净利润才可以发放股利

D. 按照无力偿付的限制，如果股利支付会影响公司的偿债能力，则不能支付股利

8. 如果上市公司以其应付票据作为股利支付给股东，则这种股利方式称为（　　）。

A. 现金股利　　B. 股票股利　　C. 财产股利　　D. 负债股利

二、多项选择题

1. 下列情形中会使企业减少股利分配的有（　　）。

A. 市场竞争加剧，企业利润的稳定性减弱

B. 市场销售不畅，企业库存量持续增加

C. 经济增长速度减慢，企业缺乏良好的投资机会

D. 为保证企业的发展，需要扩大筹资规模

2. 某公司于 2024 年 3 月 16 日发布公告："本公司董事会在 2024 年 3 月 15 日的会议上决定，2023 年发放每股为 3 元的股利；本公司将于 2024 年 4 月 8 日将上述股利支付给已在 2024 年 3 月 26 日（周五）登记为本公司股东的人士。"下列说法中不正确的有（　　）。

A. 2024 年 3 月 15 日为公司的股利宣告日

B. 2024 年 3 月 29 日为公司的除息日

C. 2024 年 3 月 25 日为公司的除息日

D. 2024 年 3 月 27 日为公司的除权日

3. 为了保护债权人和股东的利益，我国有关法规对公司股利分配作出的限制有（　　）。

A. 资本保全限制　　B. 企业积累的限制

C. 净利润的限制　　D. 超额累积利润的限制

4. 某公司目前的普通股 100 万股（每股面值 1 元，市价 25 元），资本公积 400 万元，未分配利润 500 万元。如果按 1 股换成 2 股的比例进行股票分割，则下列表述中正确的有（　　）。

A. 股本为 100 万元　　B. 股本为 200 万元

C. 资本公积增加 240 万元　　D. 所有者权益总额为 1 000 万元

5. 某企业 2023 年实现销售收入 2 480 万元，全年固定成本为 570 万元（含利息），变动成本率为 55%，所得税税率为 25%。年初未分配利润借方余额为 49.5 万元（已超过 5 年的亏损弥补期），按 15%提取盈余公积金，向投资者分配利润的比率为可供投资者分配利润的 40%，不存在纳税调整事项。则下列表述正确的有（　　）。

A. 2023 年提取的盈余公积金为 54 万元

B. 2023 年可供投资者分配的利润为 355.5 万元

C. 2023 年向投资者分配利润 122.4 万元

D. 2023 年年末未分配利润为 183.6 万元

6. 下列做法中遵循了利润分配的基本原则的有（　　）。

A. 缴纳企业所得税后的净利润，企业对此有权自主分配

B. 企业在分配中不能侵蚀资本

C. 企业必须在利润分配之前偿清所有债权人的到期债务

D. 企业分配利润的时候必须兼顾投资者、经营者、企业职工等多方面的利益

7. 下列关于剩余股利政策的表述中，正确的有（　　）。

A. 说明公司一年中始终保持同样的资本结构

B. 公司可以保持理想的资本结构

C. 公司统筹考虑了资本预算、资本结构和股利政策等财务基本问题

D. 保持目标资本结构是指保持全部资产的负债比率

三、判断题

1. 企业在向投资者分配利润时，应本着平等一致的原则，按照投资者投入资本的比例来进行分配，不允许发生任何一方随意多分多占的现象。（　　）

2. 税后利润弥补亏损可以用当年实现的净利润，但不可以用盈余公积转入。（　　）

3. 剩余股利政策和固定或稳定增长的股利政策都需要考虑资本结构。（　　）

4. 固定或稳定增长的股利政策通常适用于经营比较稳定或正处于成长期的企业，但很难被长期采用。（　　）

5. 低正常加额外股利政策使股利与公司盈余紧密地配合，体现了“多盈多分、少盈少分、无盈不分”的股利分配原则。（　　）

四、计算分析题

1. 某公司本年实现的净利润为 250 万元，年初累计未分配利润为 400 万元。上年实现净利润 200 万元，分配的股利为 120 万元。

要求：通过计算回答下列问题。

(1) 如果预计明年需要增加投资资本 200 万元，公司的目标资本结构为：股权资本占 60%，债务资本占 40%。公司采用剩余股利政策，公司本年应发放多少股利？

(2) 如果公司采用固定股利政策，公司本年应发放多少股利？

(3) 如果公司采用固定股利支付率政策，公司本年应发放多少股利？

(4) 如果公司采用正常股利加额外股利政策，规定每股正常股利为 0.1 元，按净利润超过正常股利部分的 30% 发放额外股利，该公司普通股股数为 400 万股，公司本年应发放多少股利？

2. 东大公司本年实现税后净利润 5 100 万元，按照 10% 的比例提取法定盈余公积金，按照 5% 的比例提取任意盈余公积金，年初未分配利润为借方余额 100 万元，公司发行在外的普通股为 1 000 万股(每股面值 2 元)，利润分配之前的所有者权益为 8 000 万元，每股现行市价为 30 元，每股净资产(所有者权益÷普通股股数)为 8 元。

要求：通过计算回答下列问题。

(1) 计算提取的法定盈余公积金、任意盈余公积金数额。

(2) 假设按照 1 股换 2 股的比例进行股票分割，股票分割前从本年净利润中发放的现金股利为 800 万元，计算股票分割之后的普通股股数、每股面值、股本、每股净资产。

(3) 假设发放股票股利后盈利总额不变，市盈率(每股市价÷每股收益)数值不变，欲通过发放股票股利将股价维持在 25 元/股，则股票股利发放率应为多少？

(4) 假设股票股利发放率为 10%，股票股利按股票面值计算，并按新股数发放现金股利，且希望普通股每股市价达到 24 元，不改变每股市价和每股净资产的比例关系，计算每股现金股利。

(5) 假设按照目前的市价回购 150 万股，尚未进行利润分配，不改变每股市价和每股净资产的比例关系，计算股票回购之后的每股市价。

拓展训练——Excel 运用

案例一　剩余股利政策下的股利分配

某公司 20×5 年税后净利润为 1 000 万元，公司的目标资本结构为股权资本占 60%，债务资本占 40%，目前流通在外的普通股股数为 1 000 万股。该公司 20×6 年的投资所需资金在投资机会"好""一般""差"的 3 种情况下分别为 1 500 万元、1 200 万元和 0。企业决定维持资本结构保持不变，采用剩余股利政策进行股利分配。要求：计算不同投资机会情况下所需的股权资本数额、发放的股利总额、每股股利以及股利支付率。

本题的可参考解题思路如下。

(1) 计算不同投资机会情况下所需的股权资本数额。在单元格 B9 中输入公式"=B8 * $B$2"，即可得到该企业在投资机会"好"的情况下所需的股权资本数额为 900 万元。将单元格 B9 向右复制到单元格"C9:D9"区域，便可计算出其他投资机会下所需的股权资本数额，如图 6-3 所示。

B9	=B8*$B$2		
	A	B	C	D

	A	B	C	D
1	已知条件			
2	股权资本占总资本比重	60%		
3	普通股股数（万股）	1 000		
4	20×5年的税后净利润（万元）	1 000		
5	剩余股利政策下的不同投资水平下股利方法情况			
6	项目	投资机会		
7		好	一般	差
8	投资所需资金（万元）	1 500	1 200	0
9	所需的股权资本数额（万元）	900	720	0
10	发放股利总额（万元）			
11	每股股利（元）			
12	股利支付率			

图 6-3 不同投资机会情况下所需的股权资本数额计算

（2）计算不同投资机会情况下发放的股利总额。在单元格 B10 中输入公式“=$B$4-B9”，即可得到该企业在投资机会“好”的情况下发放的股利总额为 100 万元。将单元格 B10 向右复制到单元格“C10:D10”区域，便可计算出其他投资机会下发放的股利总额，如图 6-4 所示。

B10 =$B$4-B9

	A	B	C	D
1	已知条件			
2	股权资本占总资本比重	60%		
3	普通股股数（万股）	1 000		
4	20×5年的税后净利润（万元）	1 000		
5	剩余股利政策下的不同投资水平下股利方法情况			
6	项目	投资机会		
7		好	一般	差
8	投资所需资金（万元）	1 500	1 200	0
9	所需的权益资本数额（万元）	900	720	0
10	发放股利总额（万元）	100	280	1 000
11	每股股利（元）			
12	股利支付率			

图 6-4 不同投资机会情况下发放的股利总额计算

（3）计算不同投资机会情况下的每股股利。在单元格 B11 中输入公式“=B10/$B$3”，即可得到该企业在投资机会“好”的情况下的每股股利为 0.1 元。将单元格 B11 向右复制到单元格“C11:D11”区域，便可计算出其他投资机会下发放的股利总额，如图 6-5 所示。

（4）计算不同投资机会情况下的股利支付率。在单元格 B12 中输入公式“=B10/$B$4”，即可得到该企业在投资机会“好”的情况下的股利支付率为 10%。将单元格 B12 向右复制到单元格“C12:D12”区域，便可计算出其他投资机会下发放的股利支付率，如图 6-6 所示。

6

B11	fx =B10/$B$3		
	A	B	C	D

	A	B	C	D
1	已知条件			
2	股权资本占总资本比重	60%		
3	普通股股数（万股）	1 000		
4	20×5年的税后净利润（万元）	1 000		
5	剩余股利政策下的不同投资水平下股利方法情况			
6	项目	投资机会		
7		好	一般	差
8	投资所需资金（万元）	1 500	1 200	0
9	所需的权益资本数额（万元）	900	720	0
10	发放股利总额（万元）	100	280	1 000
11	每股股利（元）	0.1	0.28	1
12	股利支付率			

图 6-5　不同投资机会情况下的每股股利计算

B12　fx =B10/$B$4

	A	B	C	D
1	已知条件			
2	股权资本占总资本比重	60%		
3	普通股股数（万股）	1 000		
4	20×5年的税后净利润（万元）	1 000		
5	剩余股利政策下的不同投资水平下股利方法情况			
6	项目	投资机会		
7		好	一般	差
8	投资所需资金（万元）	1 500	1 200	0
9	所需的权益资本数额（万元）	900	720	0
10	发放股利总额（万元）	100	280	1 000
11	每股股利（元）	0.1	0.28	1
12	股利支付率	10.00%	28.00%	100.00%

图 6-6　不同投资机会情况下的股利支付率计算

案例二　发放股票股利与股票分割对所有者权益的影响分析

某公司现有股本 1 000 万股(每股面值 10 元)。资本公积 20 000 万元,留存收益 70 000 万元,股票市价为每股 30 元。按照 100%发放股票股利与按照 1∶2 进行股票分割两种方式进行股利分配,计算并分析对所有者权益的影响情况。

本题可参考的解题思路如下。

(1) 方案一。在单元格 B10 中输入公式"=B2",即可得到每股面值为 10 元。在单元格 B11 中输入公式"=B4+B4 * 100%",即可得到普通股股数为 2 000 万股。在单元格 B12 中输入公式"=B10 * B11",即可得到股本为 20 000 万元。在单元格 B13 中输入公式"=(B3－B2) * B11",即可得到资本公积为 40 000 万元。在单元格 B14 中输入公式"=B7－B3 * B4 * 100%",即可得到留存收益为 40 000 万元。在单元格 B15 中输入公式"=SUM(B12:B14)",即可得到所有者权益合计为 100 000 万元。具体如图 6-7 所示。

	A	B
1	已知条件	
2	每股面值（元）	10
3	每股市价（元）	30
4	普通股股数（万股）	1 000
5	股本（万元）	10 000
6	资本公积（万元）	20 000
7	留存收益（万元）	70 000
8	所有者权益合计（万元）	100 000
9	方案一 按照100%发放股票股利	
10	每股面值（元）	10
11	普通股股数（万股）	2 000
12	股本（万元）	20 000
13	资本公积（万元）	40 000
14	留存收益（万元）	40 000
15	所有者权益合计（万元）	100 000
16	方案二 按照1:2进行股票分割	
17	每股面值（元）	
18	普通股股数（万股）	
19	股本（万元）	
20	资本公积（万元）	
21	留存收益（万元）	
22	所有者权益合计（万元）	

图 6-7 发放股票股利对所有者权益影响的计算

（2）方案二。在单元格 B17 中输入公式“＝B2/2”，即可得到每股面值为 5 元。在单元格 B18 中输入公式“＝B4 * 2”，即可得到普通股股数为 2 000 万股。在单元格 B19 中输入公式“＝B17 * B18”，即可得到股本为 10 000 万元。在单元格 B20 中输入公式“＝B6”，即可得到资本公积为 20 000万元。在单元格 B21 中输入公式“＝B7”，即可得到留存收益为 70 000 万元。在单元格 B22 中输入公式“＝SUM(B19:B21)”，即可得到所有者权益合计为 100 000 万元，如图 6-8 所示。

	A	B
1	已知条件	
2	每股面值（元）	10
3	每股市价（元）	30
4	普通股股数（万股）	1 000
5	股本（万元）	10 000
6	资本公积（万元）	20 000
7	留存收益（万元）	70 000
8	所有者权益合计（万元）	100 000
9	方案一 按照100%发放股票股利	
10	每股面值（元）	10
11	普通股股数（万股）	2 000
12	股本（万元）	20 000
13	资本公积（万元）	40 000
14	留存收益（万元）	40 000
15	所有者权益合计（万元）	100 000
16	方案二 按照1:2进行股票分割	
17	每股面值（元）	5
18	普通股股数（万股）	2 000
19	股本（万元）	10 000
20	资本公积（万元）	20 000
21	留存收益（万元）	70 000
22	所有者权益合计（万元）	100 000

图 6-8 股票分割对所有者权益的影响的计算

项目七　全面预算管理

◇ **知识目标**

1. 了解全面预算的含义和作用。
2. 熟悉全面预算的分类和全面预算体系。
3. 掌握全面预算的编制方法。
4. 掌握经营预算和财务预算的编制。

◇ **技能目标**

1. 能根据企业实际选择恰当的预算编制方法。
2. 能进行经营预算和财务预算的相关计算。
3. 能进行预算的编制。

任务一　全面预算认知

案例导入

HR集团是我国的家电制造商和服务提供商之一。该集团从2005年开始引入全面预算管理，经过多年的探索和实践，形成了一套独特的全面预算管理体系和流程：以用户为导向，将用户需求作为预算编制的基础和依据，并通过用户满意度来衡量和考核预算目标的实现情况。公司采用动态式预算编制方法，每个月对预算方案进行修订和更新，以适应用户变化和需求。并建立了灵活的责任体系和考核体系，将预算目标与员工收入挂钩，并通过市场化机制来激励员工按照预算方案进行创新。同时该集团运用先进的信息技术和管理软件，如云计算、大数据、人工智能等，实现了预算管理的智能化、自动化。通过全面预算管理，HR集团实现了用户需求的满足，推动了创新目标的实现，提高了品牌价值和市场份额，成为行业领导者。

思考与分析：企业预算在企业管理中有什么作用？如何编制预算？

一、全面预算的含义

认识预算管理

全面预算是指以战略目标为导向，在对未来内外部经营环境预测的基础上，通过表格的形式，用数量和金额反映企业未来一定时期内经营活动和财务活动的一系列具体计划。全面预算对企业内部各部门的财务及非财务资源进行控制、分配、考核，以便有效组织生产经营活动，完成既定的经营目标。

二、全面预算的作用

全面预算既是决策的具体化，又是控制经营和财务活动的依据，在经营管理中发挥着重大作用。

1. 通过规划、控制和引导经济活动，使企业经营达到预期目标

企业的经济活动可能受各种因素的影响而偏离既定目标。预算将企业一定时期的总目标分解为各部门的具体目标，各部门根据预算规划经济活动。在经济活动实施过程中，各部门可以通过对比实际数据和预算数据，及时发现实际脱离预算的差异并分析其原因，采取措施调整经济活动，纠正不良偏差，控制和引导经济活动有序进行，以最经济有效的方式实现预定目标。

2. 实现企业内部各个部门之间的协调

企业各部门往往会因为职责不同出现相互冲突的现象。例如，销售部门根据市场预测提出了一个庞大的销售计划，而生产部门可能没有足够的生产能力；销售部门和生产部门都认为应该扩大产能，财务部门却认为无法筹到必要的资金。各个部门编制的对自己而言最好的计划，在其他部门很可能行不通。此时，全面预算经过综合平衡后可以提出代表企业的最优方案，使各部门管理人员了解本部门在全局中的地位和作用，尽可能地做好与其他部门之间的协调，在保证实现企业整体目标的前提下，组织各自的生产经营活动。

3. 全面预算可以作为业绩考核的标准

全面预算作为企业财务活动的行为标准，使各项活动的实际执行有章可循。企业应以全

面预算为业绩考核标准，将各部门、各责任人的业绩考评与预算目标相结合，根据预算执行情况，分析偏离预算的程度和原因，评估优劣，奖勤罚懒。

三、全面预算的分类

1. 按预算内容不同，全面预算可分为经营预算、专门决策预算和财务预算

经营预算又称为业务预算，是指与企业日常营业活动直接相关的一系列预算，涉及供产销等各个环节，主要包括销售预算、生产预算、直接材料预算、直接人工预算、制造费用预算、产品成本预算、销售及管理费用预算等。

专门决策预算是指企业重大的或不经常发生的、需要根据特定决策编制的预算，包括投融资决策预算等。例如企业购置生产设备，这一经济活动往往涉及金额较大，且不会经常发生，企业需要编制专门决策预算对这一经济活动作出具体安排，包括投资金额、投资时点、资金筹集、投资期限、投产时间、未来每年现金流量。

财务预算是指与企业资金收支、财务状况或经营成果等有关的预算，包括资金预算（又称现金预算）、预计资产负债表和预计利润表。财务预算是全面预算体系的最后环节。

经营预算和专门决策预算的结果都可以以价值形式反映在财务预算内，故财务预算亦称为总预算，其他预算称为辅助预算或分预算。

2. 按预算指标覆盖的时间长短，全面预算可分为长期预算和短期预算

预算的编制时间视预算的内容和实际需要而定，可以是 1 周、1 月、1 季、1 年或若干年。通常长期和短期的划分以 1 年为界限。预算期在 1 年以内（含 1 年）的预算称为短期预算，企业的经营预算和财务预算多为 1 年期的短期预算，年内再按季或按月细分，预算期间往往与会计期间保持一致。预算期在 1 年以上的预算称为长期预算，专门决策预算属于长期预算。

政策导航

2020 年 8 月 3 日，修订后的《中华人民共和国预算法实施条例》公布，该条例自 2020 年 10 月 1 日起施行，细化了《中华人民共和国预算法》有关规定，将近年来财税体制改革和预算管理实践成果以法规形式固定下来，确保公共财政资金节用裕民。

四、全面预算体系

企业各预算相互联系、紧密结合，构成一个完整的体系，如图 7－1 所示。

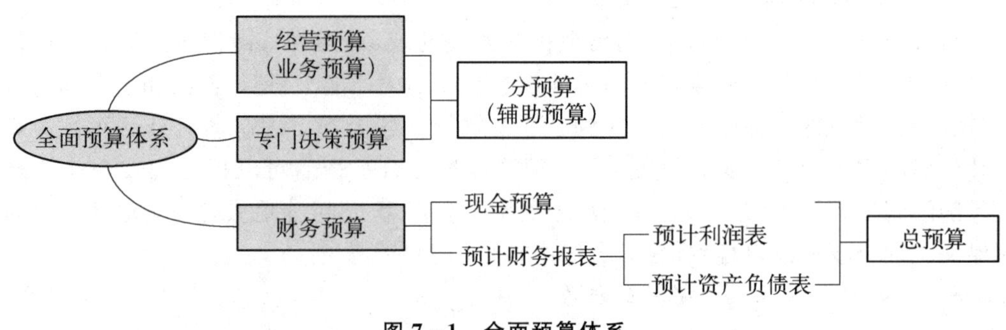

图 7－1 全面预算体系

7

请思考

财务预算与其他各项预算有何关系？

任务二　全面预算编制方法应用

案例导入

力丰公司是一家小规模的汽车配件生产企业，刚在企业内部推行全面预算管理。2022 年公司销售部门销售汽车配件 15 万件，产生费用 1 万元。2022 年年末公司估计下一年度汽车配件销售量不会发生变化，按此业务量给销售部门的 2023 年度预算费用为 1 万元。2023 年销售部门销售汽车配件 20 万件，实际费用为 1.3 万元。年底公司对各部门的预算执行情况进行考核，给销售部门的评价是实际费用超出预算，预算执行较差。

思考与分析：力丰公司采用的是哪种预算编制方法？公司对销售部门的预算执行考核和评价合理吗？若不合理该如何改进？

全面预算编制方法的选择应与企业现有管理模式相适应。常用的全面预算编制方法包括增量预算与零基预算、固定预算与弹性预算、定期预算与滚动预算，这些方法被广泛应用于营业活动有关预算的编制。

一、增量预算法与零基预算法

增量预算法与零基预算法

按出发点的特征不同，全面预算的编制方法可以分为增量预算法和零基预算法。

（一）增量预算法

增量预算法又称调整预算法，是指以历史期实际经济活动及其预算为基础，结合预算期经济活动及相关影响因素的变动情况，通过调整历史期经济活动项目及金额形成预算的预算编制方法。

增量预算法的应用有三个前提条件：① 现有业务活动是合理的且不需要调整；② 现有各项业务的开支水平合理且在预算期予以保持；③ 以现有业务活动及其开支水平，确定预算期各项活动的预算数。

增量预算法认为过去的业务活动不需要调整，往往会不加分析地保留或接受原有的成本费用项目，导致不合理费用和不必要开支无法得到有效控制，造成预算上的浪费。

（二）零基预算法

零基预算法是指企业不以历史期经济活动及其预算为基础，以零为起点，从实际需要出发分析预算期经济活动的合理性，经综合平衡，形成预算的编制方法。这一方法适用于各项预算的编制，特别是不经常发生或预算编制基础变化较大的预算项目。

运用零基预算法的具体步骤如下。

（1）对标行业、其他单位的预算编制标准，根据企业经营实际形成本企业的预算编制标准。

(2) 预算编制责任部门在综合考虑企业战略、年度经营目标、内外部环境等因素的基础上，分析预算期各项经济活动合理性，调整完善预算期业务计划。

(3) 预算编制责任部门编制相关预算并报预算管理责任部门审核。

(4) 预算管理责任部门逐项分析各预算项目的合理性、战略相关性、成本效益，汇总形成预算草案，报预算管理委员会等专门机构审议后报董事会等机构审批。

零基预算法的优点是：① 不受历史经济活动的不合理因素影响，一切费用都以零为起点，能使企业灵活应对内外环境变化，预算编制更贴近预算期经济活动需要；② 增加预算编制透明度，进行预算控制。

零基预算法的缺点是：① 对每一项支出都要重新分析，增加了预算编制的工作量，提高了预算编制的成本；② 预算的准确性受企业管理水平和相关数据标准准确性影响较大。

试比较

增量预算与零基预算的区别。

二、固定预算法与弹性预算法

按业务量基础的数量特征不同，全面预算的编制方法可以分为固定预算法和弹性预算法。

(一) 固定预算法

固定预算法与弹性预算法

固定预算法又称静态预算法，是指仅根据预算期内正常的、最可实现的某一业务量(如产量、销售量、作业量等)水平作为固定基础，不考虑可能发生的变动的预算编制方法。

固定预算法的缺点表现在两个方面。

(1) 适应性差。在这种方法下，不论预算期内的实际业务量水平如何变化，成本费用始终只按事先确定的固定业务量水平为基础确定。

(2) 可比性差。当实际业务量与编制预算所依据的业务量相差较大时，有关预算指标的实际数与预算数就失去了比较基础。例如，某企业车间的生产能力为 10 000 机器工时，预计业务量为生产能力的 90%，即 9 000 机器工时，按此业务量给车间的制造费用预算为 40 000 元，如果该车间的实际业务量达到生产能力的 110%，即 11 000 机器工时，超出了预算业务量，固定预算法下的费用预算仍为 40 000 元。

(二) 弹性预算法

弹性预算法又称动态预算法，是指企业在成本性态分析的基础上，依据业务量与预算项目之间数量依存关系，分别确定不同业务量及其相应预算项目所消耗资源的预算编制方法。弹性预算法又分为公式法和列表法两种具体方法。

理论上，弹性预算法适用于编制全面预算中所有与业务量有关的预算，但实务中主要用于编制成本费用预算和利润预算，尤其是成本费用预算。

弹性预算法编制预算的准确性，很大程度上取决于成本性态分析的可靠性。选择业务量的计量单位和确定适用的业务量范围尤为关键。企业应选用一个最能代表生产经营活动水平的业务量计量单位。例如，以手工操作为主的车间，应选用人工工时；单一产品或零件的生产部门，可选用实物数量；修理部门可以选用直接修理工时等。适用的业务量范围视业务量变化情况而定，但务必使实际业务量不至于超出相关的业务量范围。一般来说，业务量范围可定在正常生产能力的70%～110%,或以历史上最高业务量和最低业务量为其上下限。

与固定预算法相比,弹性预算法考虑了预算期一系列业务量水平,更贴近企业经营管理实际情况。但是弹性预算法要对每一项成本进行成本性态分析,编制工作量大;市场及其变动趋势预测的准确性、预算项目与业务量之间依存关系的判断水平等也会对弹性预算的合理性造成较大影响。

1. 弹性预算法的编制

弹性预算法的基本编制程序如下。

(1) 确定弹性预算适用项目,识别相关业务量并预测业务量在预算期内可能存在的不同水平和弹性幅度。

(2) 分析预算项目与业务量之间的数量依存关系,确定弹性定额。

(3) 构建弹性预算模型,形成预算方案。

(4) 审定预算方案并上报企业预算管理委员会等专门机构审议后,报董事会等机构审批。

2. 公式法

公式法是指运用总成本性态模型,测算预算期的成本费用数额,并编制成本费用预算的方法。根据成本性态,成本与业务量之间的数量关系可用公式表示为:

$$Y = a + bX$$

式中,Y 为某项预算成本总额;a 为该项成本中的固定成本预算总额;b 为该项成本中的单位变动成本预算额(弹性定额);X 为预计业务量。

【业务7-1】 A企业是一家工业企业,其制造费用中的修理费用与修理工时密切相关。经测算,预算期修理费用中的固定修理费用为3 000元,单位工时的变动修理费用为2元;预计预算期的修理工时为3 500小时。要求:运用公式法,测算预算期的修理费用总额。

解析:任何成本都能用公式"$Y=a+bX$"来近似表示,所以只要在预算中列示a(固定成本)和b(单位变动成本),便可计算任一业务量(X)的预算成本(Y)。

本例中,固定成本a为3 000元,单位变动成本b为2元/小时,业务量X为3 500小时,修理费用总额=3 000+2×3 500=10 000(元)。

【业务7-2】 B企业经过分析得出某种产品的制造费用与人工工时密切相关,采用公式法编制的制造费用预算如表7-1所示。要求:计算当业务量分别为500、650人工工时时的制造费用预算。

表7-1　制造费用预算(公式法)

业务量范围	420～660(人工工时)	
费用项目	固定费用/(元/月)	变动费用/(元/人工工时)
运输费用		3
电力费用		10
材料费用		2

续 表

业务量范围	420～660(人工工时)	
修理费用	850	8.5
油料费用	1 000	1
折旧费用	3 000	
人工费用	1 500	
合 计	6 350	24.5
备 注	业务量超过600工时后，修理费中的固定费用将由850元上升为1 850元	

解析：当业务量为420～600人工工时，$Y=6\ 350+24.5X$；当业务量为600～660人工工时，$Y=7\ 350+24.5X$。如果业务量为500人工工时，则制造费用预算为$6\ 350+24.5\times500=18\ 600$(元)；如果业务量为650人工工时，则制造费用预算为$7\ 350+24.5\times650=23\ 275$(元)。

公式法的优点是便于在一定范围内计算任何业务量的预算成本，可比性和适应性强，编制预算的工作量相对较小。

公式法的缺点是：① 按公式对每个费用子项目甚至细目逐一进行成本分解，工作量很大。② 另外阶梯成本和曲线成本只能用数学方法修正为直线，才能应用公式法。必要时，还需备注说明适用不同业务量范围的固定费用和单位变动费用。③ 应用公式法编制预算时，相关弹性定额可能仅适用于一定业务量范围内，当业务量超出适用范围时，应及时修正弹性定额，或改为列表法编制。

3. 列表法

列表法是指在确定的业务量范围内将业务量划分为若干个水平，在一个预算表格中计算填列不同水平业务量的预算值的方法。

【业务7-3】 根据【业务7-2】中的资料，B企业采用列表法编制的2024年6月制造费用预算如表7-2所示。表7-2中，列示了5种业务量水平的成本预算数据(根据企业情况，也可以划分成更多的业务量水平)，无论实际业务量达到何种水平，都有适用的一套成本数据来发挥控制作用。要求：运用列表法计算业务量为500人工工时时的制造费用预算。

7

表7-2 制造费用预算(列表法) 金额单位：元

业务量(直接人工工时)	420	480	540	600	660
占正常生产能力百分比	70%	80%	90%	100%	110%

续　表

变动成本：					
运输费用($b=3$)	1 260	1 440	1 620	1 800	1 980
电力费用($b=10$)	4 200	4 800	5 400	6 000	6 600
材料费用($b=2$)	840	960	1 080	1 200	1 320
合　计	6 300	7 200	8 100	9 000	9 900
混合成本：					
修理费用	4 420	4 930	5 440	5 950	7 460
油料费用	1 420	1 480	1 540	1 600	1 660
合　计	5 840	6 410	6 980	7 550	9 120
固定成本：					
折旧费用	3 000	3 000	3 000	3 000	3 000
人工费用	1 500	1 500	1 500	1 500	1 500
合　计	4 500	4 500	4 500	4 500	4 500
总　计	16 640	18 110	19 580	21 050	23 520

解析：假设固定预算法以600工时为固定基础，则成本预算总额为21 050元，当实际业务量为500工时时，用21 050元去评价实际成本的高低就不合适，也不能按业务量变动的比例调整后的预算成本17 541.67元(21 050×500÷600)去考核实际成本，因为并不是所有的成本都一定同业务量成正比例关系。

如果采用弹性预算法，就可以根据各项成本与业务量的不同关系，采用不同方法确定实际业务量的预算成本，去评价和考核实际成本。当实际业务量为500工时，各项变动成本可用实际工时数乘以单位业务量变动成本来计算，即变动总成本为7 500元(500×3+500×10+500×2)。固定总成本不随业务量变动，仍为4 500元。混合成本可用插值法逐项计算。500工时处在480工时和540工时两个水平之间，修理费应该在4 930～5 440元，设实际业务的预算修理费为x元，则可列出如下等式：

$(500-480)\div(540-480)=(x-4\,930)\div(5\,440-4\,930)$

可得，　$x=5\,100$(元)

480工时和540工时下的油料费用分别为1 480元和1 540元，用插值法计算500工时下的油料费用应为1 500元。

500工时预算成本$=(3+10+2)\times500+5\,100+1\,500+4\,500$

$=18\,600$(元)

这样计算出来的预算成本比较符合成本的变动规律，可以用来评价和考核实际成本，比较准确并容易为被考核人所接受。

7

列表法的优点是：① 不管实际业务量多少，不必经过计算即可找到与业务量相近的预算成本；② 混合成本中的阶梯成本和曲线成本，可按总成本性态模型计算填列，不必用数学方法修正为近似的直线成本。但是，运用列表法编制预算，在评价和考核实际成本时，往往需要使用插值法来计算实际业务量的预算成本，比较麻烦。

试比较

固定预算与弹性预算的区别。

定期预算法与滚动预算法

三、定期预算法与滚动预算法

按预算期的时间特征不同，全面预算的编制方法可以分为定期预算法和滚动预算法。

（一）定期预算法

定期预算法是指以固定的会计期间（如日历年度）作为预算期的一种预算编制方法。采用定期预算法编制预算，能够保证预算期间与会计期间相对应，便于依据会计报告的数据与预算进行比较，分析和评价预算执行情况。但这种方法的预算期固定不变，预算执行一段时间后，易出现管理者只重视剩余预算期的预算执行，缺乏长远打算，导致短期行为的出现。

（二）滚动预算法

滚动预算法又称连续预算法或永续预算法，是指企业根据上一期预算执行情况和新的预测结果，按既定的预算编制周期和滚动频率，对原有的预算方案进行调整和补充、逐期滚动、持续推进的预算编制方法。

按照预算编制周期，滚动预算可以分为中期滚动预算和短期滚动预算。中期滚动预算以年度为滚动频率，预算编制周期通常为 3 年或 5 年。短期滚动预算以月度、季度为滚动频率，预算编制周期通常为 1 年。一般情况下，短期滚动预算的预算期始终保持在 12 个月，预算每执行 1 个月或 1 个季度，就立即在期末增列 1 个月或 1 个季度的预算，逐期往后滚动。这种预算能使企业管理人员始终保持对未来 12 个月的生产经营活动作出周详考虑和全盘规划，保证企业的经营管理工作稳定有序地进行。

采用滚动预算法编制短期滚动预算，按照滚动的时间单位不同可分为逐月滚动、逐季滚动和混合滚动。

1. 逐月滚动

逐月滚动是指在预算编制过程中，以月份为预算的编制和滚动单位，每个月调整一次预算的方法。如在 2023 年 1 月至 12 月的预算执行过程中，需要在 1 月月末根据当月预算的执行情况修订 2 月至 12 月的预算，同时补充 2024 年 1 月的预算；到 2 月月末可根据当月预算的执行情况，修订 3 月至 2024 年 1 月的预算，同时补充 2024 年 2 月的预算；以此类推。

按照逐月滚动方式编制的预算比较精确，但工作量较大。

2. 逐季滚动

逐季滚动是指在预算编制过程中，以季度为预算的编制和滚动单位，每个季度调整一次预算的方法。逐季滚动编制的预算比逐月滚动的工作量小，但精确度较差。

【业务7-4】　C企业一车间采用滚动预算方法编制制造费用预算。已知2023年分季度的制造费用预算如表7-3所示。其中,间接材料费用忽略不计。

表7-3　　2023年全年制造费用预算　　金额单位:元

项　　目	一季度	二季度	三季度	四季度	全　年
直接人工预算总工时/小时	5 200	5 100	5 100	4 600	20 000
变动制造费用					
间接人工费用	208 000	204 000	204 000	184 000	800 000
水电与维修费用	156 000	153 000	153 000	138 000	600 000
小　计	364 000	357 000	357 000	322 000	1 400 000
固定制造费用					
设备租金	200 000	200 000	200 000	200 000	800 000
管理人员工资	80 000	80 000	80 000	80 000	320 000
小　计	280 000	280 000	280 000	280 000	1 120 000
制造费用合计	644 000	637 000	637 000	602 000	2 520 000

2023年3月31日,C企业在编制2023年第二季度至2024年第一季度滚动预算时,发现未来的四个季度中将出现以下情况。

① 间接人工费用预算工时分配率将上涨10%。

② 原设备租赁合同到期,公司新签订的租赁合同中设备年租金将降低20%。

③ 2023年第二季度至2024年第一季度预计直接人工总工时分别为5 150小时、5 100小时、4 600小时和5 750小时。

④ 水电与维修费用预算工时分配率等其他条件不变。

要求:根据上述资料,编制2023年第二季度至2024年第一季度制造费用预算。

解析:

(1) 以直接人工工时为分配标准,计算下一滚动期间间接人工费用预算工时分配率、水电与维修费用预算工时分配率。

间接人工费用预算工时分配率=(800 000÷20 000)×(1+10%)

=44(元/小时)

水电与维修费用预算工时分配率=600 000÷20 000=30(元/小时)

(2) 计算下一滚动期间每季度设备租金预算额。

每季度设备租金预算额=200 000×(1-20%)=160 000(元)。

(3) 编制2023年第二季度至2024年第一季度制造费用预算,如表7-4所示。

7

表 7-4　　2023 年第二季度至 2024 年第一季度制造费用预算　　金额单位：元

项　　目	2023 年度			2024 年度	合　计
	二季度	三季度	四季度	一季度	
直接人工预算总工时/小时	5 150	5 100	4 600	5 750	20 600
变动制造费用					
间接人工费用	226 600	224 400	202 400	253 000	906 400
水电与维修费用	154 500	153 000	138 000	172 500	618 000
小　计	381 100	377 400	340 400	425 500	1 524 400
固定制造费用					
设备租金	160 000	160 000	160 000	160 000	640 000
管理人员工资	80 000	80 000	80 000	80 000	320 000
小　计	240 000	240 000	240 000	240 000	960 000
制造费用合计	621 100	617 400	580 400	665 500	2 484 400

3. 混合滚动

混合滚动是指在预算编制过程中，基于人们对未来的了解程度，具有对近期的预计把握较大，对远期的预计把握较小的特征，同时以月份和季度作为预算的编制和滚动单位的方法。

滚动预算法可以保持预算的持续性。企业的生产经营活动是持续不断的，预算方法也应体现这一持续不断的过程，采用滚动预算有利于考虑未来经营活动，结合企业近期目标和长期目标不断随着时间的推进调整和修订预算，动态反映市场，建立跨期综合平衡，更有效地指导企业运营，强化预算的决策与控制职能。当然，预算的滚动频率越高，预算编制的工作量就越大；过高的滚动频率容易增加管理层的不稳定感，导致预算执行者无所适从。

试比较

定期预算与滚动预算的区别。

任务三　全面预算编制

7

案例导入

明德公司是一家加工定制零件的小型机械加工企业，2023 年年末接到某大型机械制造商的订单，2024 年全年为其生产专用备件 4 600 件。接下订单后，公司无剩余生产能力生产其他产品。

合同约定，该专用备件每件 1 200 元，按季供货，每季度供货量分别为 800 件、1 100 件、1 500 件和 1 200 件。各季度货款当季支付 60%，其余 40%下季付讫。该客户尚欠明德公司 50 万元货款，预计将在 2024 年第一季度付清。为保证供货连续性，预算期内各季度末产品库存量应达到下季度销售量的 20%。因与客户长期合作，预算年度末产品库存量只要维持在年初 200 件的水平，就能及时供货。

明德公司生产该专用备件主要使用一种合金材料，公司一直以每千克 200 元的价格向一家长期合作的供应商订购，双方约定，购货款在购货当季和下季各付一半。目前公司尚欠该供应商货款 40 万元，预计将在 2024 年第一季度付清。为保证生产连续性，预算期内各季末材料库存量应达到下季生产需用量的 10%，并规定各年末的预计材料库存应维持在 600 千克。据以往加工经验，生产一件专用备件需要合金材料 5 千克，加工 7 个工时，劳动合同规定每工时支付工人工资 10 元。

明德公司根据生产经验估计预算年度会发生下列制造费用：辅助材料和水电费每工时分别开支 3 元和 2 元；车间管理人员工资和设备折旧费每季度分别开支 10 000 元和 15 250 元；每季度进行一次设备基本维护，设备维护费 15 000 元，日常维护费与开工工时有关，每工时维护费 2 元。公司预计销售费用只有运输费，与运输公司合同约定每季度支付 13 000 元；管理费用包括管理人员工资、办公费和房租，每季度分别开支 6 000 元、4 000 元和 10 000 元。除折旧费外，其他费用均于发生当月现金付讫。

2023 年年末公司现金余额为 10 000 元。财务部根据经营特点和现金流转状况，确定最佳现金持有量是 10 000 元。资金不足时变现有价证券以及申请短期借款，资金盈余时归还借款和购入有价证券。财务部估计 2024 年初公司有价证券储备 23 000 元，且与银行商定了 1 年的信贷额度，可随时按 6%的年利率向银行借款，借款额为 1 000 元的整数倍，借款利息还款时支付，假设新增借款发生在季度初，偿还借款发生在季度末。

除日常经营活动引起的现金支出，公司估计 2024 年还会发生以下现金支出业务：

(1) 一季度更新一台专用机床，预计需支出购置费及安装费等共计 130 000 元。

(2) 年初向股东派发 2023 年度的现金股利 20 000 元。

(3) 每季度需要缴纳所得税税款 5 600 元。

明德公司财务部估计，若各项经营预算和资金预算能在预算期内落实，公司 2024 年度的盈利前景十分乐观，2024 年度的股利分配额能在 2023 年基础上增长 50%。

明德公司 2023 年年末资产负债表部分资料如表 7-5 所示，公司没有计提任意盈余公积，法定盈余公积达到股本的 50%时可以不再提取。

表 7-5　　明德公司 2023 年年末资产负债表部分资料　　单位：元

资　产	年初余额	所有者权益	年初余额
固定资产	1 100 000	实收资本(股本)	500 000
累计折旧	183 000	资本公积	50 000
		盈余公积	250 000
		未分配利润	580 800

思考与分析：假如你是明德公司新招聘的财务管理专业的大学生，财务经理请你协助编制2024年度的财务预算，你认为需要编制哪些财务预算表？请你根据上述资料完成财务经理交给你的任务。

业务预算编制——销售预算和生产预算

一、经营预算的编制

（一）销售预算

销售预算是在销售预测的基础上根据销售计划编制的，用于规划预算期销售活动的一种经营预算。销售预算是整个预算的编制起点，其他预算的编制都以销售预算为基础。

【业务7-5】 W公司为制造企业，生产和销售甲产品。2024年各季度的预计销售资料如表7-6所示。预计企业每季度销售收入中，本季度收到现金60%，另外的40%现金要到下季度才能收到，2023年年末的应收账款金额为6 200元。

表7-6 **W公司2024年各季度预计销量及单价**

项目	一季度	二季度	三季度	四季度	全年
预计销售量/件	100	150	200	180	630
预计单位售价/元	250	250	250	250	250

要求：编制W公司2024年度的销售预算。

解析：根据表7-6，编制公司2024年度的销售预算，如表7-7所示。

表7-7 **W公司2024年度销售预算** 金额单位：元

项目	一季度	二季度	三季度	四季度	全年
预计销售量/件	100	150	200	180	630
预计单位售价/元	250	250	250	250	250
销售收入	25 000	37 500	50 000	45 000	157 500
预计现金收入					
期初应收账款	6 200				6 200
第一季度(销货25 000元)	15 000	10 000			25 000
第二季度(销货37 500元)		22 500	15 000		37 500
第三季度(销货50 000元)			30 000	20 000	50 000
第四季度(销货45 000元)				27 000	27 000
现金收入合计	21 200	32 500	45 000	47 000	145 700

7

2024 年预计年末应收账款＝45 000×40％＝18 000(元)

或者：

2024 年预计年末应收账款＝6 200＋157 500－145 700＝18 000(元)。

销售预算主要反映企业预算期的销售收入和预计现金收入。销售收入是预计销售量和预计单位售价的乘积，预计销售量根据市场预测或销货合同并结合企业生产能力确定，预计单位售价通过价格决策确定。

在销售预算中计算预计现金收入，其目的是为编制资金预算提供必要的资料。每一季度的现金收入包括本季度销售中可能收到的货款和本季度收回的前期应收账款。

企业还可以在编制销售预算时单独计算预计年末应收账款，为编制预计资产负债表提供资料。预计年末应收账款的计算公式如下。

预计年末应收账款＝期初应收账款＋全年预计销售收入(应收账款增加额)－全年预计现金收入(应收账款减少额)

通常，销售预算要分品类(或品种)、分月份、分销售区域、分推销员来编制。为了简化，在表 7－7 中只划分了季度销售数据。

(二) 生产预算

生产预算是为规划预算期生产规模而编制的一种经营预算，它在销售预算的基础上编制，并可以作为编制直接材料预算和产品成本预算的依据。其主要内容有销售量、期初和期末产成品存货、生产量。生产预算只涉及实物量指标，不涉及价值量指标。

【业务 7－6】　根据【业务 7－5】中的资料，假设 W 公司年初有产成品存货 10 件，年末预计留存产成品存货 20 件，各季度末产成品存货量按照下季度销售量的 10％安排。

要求：编制 W 公司 2024 年度的生产预算。

解析：按照生产预算编制方法，W 公司 2024 年度的生产预算，如表 7－8 所示。

表 7－8　　W 公司 2024 年度生产预算　　单位：件

项　　目	一季度	二季度	三季度	四季度	全　年
预计销售量	100	150	200	180	630
加：预计期末产成品存货	15	20	18	20	20
合　　计	115	170	218	200	650
减：预计期初产成品存货	10	15	20	18	10
预计生产量	105	155	198	182	640

通常，企业的生产和销售不宜做到“同步同量”，需要保持一定量的存货，保证在发生意外需求时仍能按时供货，并可均衡生产，节省赶工的额外支出。期末产成品存货数量通常按下期销售量的一定百分比确定，本例按 10％安排期末产成品存货。年初产成品存货

7

是编制预算时预计的，年末产成品存货根据长期销售趋势来确定。本例假设年初有产成品存货10件，年末留存20件。

生产预算的"预计销售量"项目来自销售预算，其他数据在表7－8中计算得出，相关公式如下。

预计期末产成品存货＝下季度销售量×10%

预计期初产成品存货＝上季度期末产成品存货

预计生产量＝预计销售量＋预计期末产成品存货－预计期初产成品存货

值得注意的是，全年的预计期末产成品存货指的是年末产成品存货量，所以等于第四季度末的产成品存货量，全年的预计期初产成品存货指的是年初产成品存货量，所以等于第一季度初的产成品存货量。

实际编制生产预算时还需要考虑诸多现实因素，如产量会受生产能力的限制，产成品存货数量会受仓库容量的限制，因此需在仓储能力和产能允许的范围内安排产成品存货数量和各期生产量。此外，有的季度可能销量很大，可以赶工增产但要多付加班费。如果提前在淡季生产，则会因增加产成品存货而多付资金利息，因此还需权衡两者得失，选择成本最低的方案。

业务预算编制——直接材料预算、直接人工预算和制造费用预算

（三）直接材料预算

直接材料预算是为了规划预算期直接材料采购金额的一种经营预算。企业通常在生产预算的基础上编制直接材料预算，但应同时考虑原材料存货水平。

【业务7－7】 根据【业务7－6】中的资料，假设W公司单位产品预算材料用量10千克/件，材料预算单价为5元/千克；上年年末材料存量300千克，预计本年年末存量为400千克，各季度末材料存量按照下季生产需用量的20%安排。上年年末应付账款为2 350元，企业材料采购货款有50%在本季度内付清，另外50%在下季度付清。

要求：编制W公司2024年度的直接材料预算。

解析：根据直接材料预算编制方法，W公司2024年度的直接材料预算如表7－9所示。

表7－9　**W公司2024年度直接材料预算**　金额单位：元

项　　目	一季度	二季度	三季度	四季度	全　年
预计生产量(件)	105	155	198	182	640
单位产品材料用量/(千克/件)	10	10	10	10	10
生产需用量/千克	1 050	1 550	1 980	1 820	6 400
加：预计期末存量/千克	310	396	364	400	400
减：预计期初存量/千克	300	310	396	364	300

7

续　表

项　　目	一季度	二季度	三季度	四季度	全　年
预计材料采购量/千克	1 060	1 636	1 948	1 856	6 500
单价/(元/千克)	5	5	5	5	5
预计采购金额	5 300	8 180	9 740	9 280	32 500
预计现金支出					
期初应付账款	2 350				2 350
第一季度(采购 5 300 元)	2 650	2 650			5 300
第二季度(采购 8 180 元)		4 090	4 090		8 180
第三季度(采购 9 740 元)			4 870	4 870	9 740
第四季度(采购 9 280 元)				4 640	4 640
预计现金支出合计	5 000	6 740	8 960	9 510	30 210

2024 年预计年末应付账款＝9 280×50％＝4 640(元)

或者：

2024 年预计年末应付账款＝2 350＋32 500－30 210＝4 640(元)

直接材料预算的主要内容有材料的单位产品用量、生产需用量、期初和期末存量等。“预计生产量”项目的数据来自生产预算，“单位产品材料用量”项目的数据来自标准成本资料或消耗定额资料，“生产需用量”项目是上述两项的乘积。年初和年末的材料存货量，是根据当前情况和长期销售预测估计的。各季度“期末材料存量”项目根据下季度生产需用量的一定百分比确定，本例按 20％计算。各季度“期初材料存量”项目等于上季度的期末材料存量。预计各季度“采购量”根据如下的公式计算确定：

预计采购量＝生产需用量＋期末存量－期初存量

为便于编制资金预算，通常要预计材料采购各季度的现金支出。每个季度的现金支出包括偿还前期应付账款和本期支付的采购货款。本例假设材料采购的货款有 50％在本季度内付清，其余 50％在下季度付清。这个百分比一般是根据经验确定的。如果材料品种很多，需要单独编制材料存货预算。企业还可以在编制直接材料预算时单独计算预计年末应付账款，为编制预计资产负债表提供资料。预计年末应付账款可根据如下的公式计算确定：

预计年末应付账款＝期初应付账款＋全年预计采购金额(应付账款增加额)
－全年预计现金支出(应付账款减少额)

(四) 直接人工预算

直接人工预算是一种既要反映预算期内人工工时消耗水平，又要规划人工成本开支的经营预算。直接人工预算也是以生产预算为基础编制的。其主要内容有预计产量、单位产品工时、人工总工时、每小时人工成本和人工总成本。预计生产量数据来自生产预算，单位产品人工工时和每小时人工成本数据来自标准成本资料，人工总工时和人工总成本是在直接人工预算中计算出来的。由于人工工资都需要使用现金支付，所以，不需要另外预计现金支出，可直接参加资金预算的汇总。

【业务7-8】 根据【业务7-6】中的资料，假设W公司预计单位产品预算工时为10小时/件，单位小时人工成本为2元。

要求：编制W公司2024年度的直接人工预算。

解析：根据直接人工预算编制方法，W公司2024年度的直接人工预算，如表7-10所示。

表7-10 W公司2024年度直接人工预算

项目	一季度	二季度	三季度	四季度	全年
预计生产量/件	105	155	198	182	640
单位产品工时/(小时/件)	10	10	10	10	10
人工总工时/小时	1 050	1 550	1 980	1 820	6 400
每小时人工成本/(元/小时)	2	2	2	2	2
人工总成本/元	2 100	3 100	3 960	3 640	12 800

(五) 制造费用预算

制造费用预算通常分为变动制造费用预算和固定制造费用预算两部分。变动制造费用预算以生产预算为基础，如果有完善的标准成本资料，制造费用预算金额为单位产品的标准成本与计划产量的乘积；如果没有标准成本资料，就需要逐项预计计划产量需要的各项制造费用。固定制造费用通常与本期产量无关，需要逐项预计。

【业务7-9】 根据【业务7-6】中的资料，假设W公司单位变动成本预算为间接人工每件1元，间接材料每件1元，修理费每件2元，水电费每件1元。单位产品工时为10小时，固定制造费用预算数如表7-11所示，每季度固定制造费用中包含折旧费用1 000元。

表7-11 W公司2024年各季度固定制造费用 单位：元

项目	一季度	二季度	三季度	四季度	全年
修理费	1 000	1 140	900	900	3 940
折旧	1 000	1 000	1 000	1 000	4 000
管理人员工资	200	200	200	200	800
保险费	75	85	110	190	460
财产税	100	100	100	100	400
小计	2 375	2 525	2 310	2 390	9 600

7

要求：编制 W 公司 2024 年度的制造费用预算。

解析：根据制造费用预算编制方法，W 公司 2024 年度的制造费用预算，如表 7－12 所示。

表 7－12　　W 公司 2024 年度制造费用预算　　单位：元

项　　目	一季度	二季度	三季度	四季度	全　年
变动制造费用：					
预计生产量/件	105	155	198	182	640
间接人工/(1 元/件)	105	155	198	182	640
间接材料/(1 元/件)	105	155	198	182	640
修理费/(2 元/件)	210	310	396	364	1 280
水电费/(1 元/件)	105	155	198	182	640
小　计	525	775	990	910	3 200
固定制造费用：					
修理费	1 000	1 140	900	900	3 940
折旧	1 000	1 000	1 000	1 000	4 000
管理人员工资	200	200	200	200	800
保险费	75	85	110	190	460
财产税	100	100	100	100	400
小　计	2 375	2 525	2 310	2 390	9 600
合　计	2 900	3 300	3 300	3 300	12 800
减：折旧	1 000	1 000	1 000	1 000	4 000
现金支出的费用	1 900	2 300	2 300	2 300	8 800

为便于编制产品成本预算，需要计算小时费用率。

变动制造费用小时费用率＝变动制造费用总额÷人工总工时

＝3 200÷(640×10)＝0.5(元/小时)

固定制造费用小时费用率＝固定制造费用总额÷人工总工时

＝9 600÷(640×10)＝1.5(元/小时)

为便于编制资金预算，需要预计现金支出。制造费用中，除折旧费外都需支付现金，所以，根据每个季度制造费用数额扣除折旧费后，即可得出现金支出的费用。

7

产品成本预算和销售及管理费用预算

（六）产品成本预算

产品成本预算，是销售预算、生产预算、直接材料预算、直接人工预算、制造费用预算的汇总。其主要内容是产品的单位成本和总成本。单位产品成本的有关数据，来自直接材料预算、直接人工预算和制造费用预算。生产量、期末存货量来自生产预算，销售量来自销售预算。生产成本、存货成本和销货成本等数据，根据单位成本和有关数据计算得出。

【业务7－10】 要求：根据【业务7－5】至【业务7－9】中的资料，编制W公司2024年度的产品成本预算。

解析：根据产品成本预算编制方法，W公司2024年度的产品成本预算，如表7－13所示。

表7－13 **W公司2024年度产品成本预算** 金额单位：元

成本项目	单位成本			生产成本（640件）	期末存货（20件）	销货成本（630件）
	单价/（元/千克或小时）	单耗/（千克或小时）	成本/元			
直接材料	5元/千克	10千克	50	32 000	1 000	31 500
直接人工	2元/小时	10小时	20	12 800	400	12 600
变动制造费用	0.5元/小时	10小时	5	3 200	100	3 150
固定制造费用	1.5元/小时	10小时	15	9 600	300	9 450
合计			90	57 600	1 800	56 700

（七）销售及管理费用预算

销售及管理费用预算，是指为了实现销售预算和维持一般管理业务所需支付的费用预算。销售费用预算既要以销售预算为基础，综合分析过去销售费用支出的必要性和效果，实现销售费用的最有效使用，又要与销售预算相配合，有按品种、按地区、按用途的具体预算额。管理费用多为固定成本，管理费用预算应以企业过去的实际开支为基础，结合业务和经济状况，充分考察每项费用的必要性，按预算期可预见变化进行调整。

7

【业务7－11】 2024年度，W公司销售部门预计发生销售人员工资3 000元，广告费5 500元，包装及运输费3 000元，保管费2 700元，折旧费1 000元。管理部门预计发生管理人员薪金5 000元，福利费800元，保险费600元，办公费1 400元，折旧费1 500元。

要求：编制W公司2024年度的销售及管理费用预算。

解析：根据销售及管理费用预算编制方法，W公司2024年度的销售及管理费用预算，如表7－14所示。

表 7-14 W 公司 2024 年度销售及管理费用预算 单位：元

项目	金额
销售费用	
销售人员工资	3 000
广告费	5 500
包装及运输费	3 000
保管费	2 700
折旧	1 000
管理费用	
管理人员薪金	5 000
福利费	800
保险费	600
办公费	1 400
折旧	1 500
合计	24 500
减：折旧	2 500
每季度支付现金[(24 500—2 500)÷4]	5 500

请思考

哪些经营预算不涉及金额，只涉及数量？

二、专门决策预算的编制

专门决策预算又称资本支出预算，是指与项目投资决策相关的专门预算，主要是长期投资预算。它反映长期建设项目的资金支出与筹集计划，经常跨越多个年度。专门决策预算的编制以项目财务可行性分析资料以及企业筹资决策为依据，同时专门决策预算是编制资金预算和预计资产负债表的依据。

7

【业务 7-12】 为扩大生产，W 公司计划于 2024 年度投资 130 000 元购买生产设备，一季度支付设备款 52 000 元，剩余设备款在第四季度支付，该投资项目本年未完工。同时 W 公司第一季度和第四季度分别借入长期借款 30 000 元和 60 000 元。

要求：编制W公司2024年度的专门决策预算。

解析：W公司2024年度的专门决策预算，如表7－15所示。

表7－15 W公司2024年度专门决策预算 单位：元

项目	一季度	二季度	三季度	四季度	全年
投资支出预算	52 000	—	—	78 000	130 000
借入长期借款	30 000	—	—	60 000	90 000

财务预算编制——资金预算

三、财务预算的编制

（一）资金预算

资金预算是以经营预算和专门决策预算为依据编制的，专门反映预算期内预计现金收入与现金支出，以及为满足理想现金余额而进行筹资或归还借款等的预算。

资金预算由可供使用现金、现金支出、现金余缺、现金筹措与运用四部分构成，公式如下。

可供使用现金＝期初现金余额＋现金收入

可供使用现金－现金支出＝现金余缺

现金余缺＋现金筹措－现金运用＝期末现金余额

其中：

“期初现金余额”是编制预算时预计的，下一季度的期初现金余额等于上一季度的期末现金余额，全年的期初现金余额即年初现金余额，等于第一季度的期初现金余额。

“现金收入”的主要来源是销货取得的现金收入，来自销售预算。

“现金支出”部分包括预算期的各项现金支出。“直接材料”“直接人工”“制造费用”“销售及管理费用”数据分别来自前述有关经营预算。此外，还包括所得税费用、购买设备、股利分配等现金支出，有关的数据分别来自另行编制的专门预算。

“现金余缺”是可供使用现金与现金支出合计的差额，财务管理部门应根据现金余缺与理想期末现金余额的比较，结合固定利息支出数据及其他因素，确定预算期现金运用或筹措的数额。差额大于理想期末余额，说明现金多余，可用于偿还银行借款或进行短期投资；差额小于期末理想余额，说明现金短缺，需要向银行借款或出售短期投资。

7

【业务7－13】 W公司2023年年末现金余额为8 000元，2024年理想的现金余额为3 000元。W公司2023年年末的长期借款余额为120 000元，无短期借款，企业短期借款年利率为10%，长期借款年利率为12%。如果资金不足，可以取得短期借款，银行的要求是借款额必须是1 000元的整数倍。借款利息按季支付，编制预算时假设新增借款发生在季度的期初，归还借款发生在季度的期末，归还借款是100元的整数倍。

W公司第一季度至第四季度的预计所得税费用分别为4 500元、6 000元、7 400元和6 600元。第四季度预计发放股利16 500元。

要求：编制 W 公司 2024 年度的资金预算。

解析：W 公司 2024 年度的资金预算，如表 7－16 所示。

表 7－16　　W 公司 2024 年度资金预算　　单位：元

项　　目	一季度	二季度	三季度	四季度	全　年
期初现金余额	8 000	3 200	3 060	3 040	8 000
加：现金收入（表 7－7）	21 200	32 500	45 000	47 000	145 700
可供使用现金	29 200	35 700	48 060	50 040	153 700
减：现金支出					
直接材料（表 7－9）	5 000	6 740	8 960	9 510	30 210
直接人工（表 7－10）	2 100	3 100	3 960	3 640	12 800
制造费用（表 7－12）	1 900	2 300	2 300	2 300	8 800
销售及管理费用（表 7－14）	5 500	5 500	5 500	5 500	22 000
所得税费用	4 500	6 000	7 400	6 600	24 500
购买设备（表 7－15）	52 000			78 000	130 000
发放股利				16 500	16 500
现金支出合计	71 000	23 640	28 120	122 050	244 810
现金余缺	－41 800	12 060	19 940	－72 010	－91 110
现金筹措与运用					
借入长期借款（表 7－15）	30 000			60 000	90 000
取得短期借款	20 000			22 000	42 000
归还短期借款		4 000	12 000		16 000
短期借款利息（年利率 10%）	500	500	400	650	2 050
长期借款利息（年利率 12%）	4 500	4 500	4 500	6 300	19 800
期末现金余额	3 200	3 060	3 040	3 040	3 040

本业务中理想的现金余额是 3 000 元，资金不足时可以于每季度初向银行借入金额为 1 000 元的整数倍的短期借款，因此取得短期借款当期期末就应支付产生的利息；资金多余时可以于每季度末偿还金额为 100 元的整数倍的短期借款，因此偿还短期借款当期末仍需支付偿还金额产生的利息。

本例中，W 公司现金筹措与运用的相关数据计算如下。

(1) 长期借款利息。

第一至三季度每季度长期借款利息＝(120 000＋30 000)×12%÷4＝4 500(元)

第四季度长期借款利息＝(120 000＋30 000＋60 000)×12%÷4＝6 300(元)

(2) 一季度短期借款借入额及短期借款利息。

一季度现金余缺是－41 800 元，即一季度现金短缺，应借入短期借款 W_1 元，产生短期借款利息 W_1×10%÷4 元，通过分析可得如下关系。

现金余缺	－41 800
＋借入长期借款	30 000
＋取得短期借款	W_1
－短期借款利息	W_1×10%÷4
－长期借款利息	4 500
＝期末现金余额	≥3 000

基于上述关系列出不等式：－41 800＋30 000＋W_1－W_1×10%÷4－4 500≥3 000

得出 W_1≥19 794.87(元)，按 1 000 元的整数倍取整为 W_1＝20 000(元)

短期借款利息＝20 000×10%÷4＝500(元)

期末现金余额＝－41 800＋30 000＋20 000－500－4 500＝3 200(元)

(3) 二季度短期借款偿还额。

二季度现金余缺是 12 060 元，即二季度现金盈余，可以偿还短期借款 W_2 元，二季度产生的短期借款利息仍为 500 元，通过分析可得如下关系。

现金余缺	12 060
－归还短期借款	W_2
－短期借款利息	500
－长期借款利息	4 500
＝期末现金余额	≥3 000

基于上述关系列出不等式：12 060－W_2－500－4 500≥3 000

得出 W_2≤4 060(元)，按 100 元的整数倍取整为 W_2＝4 000(元)

期末现金余额＝12 060－4 000－500－4 500＝3 060(元)

(4) 三季度短期借款偿还额。

三季度现金余缺是 19 940 元，即三季度现金盈余，可以偿还短期借款 W_3 元，具体关系如下。

短期借款利息＝(20 000－4 000)×10%÷4＝400(元)

现金余缺	19 940
－归还短期借款	W_3
－短期借款利息	400
－长期借款利息	4 500
＝期末现金余额	≥3 000

基于上述关系列出不等式：19 940－W_3－400－4 500≥3 000

得出 W_3≤12 040(元)，按 100 元的整数倍取整为 W_3＝12 000(元)

7

期末现金余额＝19 940－12 000－400－4 500＝3 040（元）

（5）四季度短期借款借入额及短期借款利息。

四季度现金余缺是－72 010元，即现金短缺，应借入短期借款W_4元，具体关系如下。

短期借款利息＝［（20 000－4 000－12 000）＋W_4］×10%÷4

现金余缺	－72 010
＋借入长期借款	60 000
＋取得短期借款	W_4
－短期借款利息	［（20 000－4 000－12 000）＋W_4］×10%÷4
－长期借款利息	6 300
＝期末现金余额	≥3000

基于上述关系列出不等式：－72 010＋60 000＋W_4－［（20 000－4 000－12 000）＋W_4］×10%÷4－6 300≥3 000

得出W_4≥21 958.97（元），按1 000元的整数倍取整为W_4＝22 000（元）

短期借款利息＝（20 000－4 000－12 000＋22 000）×10%÷4＝650（元）

期末现金余额＝－72 010＋60 000＋22 000－650－6 300＝3 040（元）

全年的期末现金余额指的是年末的现金余额，即第四季度末的现金余额，应为3 040元。

（二）预计利润表

财务预算编制——利润表预算和资产负债表预算

预计利润表又称利润表预算，是依据经营预算、专门决策预算和资金预算编制的，综合反映企业在预算期的预计经营成果的预算。编制预计利润表有助于企业了解预期的盈利水平。若预算利润与最初编制方针中的目标利润有较大差异，就需要调整部门预算以达到目标，或者经企业领导同意后修改目标利润。

【业务7－14】 要求：根据【业务7－5】至【业务7－13】中的资料，编制W公司2024年度的预计利润表。

解析：根据预计利润表编制方法，W公司2024年度的预计利润表，如表7－17所示。

表7－17 W公司2024年度预计利润表 单位：元

项目	金额	项目	金额
销售收入（表7－7）	157 500	利息（表7－16）	21 850
销售成本（表7－13）	56 700	利润总额	54 450
毛利润	100 800	所得税费用（表7－16）	24 500
销售及管理费用（表7－14）	24 500	净利润	29 950

“销售收入”项目的数据来自销售预算；“销售成本”项目的数据来自产品成本预算；“毛利润”项目的数据是前两项的差额；“销售及管理费用”项目的数据来自销售及管理费

7

用预算；“利息”项目的数据来自资金预算。“所得税费用”项目是在利润预测时估计的，并已列入资金预算。它通常不是根据“利润总额”项目和所得税税率计算出来的，因为有诸多纳税调整事项存在。

（三）预计资产负债表

预计资产负债表又称资产负债表预算，是总括性地反映预算期末企业预计财务状况的预算。编制预计资产负债表有助于判断预算反映的财务状况的稳定性和流动性。如通过分析预计资产负债表发现某些财务指标较差，必要时可修改相关预算改善财务状况。

预计资产负债表是以预算期开始日的资产负债表为基础，结合预算期各项经营预算、专门决策预算、资金预算和预计利润表的相关数据调整编制的，它是编制全面预算的终点。

【业务 7－15】 W 公司 2023 年年末资产负债表如表 7－18 所示，公司没有计提任意盈余公积，法定盈余公积达到实收资本的 50%时可以不再提取。

表 7－18　　W 公司 2023 年资产负债表年末余额　　单位：元

资　　产	年末余额	负债和所有者权益	年末余额
固定资产	43 750	长期借款	120 000
在建工程	100 000	实收资本（股本）	20 000
		资本公积	5 000
		盈余公积	10 000
		未分配利润	3 000

要求：根据【业务 7－5】至【业务 7－14】中的资料，编制 W 公司 2024 年度的预计资产负债表。

解析：根据预计资产负债表编制方法，W 公司 2024 年度的预计资产负债表，如表 7－19 所示。

表 7－19　　W 公司 2024 年度预计资产负债表　　单位：元

资　　产	年初余额	年末余额	负债和所有者权益	年初余额	年末余额
流动资产：			流动负债：		
货币资金（表 7－16）	8 000	3 040	短期借款（表 7－16）	0	26 000
应收账款（表 7－7）	6 200	18 000	应付账款（表 7－9）	2 350	4 640
存货（表 7－9、表 7－13）	2 400	3 800	流动负债合计	2 350	30 640
流动资产合计	16 600	24 840	非流动负债：		

续　表

资　　产	年初余额	年末余额	负债和所有者权益	年初余额	年末余额
非流动资产：			长期借款(表 7－15)	120 000	210 000
固定资产	43 750	37 250	非流动负债合计	120 000	210 000
在建工程	100 000	230 000	负债合计	122 350	240 640
非流动资产合计	143 750	267 250	所有者权益：		
			实收资本(股本)	20 000	20 000
			资本公积	5 000	5 000
			盈余公积	10 000	10 000
			未分配利润	3 000	16 450
			所有者权益合计	38 000	51 450
资产总计	160 350	292 090	负债和所有者权益总计	160 350	292 090

“货币资金”项目的数据来源于“资金预算(表 7－16)”中的“现金”项目的年初和年末余额。

“应收账款”项目的年初余额为 6 200 元来自“销售预算(表 7－7)”的“期初应收账款”项目，年末余额＝45 000×40％＝18 000(元)或年末余额＝6 200＋157 500－145 700＝18 000(元)。

“存货”项目包括直接材料和产成品，直接材料年初余额＝300×5＝1 500(元)，年末余额＝400×5＝2 000(元)，数据来源于“直接材料预算(表 7－9)”；产成品成本年初余额＝(20＋630－640)×90＝900(元)，年末余额＝20×90＝1 800(元)，数据来源于“产品成本预算(表 7－13)”。存货年初余额＝1 500＋900＝2 400(元)，年末余额＝2 000＋1 800＝ 3 800(元)。

“固定资产”项目和“在建工程”项目的年初余额来源于上年末的资产负债表。“固定资产”项目年末余额＝固定资产原值－累计折旧＝43 750－(4 000＋2 500)＝37 250(元)，累计折旧数据来源于“制造费用预算(表 7－12)”和“销售及管理费用预算(表 7－14)”中的折旧额。“在建工程”项目年末余额＝100 000＋130 000＝230 000(元)，本年的增加额 130 000 元来源于“专门决策预算(表 7－15)”(投资项目本年未完工)。

“短期借款”项目年初余额为 0，年末余额＝0＋(20 000－4 000－12 000＋22 000)＝26 000(元)，数据来源于“资金预算(表 7－16)”。

“应付账款”项目的年初余额 2 350 元来源于“直接材料预算(表 7－9)”的“期初应付账款”项目，年末余额＝9 280×50％或＝2 350＋32 500－30 210＝4 640(元)

“长期借款”项目的年初余额为 120 000 元，年末余额＝120 000＋90 000＝210 000(元)，数据来源于“专门决策预算(表 7－15)”。

公司法定盈余公积达到股本的 50％时可以不再提取，所以公司本年没有提取法定盈余公积。“实收资本(股本)”“资本公积”“盈余公积”项目的年末余额均未变动,数据来源于上年末的资产负债表。

“未分配利润”年初余额3 000元来源于上年末资产负债表,年末余额=年初余额+本年净利润-本年发放的股利=3 000+29 950-16 500=16 450(元)。本年净利润29 950元来源于“预计利润表(表7-17)”,本年发放的股利16 500元来源于“资金预算(表7-16)”。

政策导航

《关于进一步深化预算管理制度改革的意见》是为落实《中华人民共和国预算法》及其实施条例有关规定,规范管理、提高效率、挖掘潜力、释放活力,进一步深化预算管理制度改革而提出的意见。该意见立足于前期改革形成的基础,将有关改革成果制度化,提出24条具体改革措施,在加强重大决策部署财力保障、加强财政资源统筹、规范预算支出管理、加强预算控制约束和风险防控、提高预算管理信息化水平等方面有创新突破。

项目知识结构图

本项目知识结构如图7-2所示。

总结:项目七

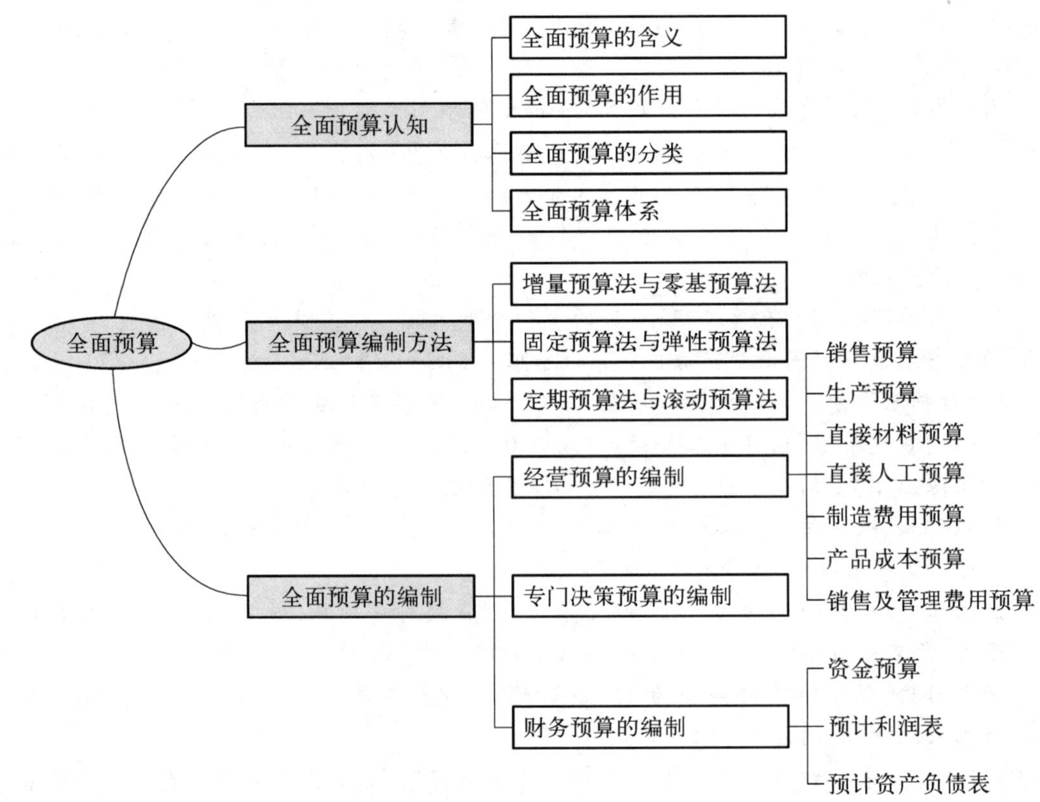

图7-2 项目知识结构

7

基本训练

一、单项选择题

1. 某公司1月、2月、3月的预计销售额分别为20 000元、25 000元、22 000元。每月销售额在当月收回30%，次月收回70%。预计3月月末的应收账款余额为(　　)。

A. 14 100元　　B. 13 500元　　C. 20 100元　　D. 15 400元

2. 某企业当年实际销售费用为6 000万元，占销售额的30%，企业预计下年销售额增加5 000万元，于是就将下年销售费用预算简单地确定为7 500万元(6 000+5 000×30%)。从中可以看出，该企业采用的预算编制方法为(　　)。

A. 弹性预算法　　B. 零基预算法　　C. 滚动预算法　　D. 增量预算法

3. 下列各项中，不属于经营预算的是(　　)。

A. 资金预算　　B. 销售预算

C. 销售费用预算　　D. 直接材料预算

4. 关于资产负债表预算，下列说法正确的是(　　)。

A. 利润表预算编制应当先于资产负债表预算编制而完成

B. 编制资产负债表预算的目的在于了解企业预算期的经营成果

C. 资本支出的预算结果不会影响到资产负债表预算的编制

D. 资产负债表预算是资金预算编制的起点和基础

5. 根据企业2018年的资金预算，第一季度至第四季度期初现金余额分别为1万元、2万元、1.7万元、1.5万元，第四季度现金收入为20万元，现金支出为19万元，不考虑其他因素，则该企业2018年年末的预计资产负债表中，货币资金年末数为(　　)万元。

A. 2.7　　B. 7.2　　C. 4.2　　D. 2.5

6. 随着预算执行不断补充预算，但始终保持一个固定预算期长度的预算编制方法是(　　)。

A. 弹性预算法　　B. 零基预算法

C. 滚动预算法　　D. 定期预算法

7. 某企业每季度预计期末产成品存货为下一季度预计销售量的10%，已知第二季度预计销售量为2 000件，第三季度预计销售量为2 200件，则第二季度产成品预计产量为(　　)件。

A. 2 020　　B. 2 000　　C. 2 200　　D. 2 220

8. 下列各项中，不属于零基预算法优点的是(　　)。

A. 不受历史期经济活动中的不合理因素影响

B. 有助于增加预算编制透明度

C. 有利于进行预算控制

D. 编制预算的工作量小

9. 下列各项中，综合性较强的预算是(　　)。

A. 直接材料预算　　B. 资金预算

C. 销售预算　　D. 资本支出预算

10. 某公司第四季度预算生产量为100万件，单位变动制造费用为3元/件，固定制造费用总额为 10 万元(含折旧费 2 万元),除折旧费外,其余均为付现费用。则第四季度制造费用的现金支出预算为(　　)万元。

A. 292　　B. 308　　C. 312　　D. 288

二、多项选择题

1. 下列预算中,需要以生产预算为基础编制的有(　　)。

A. 直接人工预算　　B. 制造费用预算

C. 管理费用预算　　D. 销售费用预算

2. 按照内容不同,可以将企业预算分为(　　)。

A. 经营预算　　B. 专门决策预算

C. 全面预算　　D. 财务预算

3. 下列关于财务预算的表述中,正确的有(　　)。

A. 财务预算多为长期预算

B. 财务预算又被称作总预算

C. 财务预算是全面预算体系的最后环节

D. 财务预算主要包括资金预算和预计财务报表

4. 运用公式法"$Y=a+bX$"编制弹性预算,字母 X 所代表的业务量可能有(　　)。

A. 生产量　　B. 销售量

C. 库存量　　D. 材料消耗量

5. H 公司董事会在讨论该公司 2024 年预算方案时,甲董事提到不能考虑以往会计期间所发生的成本费用,从 2024 年经营过程的实际需要考虑,重新逐项审议各项开支。下面各项属于甲董事提到的预算方法优点的有(　　)。

A. 更贴近企业经营管理实际情况

B. 能够灵活应对内外环境的变化

C. 有利于进行预算控制

D. 实现动态反映市场

6. 下列预算中,能够既反映经营业务又反映现金收支内容的有(　　)。

A. 销售预算　　B. 生产预算

C. 直接材料预算　　D. 制造费用预算

7. 下列计算等式中,正确的有(　　)。

A. 某种材料采购量=生产需用量+期末存量-期初存量

B. 预计生产量=预计销售量+预计期末产成品存货-预计期初产成品存货

C. 本期销售商品所收到的现金=本期的销售收入+期末应收账款-期初应收账款

7

D. 本期购货付现=本期购货付现部分+以前期赊购本期付现的部分

8. 下列各项中,能够成为预计资产负债表中存货项目金额来源的有(　　)。

A. 销售费用预算　　B. 直接人工预算

C. 直接材料预算　　D. 产品成本预算

9. 编制资金预算时,如果现金余缺大于最佳现金持有量,则企业可采取的措施有(　　)。

A. 销售短期有价证券　　B. 偿还部分借款利息

C. 购入短期有价证券　　D. 偿还部分借款本金

10. 下列关于利润表预算编制的说法中，正确的有（　　）。

A. “销售收入”项目的数据，来自销售预算

B. “销售成本”项目的数据，来自生产预算

C. “销售及管理费用”项目的数据，来自销售及管理费用预算

D. “所得税费用”项目的数据，通常是根据利润表预算中的“利润总额”项目金额和本企业适用的法定所得税税率计算出来的

三、判断题

1. 在企业预算体系中，预计利润表的编制先于预计资产负债表，并且是编制预计资产负债表的依据之一。（　　）

2. 经营预算是全面预算编制的起点，因此专门决策预算应当以经营预算为依据。（　　）

3. 在产品成本预算中，产品成本总预算金额是将直接材料、直接人工、制造费用以及销售与管理费用的预算全额汇总相加而得到的。（　　）

4. 某自动化生产车间采用弹性预算法编制成本费用预算时，适合用机器工时作为业务量的计量单位。（　　）

5. 假设企业年初没有借款，若第一季度现金余缺为－80万元，企业要求的最低现金余额为50万元，现金不足时可向银行申请贷款，贷款年利率为8%，每季度末付息，则第一季度应申请的贷款额为130万元。（　　）

6. 制造费用预算分为变动制造费用预算和固定制造费用预算两部分。变动制造费用预算和固定制造费用预算均以生产预算为基础来编制。（　　）

7. 相对于弹性预算，固定预算以事先确定的目标业务量作为预算编制基础，适应性比较差。（　　）

8. 增量预算法适用于企业各项预算的编制，特别是不经常发生的预算项目或预算编制基础变化较大的预算项目。（　　）

9. 一般将经营预算、专门决策预算和财务预算组成的预算体系统称为总预算。（　　）

10. 资金预算中的现金支出，仅包括经营现金支出，而不包括购买设备、建造厂房等资本性支出。（　　）

四、计算分析题

1. 某企业2024年有关预算资料如下：

(1) 预计该企业6—10月的销售收入分别为40 000万元、50 000万元、60 000万元、70 000万元、80 000万元。每月销售收入中，当月收到现金30%，下月收到现金70%。

(2) 各月直接材料采购成本按下一个月销售收入的60%计算。所购材料款于当月支付现金50%，下月支付现金50%。

(3) 预计该企业7—9月的制造费用分别为4 000万元、4 500万元、4 200万元，每月制造费用中包括折旧费1 000万元。

(4) 预计该企业7月购置固定资产需要现金15 000万元。

(5) 企业在6月月末有长期借款20 000万元，利息率为15%。

（6）预计该企业在现金有余缺时利用短期借款进行调剂。不足时，向银行申请短期借款（为 100 万元的整数倍）；多余时，归还银行短期借款（为 100 万元的整数倍）。借款在期初，还款在期末，借款年利率为 12%。

（7）预计该企业理想的期末现金余额为 6 000 万元，长期借款利息每季度末支付一次，短期借款利息还本时支付，其他资料见资金预算表。

要求：根据以上资料，完成该企业 7—9 月资金预算表（表 7－20）的编制工作。

表 7－20　　资金预算表　　单位：万元

项　目	7 月	8 月	9 月
期初现金余额	7 000		
经营性现金收入			
经营性现金支出			
直接材料采购支出			
直接工资支出	2 000	3 500	2 800
制造费用支出			
其他付现费用	800	900	750
预交所得税			8 000
资本性现金支出			
现金余缺			
支付利息			
取得短期借款			
偿还短期借款			
期末现金余额			

2. C 公司只生产一种产品。相关预算资料如下。

资料一：预计每个季度实现的销售收入（含增值税）均以赊销方式售出，其中 60%在本季度内收到现金，其余 40%要到下一季度收讫，假定不考虑坏账因素。部分与销售预算有关的数据如表 7－21 所示。

表 7－21　　销售预算表　　单位：元

项　目	一季度	二季度	三季度	四季度
预计销售收入	117 000	117 000	128 700	128 700
期初应收账款	20 800	*	*	*
第一季度销售当期收现额	（A）			

续表

项目	一季度	二季度	三季度	四季度
第二季度销售当期收现额		(B)		
第三季度销售当期收现额				
第四季度销售当期收现额				(C)
经营现金收入合计	*	117 000	124 020	128 700

说明：上表中"＊"表示省略的数据。

资料二：预计每个季度所需要的直接材料均以赊购方式采购，其中50%于本季度内支付现金，其余50%需要到下个季度付讫，假定不存在应付账款到期现金支付能力不足的问题。部分与直接材料采购预算有关的数据如表7－22所示。

表7－22　　直接材料采购预算表　　单位：元

项目	一季度	二季度	三季度	四季度
预计材料采购成本	70 200	70 200	76 050	77 220
期初应付账款	10 000	35 100	(E)	(F)
第一季度采购当期支出额	*			
第二季度采购当期支出额		*		
第三季度采购当期支出额			38 025	
第四季度采购当期支出额				(G)
材料采购现金支出合计	(D)	*	*	(H)

说明：上表中"＊"表示省略的数据。

要求：

(1) 根据资料一确定该表中用字母表示的数值(不需要列示计算过程)。

(2) 根据资料二确定该表中用字母表示的数值(不需要列示计算过程)。

(3) 根据资料一和资料二，计算预算年度应收账款和应付账款的年末余额。

3. 甲公司在2023年第4季度按照定期预算法编制2024年度的预算，部分资料如下：

资料一：2024年1月至4月的预计销售额分别为600万元、1 000万元、650万元和750万元。

资料二：公司的目标现金余额为50万元，经测算，2024年3月月末预计现金余缺为30万元，公司计划采用短期借款的方式解决资金短缺。

资料三：预计2024年1月至3月净利润为90万元，没有进行股利分配。

资料四：假设公司每月销售额于当月收回20%，下月收回70%，其余10%将于第3个月收回；公司当月原材料金额相当于次月全月销售额的60%，购货款于次月一次付清；公司第1、2月短期借款没有变化。

资料五：公司2024年3月31日的预计资产负债表(简表)如表7－23所示。

7

表 7－23　　预计资产负债表(简表)　　单位：万元

资　　产	年初余额	月末余额	负债和所有者权益	年初余额	月末余额
货币资金	50	(A)	短期借款	612	(C)
应收账款	530	(B)	应付账款	360	(D)
存货	545	*	长期负债	450	*
固定资产净额	1 836	*	所有者权益	1 539	(E)
资产总计	2 961	*	负债和所有者权益总计	2 961	*

说明：表内“*”表示省略的数据。

要求：确定表格中字母所代表的数值。(不需要列示计算过程)

拓展训练——Excel 运用

请利用 Excel 完成“基本训练”中计算分析题第 1 题。

本题可参考的解题思路如下。

(1) 数据准备：计算经营性现金收入、直接材料采购支出、制造费用支出。

① 在单元格 C7 中输入公式“＝C3＊30％＋B3＊70％”，得到 7 月的经营性现金收入为 43 000 万元。将单元格 C7 向右复制到单元格“D7：E7”区域，得到 8 月、9 月的经营性现金收入。

② 在单元格 B8 中输入公式“＝C3＊60％”，将单元格 B8 向右复制到单元格“C8：E8”区域，得到 6—8 月的直接材料采购成本。

③ 在单元格 C9 中输入公式“＝B8＊50％＋C8＊50％”，得到 7 月的直接材料采购支出为 33 000 万元。将单元格 C9 向右复制到单元格“D9：E9”区域，得到 8 月、9 月的直接材料采购支出。

④ 在单元格 C10 中输入公式“＝C4－C5”，即可得知 7 月的制造费用支出为 3 000 万元。将单元格 C10 向右复制到单元格“D10：E10”区域，计算得到 8 月、9 月的制造费用支出。计算结果如图 7－3 所示。

(2) 编制 7 月资金预算。

① 将已知数据填入资金预算表，在单元格 B12 中输入公式“＝B3＋B4－SUM(B6：B11)”，计算得知 7 月的现金余缺为－3 800 万元。

② 根据题意，公司需要取得短期借款，可以利用单变量求解计算取得短期借款的金额。单元格 G14 为取得短期借款的输出值 A，因此选中单元格 G14 单击右键，选择定义名称，将其定义为 A。

③ 在单元格 H14 输入公式“＝B12＋A－6000”，工具栏选择“数据—模拟分析—单变量分析”，目标单元格选择单元格 H14，目标值为 0，可变单元格选择 G14，点击确定。单元格 H14 求解为 9 800，符合题目要求，填入单元格 B14。

C7　=C3*30%+B3*70%

已知条件					
项　目	6月	7月	8月	9月	10月
销售收入	40000	50000	60000	70000	80000
制造费用		4000	4500	4200	
折旧费		1000	1000	1000	
计算经营性现金收入、直接材料采购支出、制造费用支出					
（1）经营性现金收入		43000	53000	63000	
直接材料采购成本	30000	36000	42000	48000	
（2）直接材料采购支出		33000	39000	45000	
（3）制造费用支出		3000	3500	3200	

图 7－3　计算经营性现金收入、直接材料采购支出、制造费用支出

④ 在单元格 B16 输入公式“＝B12－B13＋B14－B15”，计算得知 7 月的期末现金余额为 6 000 万元。计算结果如图 7－4 所示。

资金预算表			单位：万元
项　目	7月	8月	9月
期初现金余额	7000		
经营性现金收入	43000	53000	63000
经营性现金支出			
直接材料采购支出	33000	39000	45000
直接工资支出	2000	3500	2800
制造费用支出	3000	3500	3200
其他付现费用	800	900	750
预交所得税			8000
资本性现金支出	15000		
现金余缺	-3800		
支付利息			
取得短期借款	9800		
偿还短期借款			
期末现金余额	6000		

变量		公式
取得短期借款	9800	0

图 7－4　编制 7 月资金预算

（3）编制 8 月资金预算。

① 将已知数据填入资金预算表，在单元格 C12 中输入公式“＝C3＋C4－SUM（C6：C11）”，计算得到 8 月的现金余缺为 12 100 万元。

② 根据题意，公司需要偿还短期借款，可以利用单变量求解计算偿还短期借款的金额。单元格 G15 为偿还短期借款的输出值 B，因此选中单元格 G15 单击右键，选择定义名称，将其定义为 B。

③ 在单元格 H15 输入公式“＝C12－B－B＊12％＊（2/12）－6000”，工具栏选择“数据”—“模拟分析”—“单变量分析”，目标单元格选择单元格 H15，目标值为 0，可变单元格选择 G15，点击确定。单元格 H15 求解为 5 980.39 万元，根据题目要求，应取值 5 900 万元，填入单元格 C15。

④ 在单元格 C13 输入公式“＝C15＊12％＊（2/12）”，计算出支付利息 118 万元，在单元格 C16 输入公式“＝C12－C13＋C14－C15”，计算出 8 月的期末现金余额为 6 082 万元。计算结果如图 7－5 所示。

	A	B	C	D
1		资金预算表		单位：万元
2	项　目	7月	8月	9月
3	期初现金余额	7000	6000	
4	经营性现金收入	43000	53000	63000
5	经营性现金支出			
6	直接材料采购支出	33000	39000	45000
7	直接工资支出	2000	3500	2800
8	制造费用支出	3000	3500	3200
9	其他付现费用	800	900	750
10	预交所得税			8000
11	资本性现金支出	15000		
12	现金余缺	-3800	12100	
13	支付利息		118	
14	取得短期借款	9800		
15	偿还短期借款		5900	
16	期末现金余额	6000	6082	

变量		公式
偿还短期借款	5980.392	0

图 7－5　编制 8 月资金预算

（4）编制 9 月资金预算。

① 将已知数据填入资金预算表，在单元格 D12 中输入公式“＝D3＋D4－SUM（D6：

D11)”，计算得到 9 月的现金余缺为 9 332 万元。

② 根据题意，需偿还短期借款，可以利用单变量求解计算偿还短期借款的金额。单元格 G15 为偿还短期借款的输出值 D，因此选中单元格 G15 单击右键，选择“定义名称”，将其定义为 D。

③ 在单元格 H15 输入公式“＝D12－D－D＊12％＊(3/12)－20000＊15％＊(3/12)－6000”，工具栏选择“数据”—“模拟分析”—“单变量分析”，目标单元格选择单元格 H15，目标值为 0，可变单元格选择 G15，点击确定。单元格 H15 求解为 2 506.80 万元，根据题目要求，应取值 2 500 万元，填入单元格 D15。

④ 在单元格 D13 输入公式“＝D15＊12％＊(3/12)＋20000＊15％＊(3/12)”，计算可知应支付利息 825 万元，在单元格 D16 输入公式“＝D12－D13＋D14－D15”，计算可知 9 月的期末现金余额为 6 007 万元。计算结果如图 7－6 所示。

资金预算表　　单位：万元

项　目	7月	8月	9月
期初现金余额	7000	6000	6082
经营性现金收入	43000	53000	63000
经营性现金支出			
直接材料采购支出	33000	39000	45000
直接工资支出	2000	3500	2800
制造费用支出	3000	3500	3200
其他付现费用	800	900	750
预交所得税			8000
资本性现金支出	15000		
现金余缺	-3800	12100	9332
支付利息		118	825
取得短期借款	9800		
偿还短期借款		5900	2500
期末现金余额	6000	6082	6007

变量		公式
偿还短期借款	2506.796	0

图 7－6　编制 9 月资金预算

项目八　财务分析

◇ **知识目标**

1. 了解企业财务分析的作用、内容、依据、步骤和方法。

2. 理解财务分析各项指标的含义及内容。

3. 掌握偿债能力、营运能力、盈利能力和发展能力指标的计算与分析方法。

4. 掌握杜邦分析法的应用。

◇ **技能目标**

1. 能根据企业的财务报告，分析与评价企业的偿债能力、营运能力、盈利能力和发展能力。

2. 能对企业的综合财务状况进行财务分析与评价。

任务一　财务分析认知

案例导入

D公司于2020年6月登陆上海证券交易所科创板。根据招股说明书，公司主要从事信息化业务。然而，上市不到两年，D公司状况频发。2021年12月，公司收到《上海证券交易所问询函》。2022年4月，D公司被会计师事务所出具了带有“保留意见”的审计报告。上市后，公司《2020年年度报告》中虚增营业收入1.5亿元，虚增利润0.82亿元；《2021年年度报告》虚增营业收入0.71亿元，虚增利润0.27亿元。《中国证监会行政处罚决定书〔2023〕29号》《中国证监会行政处罚决定书〔2023〕48号》决定，对D公司给予警告，并处以8 600万元罚款。对实控人处以3 800万元罚款；对其他责任人共处以2 700万元罚款。2023年7月7日，D公司正式被上海证券交易所终止上市。

思考与分析： 如何通过财务报表分析发现公司可能的财务造假信息？

一、财务分析的概念

财务分析是以企业财务报表等相关资料为基础，采用专门的方法，系统分析和评价财务状况、经营成果以及未来发展趋势的过程，其目的是了解过去、评价现在和预测未来，帮助利益相关者改善决策。

企业对外发布的财务报告，是根据全体信息使用者的一般要求设计的，可能并不符合特定报表使用人的特定需求。财务分析最基本的功能是将大量的会计报表数据转换成对特定决策有用的信息，以减少决策的不确定性。

二、财务分析的作用

财务分析既是对已完成的财务活动的总结，又是财务预测的前提，在财务管理中起着承上启下的作用。财务分析的作用可从不同的角度加以考察，从服务对象看，财务分析不仅对企业内部的经营管理起着重要作用，而且对外部的投资决策、贷款决策以及赊销决策等也有着重要的作用；从职能作用看，它对于正确预测、决策、预算、控制、考核、评价都有着重要作用。财务分析的一般目的是评价过去的经营业绩，衡量现在的财务状况，预测未来的发展趋势。因此，财务分析具有以下重要意义。

（一）正确评价企业过去的经营业绩

企业的经营业绩体现为一定期间的利润、现金净流量以及资产增值额。财务分析通过对企业财务报告等资料的分析，能够较为准确地说明企业过去的业绩状况，肯定经营管理和财务运作的成绩，指出存在的问题并分析其原因。这不仅有助于正确评价企业过去的经营业绩，而且还可为企业投资者和债权人的决策提供有用的信息。业绩评价不仅是对过去的总结，也为未来的发展打下了基础。

（二）分析企业当前的财务状况和经营成果，揭示财务活动存在的问题

财务会计报告和管理会计报表等资料是企业各项经营管理活动的综合反映，但财务报告的格式及提供的数据往往是根据会计的特点和管理的一般要求而设计的，它不可能全面提供

不同目的的财务报告使用者所需要的数据资料。财务分析正是根据不同分析主体的分析目的，采用不同的分析手段和方法，从多个方面全面反映和评价企业的现状。指标的计算、分析和比较有助于评价企业的盈利能力和资产周转状况，揭示企业经营管理各个方面存在的问题，找出差距，得出分析结论。

（三）预测企业未来的发展趋势

财务分析不仅可用于评价过去和反映现状，更重要的是它可通过对过去与现状的分析和评价，科学预测企业未来的发展状况与趋势。它既可以为企业财务预测、财务决策和财务预算指明方向，为企业进行财务危机预测提供必要的信息，又可以比较客观地评估企业的价值及价值创造。这对企业进行经营者绩效评价、资本运营和产权交易都是十分有益的。

三、财务分析的内容

财务分析的内容，因报表使用者需要了解的信息不同而有所差异。一般来说，会计报表的主要使用者包括投资者、债权人、政府部门、供应商以及其他利益相关者。不同利益相关者需要了解的信息和对企业财务状况的关注程度是不同的，财务分析的不同主体出于不同的利益考虑，在对企业进行财务分析时有着各自不同的要求，这使得他们所关注的财务分析内容既有共性又有不同的侧重点。

（一）投资者

投资者作为所有者，必然高度关注资本的保值和增值状况。投资者为决定是否投资，需要分析公司的盈利能力；为决定是否转让股份，需要分析盈利状况、股价变动和发展前景；为考察经营者的业绩，需要分析资产盈利水平、破产风险和竞争能力；为制定股利分配政策，需要分析筹资状况等。

（二）债权人

债权人在进行财务分析时，最关心的是企业是否有足够的支付能力，以保证其债务本息能够及时、足额地偿还。为决定是否给公司贷款，需要分析贷款的报酬和风险；为了解债务人的短期偿债能力，需要分析其流动状况；为了解债务人的长期偿债能力，需要分析其盈利状况和资本结构。

（三）企业经营者

企业经营者为了满足不同利益主体的需要，协调各方面的利益关系，需要进行广泛的财务分析，几乎包括外部信息使用者关心的所有问题，以期发现其中存在的问题，及时采取对策，规划和调整市场定位目标、策略，进一步挖掘潜力，为经济效益的持续稳定增长奠定基础。

（四）政府

为履行公共管理和服务职能，政府不仅需要了解企业的资金占用和使用效率，预测财政收入增长情况，有效地组织和调整社会资源的配置，而且还要借助财务分析，检查企业是否存在违法违纪、浪费国家资金的问题；最后还需要通过综合分析，对企业的发展潜力以及对社会的贡献程度进行分析和考察。

尽管不同利益主体进行财务分析时有着不同的侧重点，但就企业总体来看，财务分析可归纳为偿债能力分析、营运能力分析、盈利能力分析、发展能力分析和综合能力分析五个方面，它们相辅相成，共同构成了企业财务分析的基本内容。

四、财务分析的依据

财务分析的依据是企业的财务报告，主要包括资产负债表、利润表、现金流量表、所有者权益变动表、财务报表附注及其他财务报告资料。资产负债表是指反映企业某一特定日期财务状况的会计报表。利润表是指反映企业在一定会计期间经营成果的财务报表。现金流量表是反映企业在一定会计期间现金和现金等价物流入量和流出量的会计报表。所有者权益变动表，是指反映企业年末所有者权益变动情况的会计报表。

会计报表附注是指对会计报表中列示项目所作的进一步说明，以及对未能在这些报表中列示项目的说明，是财务报表不可或缺的组成部分。为了了解企业的财务状况、经常成果和现金流量，财务报表使用者应当全面阅读附注，附注相对于报表而言，具有同样的重要性。

五、财务分析的步骤

财务分析的程序因不同的报表使用者、不同的目的、不同的数据范围、不同方法而不同，没有固定的程序和步骤，而是一个研究探索过程，一般情况下采用如下步骤。

（一）明确财务分析的目的

财务信息的需求者主要包括企业所有者，企业债权人，企业经营决策者和政府等利益主体，不同主体出于不同的利益考虑，对财务分析信息有不同的需求，所以在进行财务分析时，要有针对性地搜集相关资料，确定分析方法，建立相关分析指标。

（二）收集财务分析资料

在明确财务分析的目的之后，应有针对性地搜集相关资料。系统、完整和准确的财务资料是保证财务分析质量的重要条件。由于分析的主体不同，获得信息的数量和难度也不尽相同，但分析者仍应尽可能地搜集各种信息，防止片面性。同时，分析者也要遵循成本效益原则，收集资料并非多多益善，而是适当就好。

（三）整理分析资料

评价人员应运用其专业知识和职业敏感性，对所搜集的信息进行整理和分析，去伪存真，去粗取精，筛选出有用的财务信息。

（四）确定分析方法

进行财务分析的方法和财务指标有很多，财务分析人员要根据财务分析的目的和所收集的财务资料，确定适当的财务分析方法。

（五）计算相关财务比率

在进行财务分析时，有反映企业财务状况和经营成果等方面的各种财务比率。财务比率的选择和计算要符合可比性的要求，并与评价目的相结合；同时，指标的内涵和外延要与构成统一财务比率的其他指标具有内在关联性。财务比率的正确计算是信息使用者对企业进行客观评价的基础。

（六）进行比较分析和因素分析

单独考查某一企业在某一期间的财务比率，只能了解该企业在此期间的财务状况，这并不能满足不同利益主体对财务分析信息的需求，因此需要对各种财务比率进行比较分析和因素分析。

(七) 撰写财务分析报告

财务分析报告是财务分析工作的总结,是财务分析的最后步骤。它将财务分析的对象、目的、分析程序、分析方法、计算数据和改进措施以书面形式表示出来。财务分析报告的专业性较强,为了能使不同利益主体运用财务分析报告指导自己的相关决策,财务分析人员尽量用通俗易懂的语言来表达,用数据说明问题。

政策导航

《关于严格执行企业会计准则 切实做好企业2023年年报工作的通知》(财会〔2023〕29号)指出,为深入贯彻落实党的二十大精神和《中共中央办公厅国务院办公厅印发〈关于进一步加强财会监督工作的意见〉的通知》《国务院办公厅关于进一步规范财务审计秩序促进注册会计师行业健康发展的意见》(国办发〔2021〕30号)有关要求,强化国家统一的会计制度的贯彻实施,加大对企业会计准则实施环节的管理和指导力度,督促相关企业和会计师事务所严格执行企业会计准则,扎实做好2023年年报工作。企业应当按照国家统一的会计制度编制财务报告,向有关各方提供的财务报告,其编制基础、编制依据、编制原则和方法应当一致,不得提供编制基础、编制依据、编制原则和方法不同的财务报告。企业编制年报应当严格执行财政部发布的企业会计准则、企业会计准则解释、企业会计准则应用指南、会计处理规定等有关规定,不得编制或提供不符合国家统一的会计制度要求的会计信息。

六、财务分析的方法

财务报表分析通常包括定性分析和定量分析两种类型。定性分析是指分析人员根据自己的知识、经验以及对企业内部情况、外部环境的了解程度所作出的非量化的分析和评价。定量分析是指分析人员运用一定的数学方法和分析工具、分析技巧对有关指标所作的量化分析。定量分析方法多种多样,但常用的方法有比较分析法、比率分析法和因素分析法。

(一) 比较分析法

比较分析法是通过对比两期或连续数期财务报告中的相同指标,确定其增减变动的方向、数额和幅度,来说明企业财务状况或经营成果变动趋势的一种方法。采用这种方法,可以分析引起变化的主要原因、变动的性质,并预测企业未来的发展趋势。

比较分析法的具体运用主要有重要财务指标的比较、会计报表的比较和会计报表项目构成的比较三种方式。

1. 重要财务指标的比较

重要财务指标的比较是指将不同时期财务报告中的相同指标或比率进行纵向比较,直接观察其增减变动情况及变动幅度,考察其发展趋势,预测其发展前景。不同时期财务指标的比较主要有以下两种方法。

(1) 定基动态比率,是以某一时期的数额为固定的基期数额而计算出来的动态比率。其计算公式为:

$$定基动态比率=\frac{分析期数额}{固定基期数额}\times 100\%$$

【业务8-1】　以2021年为固定基期，分析2022年、2023年利润增长比率，假设某企业2021年的净利润为100万元，2022年的净利润为120万元，2023年的净利润为150万元。要求：计算2022年、2023年的定基动态比率。

2022年的定基动态比率＝120÷100×100%＝120%

2023年的定基动态比率＝150÷100×100%＝150%

（2）环比动态比率，是以每一分析期的数据与上期数据相比较计算出来的动态比率。其计算公式为：

$$环比动态比率=\frac{分析期数额}{前期数额}\times 100\%$$

【业务8-2】　要求：根据【业务8-1】中的资料，计算2022年、2023年的环比动态比率。

2022年的环比动态比率＝120÷100×100%＝120%

2023年的环比动态比率＝150÷120×100%＝125%

2. 会计报表的比较

会计报表的比较是指将连续数期的会计报表的金额并列起来，比较各指标不同期间的增减变动金额和幅度，据以判断企业财务状况和经营成果发展变化的一种方法。具体包括资产负债表比较、利润表比较和现金流量表比较等。

例如，某公司利润表中反映2021年的净利润为100万元，2022年的净利润为200万元，2023年的净利润为320万元。通过绝对值分析：① 2022年较2021年相比，净利润增长了100万元（200－100）；② 2023年较2022年相比，净利润增长了120万（320－200），说明2023年的效益增长好于2022年。而通过相对值分析：① 2022年较2021年相比净利润增长率为100%[（200－100）÷100×100%]；② 2023年较2022年相比净利润增长率为60%[（320－200）÷200×100%]。则说明2023年的效益增长明显不及2022年。

3. 会计报表项目构成的比较

会计报表项目构成的比较是在会计报表比较的基础上发展而来的，是以会计报表中的某个总体指标作为100%，再计算出各组成项目占该总体指标的百分比，从而比较各个项目百分比的增减变动，以此来判断有关财务活动的变化趋势。

采用比较分析法时，应当注意以下问题：① 用于对比的各个时期的指标，其计算口径必须保持一致；② 应剔除偶发性项目的影响，使分析所利用的数据能反映正常的生产经营状况；③ 应运用例外原则对某项有显著变动的指标作重点分析，研究其产生的原因，以便采取对策，趋利避害。

（二）比率分析法

比率分析法是指通过计算各种比率指标来确定财务活动变动程度的方法。比率指标的类型主要有构成比率、效率比率和相关比率三类。

1. 构成比率

构成比率又称结构比率，是某项财务指标的各组成部分数值占总体数值的百分比，反映部分与总体的关系。利用构成比率，可以考察总体中某个部分的形成和安排是否合理，以便协调各项财务活动。其计算公式为：

$$构成比率=\frac{某个组成部分数值}{总体数值}\times 100\%$$

例如，企业资产中流动资产、固定资产和无形资产占资产总额的百分比（资产构成比率），企业负债中流动负债和长期负债占负债总额的百分比（负债构成比率）等。利用构成比率，可以考察总体中某个部分的形成和安排是否合理，以便协调各项财务活动。

2. 效率比率

效率比率，是某项财务活动中所费与所得的比率，反映投入与产出的关系。利用效率比率指标，可以进行得失比较，考察经营成果，评价经济效益。

例如，将利润项目与生产成本、销售收入、实收资本等项目加以对比，可以计算出成本利润率、销售利润率和资本收益率指标，从不同角度观察比较企业获利能力的高低及其增减变化情况。

3. 相关比率

相关比率是指以某个项目和与其有关但又不同的项目加以对比所得的比率，反映有关经济活动的相互关系。利用相关比率指标，可以考察与企业相互关联的业务安排得是否合理，以保障经营活动顺畅进行。

例如，将流动资产与流动负债进行对比，计算出流动比率，可以判断企业的短期偿债能力，将负债总额与资产总额进行对比，计算出资产负债率，可以判断企业长期偿债能力。

采用比率分析法时，应当注意：① 对比项目的相关性；② 对比口径的一致性；③ 衡量标准的科学性。

（三）因素分析法

因素分析法是指依据分析指标与其影响因素的关系，从数量上确定各因素对分析指标影响方向和影响程度的一种方法。

因素分析法具体有连环替代法和差额分析法两种。

1. 连环替代法

连环替代法

连环替代法是指将分析指标分解为各个可以计量的因素，并根据各个因素之间的依存关系，顺次用各因素的比较值（通常为实际值）替代基准值（通常为标准值或计划值），据以测定各因素对分析指标的影响。各因素变动对指标 R 的影响程度可用公式表示为：

$$R=A\times B\times C$$

在测定各因素变动对指标 R 的影响程度时可按如下顺序进行。

基期：基期指标值 $R_0=A_0\times B_0\times C_0$ ①

第一次替代：$A_1\times B_0\times C_0$ ②

第二次替代：$A_1\times B_1\times C_0$ ③

第三次替代：本期指标值 $R_1=A_1\times B_1\times C_1$ ④

A 因素变动对 R 的影响$=(A_1-A_0)\times B_0\times C_0$ ②－①

B 因素变动对 R 的影响$=A_1\times(B_1-B_0)\times C_0$ ③－②

C 因素变动对 R 的影响$=A_1\times B_1\times(C_1-C_0)$ ④－③

把各因素变动综合起来，总影响 $\Delta R=R_1-R_0$ ④－①

8

请注意

如果将各因素替代的顺序改变，则各个因素的影响程度也就不同。

2. 差额分析法

差额分析法是连环替代法的一种简化形式，是指利用各个因素的比较值与基准值之间的差额来计算各因素对分析指标的影响。

基于差额分析法的测定各因素变动，对指标 R 的影响程度的公式如下。

A 因素变动对 R 的影响 $=(A_1-A_0)\times B_0\times C_0$

B 因素变动对 R 的影响 $=A_1\times(B_1-B_0)\times C_0$

C 因素变动对 R 的影响 $=A_1\times B_1\times(C_1-C_0)$

重要提示

差额分析法公式的记忆：计算某个因素的影响时，必须把公式中的该因素替换为本期与基期之差。在括号前的因素为本期值（新），在括号后的因素为基期值（旧）。

【业务 8-3】 某企业 2023 年 6 月某种原材料费用的实际数是 3 300 元，而其计划数是 2 800 元。实际比计划增加 500 元。由于原材料费用是由产品产量、单位产品材料消耗量和材料单价三个因素的乘积组成，因此就可以把材料费用这一总指标分解为三个因素，从而逐个分析它们对材料费用总额的影响程度。现假设这三个因素的数值如表 8-1 所示。

表 8-1 **产品构成明细表**

项目	单位	计划数	实际数
产品产量	件	100	110
单位产品材料消耗量	千克	7	6
材料单价	元	4	5
材料费用总额	元	2 800	3 300

根据表中资料，材料费用总额实际数较计划数增加 620 元。要求：运用连环替代法，计算各因素变动对材料费用总额的影响。

解析：

计划指标： $100\times7\times4=2\,800$（元） ①

第一次替代：$110\times7\times4=3\,080$（元） ②

第二次替代：$110\times6\times4=2\,640$（元） ③

第三次替代：$110\times6\times5=3\,300$（元） ④

实际指标：

②－①＝3 080－2 800＝280(元) 产量增加的影响
③－②＝2 640－3 080＝－440(元) 材料节约的影响
④－③＝3 300－2 640＝660(元) 价格提高的影响
280－440＋660＝500(元) 全部因素的影响

【业务 8－4】 沿用表 8－1 中的资料。要求：采用差额分析法计算确定各因素变动对材料费用的影响。

解析：

(1) 产量增加对财务费用的影响为：(110－100)×7×4＝280(元)

(2) 材料消耗节约对材料费用的影响为：(6－7)×110×4＝－440(元)

(3) 价格提高对材料费用的影响为：(5－4)×110×6＝660(元)

采用因素分析法时应注意以下问题：

(1) 因素分解的关联性(指标与因素存在因果关系)。构成指标的各个因素必须存在因果关系，能够反映形成该指标差异的内在原因，否则就失去了应用价值。

(2) 因素替代的顺序性。确定替代因素时，必须按照各因素的依存关系，遵循一定的顺序并依次替代，不可随意加以颠倒，否则就会得出不同的计算结果。

(3) 顺序替代的连环性。每次替代是在上一次的基础上进行的，并采用连环比较的方法确定因素变化影响结果。

(4) 计算结果的假定性。各因素变动的影响数会因替代计算顺序的不同而有差别，因而计算结果有假定性。分析时应力求使这种假定是合乎逻辑的，是具有实际经济意义的，这样，计算结果的假定性才不至于妨碍分析的有效性。

任务二 偿债能力分析

案例导入

MK 是一家纺织类上市公司，2021、2022、2023 年度该公司的资产负债率分别为 54.60%、62.50%、75.80%。N 公司也是一家纺织类上市公司，2021、2022、2023 年度公司的资产负债率分别为 42.60%、48.95%、52.40%。

思考与分析： 请对 MK 公司负债情况进行简要评价与分析。

财务比率也称为财务指标，是通过财务报表数据的相关关系来揭示企业经营管理的各方面问题，是最主要的财务分析方法。财务报表分析的基本内容包括偿债能力分析、营运能力分析、盈利能力分析和发展能力分析四个方面，这四方面内容在本项目中将分四个任务加以介绍。

为了便于说明财务比率的计算和分析方法，本任务将以圆荣股份有限公司(以下简称“圆荣公司”)的财务报表数据为例。该公司的资产负债表、利润表如表 8－2 和表 8－3 所示。

表 8-2　资产负债表

编制单位：圆荣公司　　2023 年 12 月 31 日　　单位：万元

资　　产	年末余额	年初余额	负债和所有者权益	年末余额	年初余额
流动资产：			流动负债：		
货币资金	50	25	短期借款	60	45
交易性金融资产	6	12	应付票据	5	4
应收票据	8	11	应付账款	100	109
应收账款	398	199	预收款项	10	5
预付款项	22	4	应付职工薪酬	2	
其他应收款	12	22	应交税费	5	4
存货	119	326	其他应付款	54	39
一年内到期的非流动资产	77	11	预计负债	2	4
其他流动资产	8	0	一年内到期的非流动负债	50	0
流动资产合计	700	610	其他流动负债	12	10
非流动资产：			流动负债合计	300	220
债权投资	0	45	非流动负债：		
其他债权投资	0	0	长期借款	450	245
长期应收款	0	0	应付债券	240	260
长期股权投资	30	0	长期应付款	50	60
其他权益工具投资	0	0	其他非流动负债	0	15
其他非流动金融资产	0	0	非流动负债合计	740	580
投资性房地产	0	0	负债合计	1 040	800
固定资产	1 238	967	所有者权益：		
在建工程	18	35	实收资本（股本）	100	100
无形资产	6	8	资本公积	10	10
长期待摊费用	5	15	盈余公积	100	40
其他非流动资产	3	0	未分配利润	750	730
非流动资产合计	1 300	1 070	所有者权益合计	960	880
资产总计	2 000	1 680	负债和所有者权益总计	2 000	1 680

表 8-3 利润表

编制单位：圆荣公司 2023 年度 单位：万元

项　　目	本年金额	上年金额
一、营业收入	3 000	2 850
减：营业成本	2 644	2 503
税金及附加	28	28
销售费用	22	20
管理费用	76	40
财务费用	80	96
加：投资收益(损失以"—"号填列)	6	0
公允价值变动收益(损失以"—"号填列)	0	0
资产减值损失(损失"—"号填列)	0	0
二、营业利润	156	163
加：营业外收入	45	72
减：营业外支出	1	0
三、利润总额	200	235
减：所得税费用	64	75
四、净利润	136	160

偿债能力，是指企业偿还到期债务(包括本息)的能力。偿债能力如何，是衡量一个企业财务状况好坏的重要标志，企业管理者、投资人、债权人都非常重视企业的偿债能力，按照债务偿还期限(通常以 1 年为限)的长短不同，企业的偿债能力可分为短期偿债能力和长期偿债能力，因此，偿债能力分析包括短期偿债能力分析和长期偿债能力分析。

短期偿债能力分析

一、短期偿债能力分析

企业短期债务一般要用流动资产来偿还，短期偿债能力是指企业流动资产对流动负债及时足额偿还的保证程度，是衡量流动资产变现能力的重要标志。企业短期偿债能力的衡量指标主要有营运资本、流动比率、速动比率和现金比率等。

(一) 营运资本

营运资本是指流动资产超过流动负债的部分，其计算公式为：

$$营运资本 = 流动资产 - 流动负债$$

根据圆荣财务报表数据可得：

本年营运资本 = 700 − 300 = 400(万元)

上年营运资本 = 610 − 220 = 390(万元)

计算营运资本使用的流动资产和流动负债，通常可以直接取自资产负债表。如果流动资产与流动负债相等，并不足以保证偿债，因为债务的到期与流动资产的现金生成，不可能同步同量。企业必须保持流动资产大于流动负债，即保持有一定数额的营运资本作为缓冲，以防止流动负债"穿透"流动资产。圆荣公司现存 300 万元流动负债的具体到期时间不易判断，现存 700 万元的流动资产生成现金的数额和时间也不好预测。营运资本 400 万元是流动负债"穿透"流动资产的"缓冲垫"。因此，营运资本越多，流动负债的偿还越有保障，短期偿债能力越强。

当流动资产大于流动负债时，营运资本为正，说明企业财务状况稳定，不能偿债的风险较小。反之，当流动资产小于流动负债时，营运资本为负，此时企业部分非流动资产作为流动负债的资金来源，企业不能偿债的风险较大。因此，企业必须保持正的营运资本，以避免流动负债的偿付风险。

营运资本是绝对数，不便于不同企业之间比较。例如，A 公司的营运资本为 200 万元(流动资产 300 万元，流动负债 100 万元)，B 公司的营运资本与 A 相同，也是 200 万元(流动资产 1 200 万元，流动负债 1 000 万元)。但是，它们的偿债能力显然不同。因此，在实务中很少直接使用营运资本作为偿债能力的指标。

(二) 流动比率

流动比率，是指流动资产与流动负债的比率，它表明企业每 1 元流动负债有多少流动资产作为偿还保证，反映企业用可在短期内转变为现金的流动资产偿还到期流动负债的能力。其计算公式为：

$$流动比率 = 流动资产 \div 流动负债$$

根据圆荣公司的财务报表数据可得：

年末流动比率 $=700 \div 300 \approx 2.33$

年初流动比率 $=610 \div 220 \approx 2.77$

一般情况下，流动比率越高，反映企业短期偿债能力越强，债权人的权益越有保证。实务中通常认为，流动比率的下限为 1；而流动比率等于 2 时较为适当，它表明企业财务状况稳定可靠，除了满足日常生产经营的流动资金需要外，还有足够的财力偿付到期债务。如果该比率太低，则表明企业可能难以如期偿还到期债务。但是，流动比率太高则表明企业流动资产占用较多，会影响资金的使用效率和企业的筹资成本，进而影响到企业的获利能力。究竟应保持多高水平的流动比率，主要视企业对风险和报酬的态度予以确定。

运用流动比率时，应注意以下几个问题。

(1) 虽然流动比率越高，企业偿还短期债务的流动资产保证程度越强，但这并不等于说企业已有足够的现金和银行存款可用来偿还流动负债。流动比率高也可能是存货积压、应收账款增多且账期延长所致，而真正可用来偿还负债的现金和银行存款却严重短缺。所以，企业应在分析流动比率的基础上，进一步对现金流量加以考察。

(2) 从短期债权人的角度看，流动比率越高越好。但从企业经营角度来看，过高的流动比率通常意味着企业闲置现金的持有较多，必然造成企业机会成本的增加和获利能力的降低。因此，企业应尽可能将流动比率维持在不使货币资金闲置的水平。

(3) 流动比率的合理性。在不同行业、不同企业以及同一企业的不同时期的评价标准中也是不同的，因此，不应用统一的标准来评价企业流动比率的合理性。

8

请思考

假如企业偿还部分债务，对流动比率会产生什么影响？假如企业购买了一批材料，流动比率如何变化？假如企业销售了一些商品呢？

（三）速动比率

构成流动资产的各个项目的流动性有很大差别。其中，货币资金、交易性金融资产和各种应收款项等，可以在较短时间内变现，被称为速动资产。另外的流动资产，包括存货、一年内到期的非流动资产及其他流动资产等，被称为非速动资产。

非速动资产的变现时间和数量具有较大的不确定性：① 存货的变现速度比应收款项要慢得多；部分存货可能已损失报废还没进行处理，或者已抵押给某债权人，不能用于偿债；存货估价有多种方法，可能与变现金额相差悬殊。② 一年内到期的非流动资产和其他流动资产的数额有偶然性，不代表正常的变现能力。因此，将可偿债资产定义为速动资产，计算出来的短期债务存量比率更可信。

速动资产与流动负债的比值，称为速动比率，其计算公式为：

$$速动比率 = 速动资产 \div 流动负债$$

根据圆荣公司的财务报表数据可得：

年末速动比率 $= (50 + 6 + 8 + 398 + 22 + 12) \div 300 \approx 1.65$

年初速动比率 $= (25 + 12 + 11 + 199 + 4 + 22) \div 220 \approx 1.24$

速动比率假设速动资产是可以用于偿债的资产，表明每 1 元流动负债有多少速动资产作为偿还保障。圆荣公司的速动比率比上年提高了 0.41，说明为每 1 元流动负债提供的速动资产保障增加了 0.41 元。

与流动比率一样，不同行业的速动比率有很大差别。例如，采用大量现金销售的商店，几乎没有应收账款，速动比率大大低于 1 是很正常的。相反，一些应收账款较多的企业，速动比率可能要大于 1。

影响速动比率可信性的重要因素是应收账款的变现能力。账面上的应收账款不一定都能变成现金，实际坏账可能比计提的准备要多；季节性的变化，可能使报表上的应收账款数额不能反映平均水平。这些情况，外部的财务分析人员不易了解，而内部人员却有可能作出估计。

请思考

假设某企业目前流动比率为 1.5，赊购材料一批（不含税），企业流动比率和速动比率将如何变动？

（四）现金比率

速动资产中，流动性最强、可直接用于偿债的资产称为现金资产。现金资产包括货币资金、交易性金融资产等。它们与其他速动资产有区别，其本身就是可以直接偿债的资产，而非速动资产需要等待不确定的时间，才能转换为不确定数额的现金。

现金资产与流动负债的比值称为现金比率，其计算公式为：

现金比率 =(货币资金 + 交易性金融资产) ÷ 流动负债

根据圆荣公司的财务报表数据：

年末现金比率 =(50 + 6) ÷ 300 ≈ 0.19

年初现金比率 =(25 + 12) ÷ 220 ≈ 0.17

现金比率假设现金资产是可偿债资产，表明 1 元流动负债有多少现金资产作为偿还保障。圆荣公司的现金比率比年初增加 0.02，说明企业为每 1 元流动负债提供的现金资产保障增加了 0.02 元。

二、长期偿债能力分析

长期偿债能力分析

长期偿债能力，是指企业在一段较长的时间内偿还债务的能力。长期内，企业不仅需要偿还流动负债，还需要偿还非流动负债，因此，长期偿债能力衡量的是对企业所有负债的清偿能力。企业对所有负债的清偿能力，取决于其总资产水平，因此，长期偿债能力比率考察的是企业资产、负债和所有者权益之间的关系，其财务指标主要有四项：资产负债率、产权比率、权益乘数和利息保障倍数。

(一) 资产负债率

资产负债率是负债总额占资产总额的百分比，其计算公式为：

资产负债率 = 负债总额 ÷ 资产总额 × 100%

根据圆荣公司的财务报表数据可得：

年末资产负债率 = 1 040 ÷ 2 000 × 100% = 52%

年初资产负债率 = 800 ÷ 1 680 × 100% ≈ 48%

圆荣公司年初资产负债率为 48%，年末资产负债率为 52%，有所上升，表明企业负债水平提高，但偿债能力强弱还需结合行业水平进一步分析。

对于资产负债率，企业的债权人、股东和管理者往往从不同的角度来评价。

从债权人角度来看，他们最关心的是其贷给企业资金的安全性。如果该比率过高，说明在企业的全部资产中，股东提供的资本所占比重太低，这样，企业的财务风险就主要由债权人负担，其贷款的安全性也缺乏可靠的保障，所以债权人总是希望企业的负债比率低一些。

从企业股东角度来看，他们关心的主要是投资报酬的高低。企业借入的资金与股东投入的资金在生产经营中可以发挥同样的作用，如果企业负债所支付的利率低于资产报酬率，股东就可以利用举债经营取得更多的投资报酬。因此，股东所关心的往往是全部资产报酬率是否超过了借款的利率。企业股东可以通过举债经营的方式，以有限的资本付出有限的代价取得对企业的控制权，而且可以得到举债经营的杠杆利益。因此在财务分析中，资产负债率也被人们称作财务杠杆比率。

从企业管理者角度来看，他们既要考虑企业的盈利，也要顾及企业所承担的财务风险。资产负债率作为财务杠杆比例，不仅反映了企业的长期财务状况，也反映了企业管理层的进取精神。如果企业不利用举债经营或者负债比率很小，则说明企业管理者比较保守，对前途信心不足，利用债权人资本进行经营活动的能力较差。但是，资产负债率也必须有一定的限度，资产负债率过高，企业的财务风险将增大，一旦资产负债率超过 100%，则说明企业资不抵债，有濒临倒闭的危险。

至于资产负债率为多少才是合理的，并没有一个明确的标准。不同行业不同类型的企业的资产负债率会存在较大的差异。通常认为，当资产负债率高于50%时，表明企业资产来源主要是负债，财务风险较大。资产负债率低于50%表明企业资产来源主要是所有者权益，财务比较稳健，这一比例越低，表明企业资产对负债保障能力越强，企业的长期偿债能力越强。

（二）产权比率

产权比率又称资本负债率，是负债总额与所有者权益总额之比，它是企业财务结构稳健与否的重要标志，其计算公式为：

$$产权比率=负债总额\div 所有者权益总额\times 100\%$$

根据圆荣公司的财务报表数据可得：

年末产权比率=1 040÷960×100%≈108.33%

年初产权比率=800÷880×100%≈90.91%

产权比率反映了由债务人提供的资本的相对程度，即企业财务结构是否稳定；而且反映了债权人资本受所有者权益保障的程度，或者是企业清算时对债权人利益的保障程度。一般来说，这一比率越低，表明企业长期偿债能力越强，债权人权益保障程度越高，在分析时同样需要结合企业的具体情况加以分析，当企业的资产收益率大于负债成本率时，在经营有利于提高资金收益率，获得额外的利润，这时的产权比例可适当高些。

（三）权益乘数

权益乘数是资产总额和所有者权益总额的比值，其计算公式为：

$$权益乘数=资产总额\div 所有者权益总额$$

根据圆荣公司的财务报表数据可得：

年末权益乘数=2 000÷960≈2.08

年初权益乘数=1 680÷880≈1.91

权益乘数表明股东每投入1元钱可实际拥有和控制的金额，在企业存在负债的情况下，权益乘数大于1。企业负债比例越高，权益乘数越大。产权比率和权益乘数是资产负债率的另两种表现形式，是常用的反映财务杠杆水平的指标。

请思考

资产负债率、产权比率、权益乘数三者之间的关系。

（四）利息保障倍数

利息保障倍数，是指企业一定时期息税前利润与利息支出的比率，反映了获利能力对债务偿付的保障程度。其中息税前利润总额指利润总额与利息支出的合计数，利息支出指实际支出的借款利息、债券利息等。其计算公式为：

$$利息保障倍数=\frac{息税前利润总额}{利息支出}\times 100\%$$

其中： 息税前利润总额=利润总额+利息支出=净利润+所得税+利息支出

根据圆荣公司的财务报表数据可得：

本年利息保障倍数＝(136＋80＋64)÷80＝3.5

上年利息保障倍数＝(160＋96＋75)÷96≈3.45

从以上的计算结果来看，该公司2021年度和2023年度的利息保障倍数都较高，说明公司有较强的偿付负债的能力。进一步还需结合公司往年的情况和行业的特点进行判断。

利息保障倍数不仅反映了企业获利能力的大小，而且反映了获利能力对偿还到期债务的保障程度，它既是企业举债经营的前提依据，也是衡量企业长期偿债能力大小的重要指标。一般情况下，该指标越高表明企业长期偿债能力越强。实务中通常认为，该指标为3时较为适当。从长期来看，若要维持正常偿债能力，利息保障倍数至少应当大于1。如果利息保障倍数太小，企业就可能面临亏损以及偿债的安全性与稳定性下降的风险。究竟企业利息保障倍数应是多少，才能认为偿付能力强，这要根据往年经验结合行业特点来判断。

重要提示

利息保障倍数中的利息包括计入财务费用中的利息和计入固定资产成本的资本化利息。

请思考

利息保障倍数与财务杠杆系数之间的关系。

三、影响长期偿债能力的其他因素

上述衡量偿债能力的财务比率是根据财务报表数据计算的，还有一些表外因素影响企业的偿债能力，必须引起足够的重视。

（一）短期和低价值资产租赁

当企业急需某种设备或厂房而又缺乏足够的资金时，可以通过短期和低价值资产租赁的方式解决。由于短期和低价值资产租赁没有反映于资产负债表。当企业的经营租赁量比较大、期限比较长或具有经常性时，就形成了一种长期性筹资。这种长期性筹资，到期时必须支付租金，会对企业的偿债能力产生影响。因此，如果企业经常发生短期和低价值资产租赁业务，应考虑租赁费用对偿债能力的影响。

（二）可动用的银行贷款指标或授信额度

当企业存在可动用的银行贷款指标或授信额度时，这些数据不在财务报表内反映，但由于可以随时增加企业的支付能力，因此可以提高企业偿债能力。

（三）资产质量

在财务报表内反映的资产金额为资产的账面价值，但由于财务会计的局限性，资产的账面价值与实际价值可能存在差异，如资产可能被高估或低估，一些资产无法进入财务报表等，此外，资产的变现能力也会影响偿债能力，如果企业存在很快变现的长期资产，会增加企业的短期偿债能力。

（四）债务担保

担保项目的时间长短不一，有的涉及企业的长期负债，有的涉及企业的流动负债。在分析企业长期偿债能力时，应根据有关资料判断担保责任带来的潜在长期负债问题。

（五）未决诉讼

未决诉讼一旦判决败诉，便会影响企业的偿债能力，因此在评价企业长期偿债能力时要考虑其潜在影响。

任务三 营运能力分析

案例导入

XM公司成立于2001年，是一家生产汽车的上市公司，现有资产70多亿元，员工2万余人。公司一直秉持“现金流重于利润”的资金管理观念，强调现金流在公司战略管理中的主要地位，把现金流状况作为企业运营成果的评价标准之一。公司决策的着眼点，定位于“尽量提前收回现金”，切忌以牺牲长期现金流量来改善短期利润状况。2023年，XM公司的流动资金周转次数是上市公司行业平均水平的2.43倍，全部资产周转次数是上市公司行业平均水平的2.60倍，应收账款周转次数是上市公司行业平均水平的2.81倍，存货周转率是上市公司行业平均水平的1.45倍。

思考与分析：通过哪些指标来反映企业的营运能力，如何进一步提升XM公司的营运能力？

营运能力反映了企业资产周转状况，对此进行分析，可以了解企业的经营情况及经营管理水平。资金周转状况好，说明企业的经营管理水平高，资金利用效率高，企业可以较少的投入获得较多的收益。因此，营运能力指标是通过投入与产出之间的关系来反映，企业营运能力分析主要包括：流动资产营运能力分析、固定资产营运能力分析和总资产营运能力分析三个方面。

一、流动资产营运能力分析

反映流动资产营运能力的指标主要有应收账款周转率、存货周转率和流动资产周转率。

（一）应收账款周转率

应收账款在流动资产中有着重要的地位，及时收回应收账款不仅增强了企业的短期偿债能力，也反映出企业管理应收账款的效率。反映应收账款周转效率的比率有应收账款周转率（次数）和应收账款周转天数。

应收账款周转率（次数），是一定时期内产品或商品营业收入净额与应收账款平均余额的比值，表明一定时期内应收账款平均收回的次数，其计算公式为：

应收账款周转率（次数）＝营业收入净额÷应收账款平均余额

应收账款平均余额＝（期初应收账款＋期末应收账款）÷2

重要提示

营业收入净额＝销售收入－销售退回、折让、折扣；应收账款余额包含了应收票据及提取的坏账准备。

应收账款周转天数也称为应收账款的收现期，是指企业自产品或商品销售开始至应收账款收回为止所需经历的天数，其计算公式为：

应收账款周转天数＝计算期天数÷应收账款周转率

式中，计算期天数通常以1年360天计算。

根据圆荣公司的财务报表数据：

本年应收账款周转率(次数)3 000÷[(398＋8＋199＋11)÷2]＝9.74(次)

本年应收账款周转天数＝360÷9.74＝36.96(天)

在市场经济条件下，由于商业信用的普遍应用，应收账款成为企业的一项重要的流动资产，应收账款的变现能力直接影响到企业的流动性，应收账款周转率越高，说明企业收回应收账款的速度越快，可以减少坏账损失，提高资产的流动性，企业的短期偿债能力也会得到增强，这在一定程度上可以弥补流动比率低的不利影响。如果企业的应收账款周转率过低，则说明企业回收应收账款的效率低或者信用政策过于宽松，这样的情况会导致应收账款占用资金数量过多，影响企业资金利用率和资金的正常周转。但是，如果应收账款周转率过高，则可能是因为企业奉行了比较严格的信用政策，制定的信用标准过于苛刻，这样会限制企业销售量的扩大，从而影响企业的盈利水平，这种情况往往表现为存货周转率同期偏低。

在计算和使用应收账款周转率时应注意以下问题。

(1) 营业销售收入的赊销比例问题。从理论上说，应收账款来自赊销活动，其对应的流量是赊销额，而非全部销售收入。因此，计算时应使用赊销额取代销售收入。但是，外部分析人员无法取得赊销的数据，只好直接使用销售收入计算。实际上相当于假设现金销售是收现时间等于零的应收账款。只要现金销售与赊销的比例是稳定的，不妨碍与上期数据的可比性。问题是与其他企业比较时，不知道可比企业的赊销比例，也就无从知道应收账款是否可比。

(2) 应收账款年末余额的可靠性问题。应收账款是特定时点的存量，容易受季节性、偶然性和人为因素影响。在应收账款周转率用于业绩评价时，最好使用多个时点的平均数，以减少这些因素的影响。

(3) 应收账款的减值准备问题。统一财务报表上列示的应收账款是已经提取减值准备后的净额，而销售收入并没有相应减少。其结果是，提取的减值准备越多，应收账款周转天数越少。这种周转天数的减少说明应收账款管理欠佳。如果减值准备的数额较大，就应进行调整，使用未提取坏账准备的应收账款计算周转天数。报表附注中应披露应收账款减值的信息，可作为调整的依据。

(4) 应收票据是否计入应收账款周转率。大部分应收票据是销售形成的。只不过是应收账款的另一种形式，应将其纳入应收账款周转天数的计算，称为“应收账款及应收票据周转天数”。

(5) 应收账款周转天数是否越少越好。应收账款是赊销引起的，如果赊销有可能比现金销售更有利，周转天数就并非越少越好。收现时间的长短与企业的信用政策有关。例如，甲企业的应收账款周转天数是 18 天，信用期是 20 天；乙企业的应收账款周转期是 15 天，信用期是 10 天。前者的收款业绩优于后者，尽管其周转天数较多。改变信用政策，通常会引起企业应收账款周转天数的变化。信用政策的评价涉及多种因素，不能仅仅考虑周转天数的缩短。

(6) 应收账款分析应与销售额分析、现金分析联系起来。应收账款的起点是销售，终点是现金。正常的情况是销售增加引起应收账款增加，现金的存量和经营现金流量也会随之增加。如果一个企业应收账款日益增加，而销售和现金日益减少，则可能是销售出了比较严重的问题，促使企业放宽信用政策甚至随意发货，而现金却无法收回。

总之，分析者应当深入应收账款的内部，并且要注意应收账款与其他问题的联系，才能正确评价应收账款周转率。

(二) 存货周转率

存货周转率(次数)是指一定时期内，企业营业成本与存货平均资金占用额的比率，是衡量和评价企业购入存货、投入生产、销售收回等各环节管理效率综合性指标，其计算公式为：

存货周转率(次数)＝营业成本 ÷ 存货平均余额

存货平均余额＝(期初存货 + 期末存货) ÷ 2

存货周转天数是指存货周转一次(即存货取得到存货销售)所需要的时间，其计算公式为：

存货周转天数＝计算期天数 ÷ 存货周转率

式中，计算期天数通常以 1 年 360 天计算。

根据圆荣公司的财务报表数据可得：

本年存货周转率(次数)＝2 644 ÷ [(119 + 326) ÷ 2]＝11.88(次)

本年存货周转天数＝360 ÷ 11.88＝30.3(天)

重要提示

在计算存货周转率时，存货计价方法对存货周转率有较大影响，因此在分析企业不同时期或不同企业存货周转率时，应注意存货计价方法及计算口径是否一致。

一般来讲，存货周转速度越快，存货占有水平越低，流动性越强，存货转化为现金或应收账款的速度就越快，这样会增强企业的短期偿债能力、盈利能力。通过存货周转速度分析，有利于找出综合管理中存在的问题，尽可能降低资金占用水平。在具体分析时，应注意以下几点。

(1) 存货周转天数不是越低越好。存货过多会浪费资金，存货过少不能满足流转需要，在特定的生产经营条件下存在一个最佳的存货水平。

(2) 应注意应付款项、存货和应收账款(或销售收入)之间的关系。一般说来，销售收入增加会拉动应收账款、存货、应付账款增加，不会引起周转率的明显变化。但是，当企业接受一个大的订单时，先要增加采购，然后依次推动存货和应收账款增加，最后才引起收入上升。因此，在该订单没有实现销售收入以前，先表现为存货等周转天数增加，这种周转天数增加并非坏事。与此相反，预见到销售收入会萎缩时，先行减少采购，依次引起存货周转天数等下降。这种周转天数下降并非资产管理的改善。因此，任何财务分析都以认识经营活动的本来面目为目的，不可根据数据的高低作简单结论。

（三）流动资产周转率

流动资产周转率是指营业收入净额与全部流动资产的平均占用值的比值，它反映在一定时期内流动资产可以周转的次数，其计算公式为：

流动资产周转率（次数）＝营业收入净额÷流动资产平均余额

流动资产平均余额＝（期初流动资产＋期末流动资产）÷2

流动资产周转天数＝计算期天数÷流动资产周转率

式中，计算期天数通常以1年360天计算。

根据圆荣公司的财务报表数据可得：

本年流动资产周转率（次数）＝3 000÷[（700＋610）÷2]≈4.58（次）

本年流动资产周转天数＝360÷4.58≈78.6（天）

在一定时期内，流动资产周转次数越多，表明以同样的流动资产完成的周转额越多，流动资产利用效率越好。流动资产周转天数越少，表明流动资产在历经生产销售各阶段所占用的时间越短，可相对节约流动资产，增强企业盈利能力。

二、固定资产营运能力分析

固定资产周转率也称固定资产利用率，是企业营业收入净额与固定资产平均净值的比率，其计算公式为：

固定资产周转率（次数）＝营业收入净额÷固定资产平均净值

固定资产平均净值＝（期初固定资产净值＋期末固定资产净值）÷2

根据圆荣公司的财务报表数据可得：

本年固定资产周转率（次数）＝3 000÷[（1 238＋967）÷2]≈2.72

固定资产周转率，主要用于分析企业对厂房、设备等固定资产的利用效率，该比率越高，说明固定资产的利用率越高，管理水平越好。反之，如果固定资产周转率不高，则表明固定资产的利用效率不高，提供的生产成果不多，企业的营运能力不强。

三、总资产营运能力分析

反映总资产营运能力的指标是总资产周转率，总资产周转率是企业营业收入净额与企业资产平均总额的比率，其计算公式为：

总资产周转率＝营业收入净额÷平均资产总额

平均资产总额＝（期初资产总额＋期末资产总额）÷2

总资产周转天数＝计算期天数÷总资产周转率

式中，计算期天数通常以1年360天计算。

根据圆荣公司的财务报表数据可得：

本年总资产周转率＝3 000÷[（2 000＋1 680）÷2]≈1.63（次）

本年总资产周转天数＝360÷1.63≈220.85（天）

总资产周转率越高，总资产周转天数越短，说明企业全部资产的使用效率就越高，企业的营运能力也就越强。如果总资产周转率长期处于较低的状态，则企业就应采取各项措施来提高企业的资产利用程度，如提高销售收入或处置多余资产。

总资产由各项资产组成，在销售收入既定的情况下，总资产周转率的驱动因素是各项资产。因此，对总资产周转情况的分析应结合各项资产的周转情况，以发现影响企业资产周转的主要因素。

任务四 盈利能力分析

案例导入

MF 上市公司 2023 年的审计发现存在如下问题：(1) 采用银行借款不入账，少计短期借款，从而少计财务费用，虚构委托资产管理业务从而虚构投资收益，共计 1 500.45 万元；(2) 采用少转销售成本，虚构主营业务利润 521 万元，虚构其他业务利润 198 万元；(3) 通过虚构销售业务，少计费用，虚构投资收益，共虚构利润 1 855.46 万元；(4) 隐瞒存货盘亏和毁损 436.56 万元、虚增无形资产 560.25 万元，虚增应收账款 588.48 万元。

思考与分析： 请在对上述审计发现的问题进行分析的基础上思考，如何评价一个公司的盈利能力呢？

对一些初创企业进行分析时经常会发现，公司的营业利润率比较低，但是总资产净利率比较高，净资产收益率也比较高。为什么会出现这种情况呢？

盈利能力分析

对于一家新办企业来说，通常没有历史包袱，资产经营效率也较高，所以，尽管公司销售盈利较低，但是资产盈利能力较强。在这种情况下，股东回报率也较高。因此才会出现公司的营业利润率较低，但是总资产净利率和净资产收益率较高的现象。其实这一现象实质上也就是企业怎样考虑自身的获利能力的一种分析。

盈利能力是指企业获取利润的能力。盈利是企业的重要经营目标，是企业生存和发展的物质基础，它不仅关系到企业所有者的投资报酬，也是企业偿还债务的一个重要保障。因此，企业的债权人、所有者以及管理者都十分关心企业的盈利能力。盈利能力分析是企业财务分析的重要组成部分，也是评价企业经营管理水平的重要依据。企业的各项经济活动都会影响到盈利，如经营活动、对外投资活动、营业外收支活动等都会引起企业利润的变化。但是，在对企业盈利能力进行分析时，一般只分析企业正常经营活动的盈利能力，不涉及非正常的经营活动。这是因为，一些非正常的特殊的经营活动虽然也能给企业带来收益，但它不是经常发生的可持续活动，因此不能将其作为企业的一种持续性的盈利能力加以评价。

评价企业盈利能力的财务比率，主要有营业毛利率、营业净利率、总资产净利率和净资产收益率。

一、营业毛利率

营业毛利率是营业毛利与营业收入之比，其计算公式为：

$$营业毛利率 = 营业毛利 \div 营业收入 \times 100\%$$

式中：

$$营业毛利 = 营业收入 - 营业成本$$

根据圆荣公司的财务报表数据可得：

本年营业毛利率＝(3 000－2 644)÷3 000×100%≈11.87%

上年营业毛利率＝(2 850－2 503)÷2 850×100%≈12.18%

营业毛利率反映了每1元营业收入包含的毛利润，营业毛利率越高，代表产品的盈利能力越强。营业毛利率可以与行业水平比较，反映企业产品的市场竞争地位，营业毛利率高于同行业水平意味着实现一定收入占用了更少的成本，说明产品有竞争优势；反之，说明在行业中处于竞争劣势。

二、营业净利率

营业净利率是指净利润与营业收入的比率，通常用百分数表示，其计算公式为：

营业净利率＝净利润÷营业收入×100%

根据圆荣公司的财务报表数据可得：

本年营业净利率＝136÷3 000×100%≈4.53%

上年营业净利率＝160÷2 850×100%≈5.61%

营业净利率反映了企业净利润占营业收入的比例，它可以评价企业通过销售赚取利润的能力，该比率越大，企业的盈利能力越强。在利润表上从营业收入到净利润，需要扣除营业成本、期间费用、税费等项目。因此，将营业净利率按利润的扣除项目进行分解，可以识别影响销售净利率的主要因素。

三、总资产净利率

总资产净利率是指净利润与平均总资产的比率，它反映公司从1元资产中创造的净利润。其计算公式为：

总资产净利率＝净利润÷平均总资产×100%

式中：　平均资产总额＝(期初资产总额＋期末资产总额)÷2

根据圆荣公司的财务报表数据可得：

本年总资产净利率＝136÷[(2 000＋1 680)÷2]×100%≈7.39%

总资产净利率衡量的是企业资产的盈利能力，总资产净利率越高，表明企业资产的利用效果越好。

总资产净利率可以进行如下分解：

$$\begin{aligned}\text{总资产净利率}&=\frac{\text{净利润}}{\text{平均总资产}}\\&=\frac{\text{净利润}}{\text{营业收入}}\times\frac{\text{营业收入}}{\text{平均总资产}}\\&=\text{营业净利率}\times\text{总资产周转率}\end{aligned}$$

由上述公式可知，总资产净利率主要取决于营业净利率和总资产周转率两个因素。企业营业利润率越大，资产周转速度越快，总资产净利率越高。因此，提高总资产净利率可以从两个方面入手，一方面加强营销管理，增加销售收入，节约成本费用，提高利润水平；另一方面加强资产管理，提高资产利用率。

8

四、净资产收益率

净资产收益率又被称为权益净利率或者权益报酬率，是净利润与平均所有者权益的比值，表示每1元股权资本赚取的净利润，反映资本经营的盈利能力。其计算公式为：

$$净资产收益率=净利润÷平均所有者权益\times 100\%$$

式中：

$$平均所有者权益=(期初所有者权益+期末所有者权益)÷2$$

根据圆荣公司的财务报表数据可得：

本年净资产收益率 $=136\div[(960+880)\div 2]\times 100\% \approx 14.78\%$

该指标是企业盈利能力指标的核心，也是杜邦分析法的核心，更是投资者关注的重点。一般来说，净资产收益率越高，说明企业的盈利能力越强，股东和债权人的利益保障程度越高。如果企业的净资产收益率在一定时期内持续增长，说明资本盈利能力稳定上升。但净资产收益率不是一个越高越好的概念，分析时要注意企业的财务风险。

净资产收益率可以进行如下分解：

$$\begin{aligned}净资产收益率&=\frac{净利润}{平均所有者权益}\\&=\frac{净利润}{平均总资产}\times\frac{平均总资产}{平均所有者权益}\\&=总资产净利率\times 权益乘数\end{aligned}$$

由上述公式可知，净资产收益率取决于企业的总资产净利率和权益乘数两个因素，因此，提高净资产收益率可以有两种途径，一是在财务杠杆不变的情况下，通过增收节支，提高资产利用效率来提高总资产净利率，从而提高净资产收益率；二是在资产利润率大于负债利息率的情况下，通过增大权益乘数，即提高财务杠杆来提高净资产收益率。但是，第一种途径不会增加企业的财务风险，第二种途径则会导致企业的财务风险增大。这主要是因为，企业负债经营的前提是有足够的盈利能力保障偿还债务的本息，单纯增加负债对净资产收益率的改善只具有短期效应，最终将因盈利能力无法涵盖增加的财务风险而使企业面临财务困境。

知识延伸

上市公司盈利能力主要指标有每股收益、每股股利、市盈率。

1. 每股收益

每股收益是指本期净利润与发行在外普通股股数的比例关系。其计算公式为：

$$每股收益=净利润÷普通股股数$$

每股收益是衡量股份公司盈利能力最重要的财务指标，它反映普通股的获利水平。在分析时，可以进行公司间的比较，评价该公司的相对盈利能力；可以进行不同时期的比较，了解该公司盈利能力的变化趋势。

2. 每股股利

每股股利是企业股利总额与企业流通股数的比值。其计算公式为：

$$每股股利=股利总额÷普通股股数$$

每股股利反映的是上市公司每一股普通股获取股利的大小。每股股利越大，则企业股本获利能力就越强；每股股利越小，则企业股本获利能力就越弱。该指标受获利能力、股利发放政策等因素影响。

3. 市盈率

市盈率是指普通股每股市价与每股收益的比例关系，其计算公式为：

市盈率＝每股市价÷每股收益

市盈率是评价股份公司盈利能力的重要指标，用股价与每股收益进行比较，反映投资者对每股收益所愿支付的价格。一方面，市盈率越高，意味着企业未来成长的潜力越大，也即投资者对该股票的评价越高，反之，投资者对该股票评价越低；另一方面，市盈率越高，说明投资于该股票的风险越大，市盈率越低，说明投资于该股票的风险越小。

任务五　发展能力分析

案例导入

NK公司成立于2008年，于2014年上市。上市后，公司经营业绩不佳，股票无人问津，在2023年公布的年报中，其每股收益不足0.01元。2024年4月，NK公司发了一个补充公告，2023年该公司实现利润总额2亿元，本年度资本公积增加1.2亿元，每股收益0.56元，净利润2.45亿元，比去年的净利润增长50多倍。公司一公布，公司股价便飙升至24.15元。NK公司的这种增长显然是存在问题的，是在误导投资者投资。

思考与分析：NK公司的虚假财务数据对哪些发展能力指标会产生影响？

发展能力也称成长能力，是指企业在从事经营活动过程中所表现出来的增长能力，如规模的扩大、盈利的持续增长、市场竞争力的增强等。反映企业发展能力的主要财务指标有营业收入增长率、总资产增长率、营业利润增长率、资本保值增值率和资本积累率等。

发展能力分析

一、营业收入增长率

营业收入增长率是本年营业收入增长额与上年营业收入总额的比率，其计算公式为：

营业收入增长率＝本年营业收入增长额÷上年营业收入×100％

式中：　本年营业收入增长额＝本年营业收入－上年营业收入

根据圆荣公司的财务报表数据可得：

本年营业收入增长率＝(3 000－2 850)÷2 850×100％≈5.26％

营业收入增长率反映了企业营业收入的变化情况，是评价企业成长性和市场竞争力的重要指标，该比率大于零，表示企业本年营业收入增加，反之，表示营业收入减少。该比率越高，说明企业营业收入的成长性越好，企业的发展能力越强。在实际分析时应考虑企业历年的销

8

售水平、市场占有情况、行业未来发展及其他影响企业发展的潜在因素，或结合企业前3年的营业收入增长率进行趋势性判断分析。

二、总资产增长率

总资产增长率是企业本年总资产增长额与年初资产总额的比率，该比率反映了企业本年度资产规模的增长情况，其计算公式为：

总资产增长率＝本年资产增长额÷年初资产总额×100%

式中： 本年资产增长额＝年末资产总额－年初资产总额

根据圆荣公司的财务报表数据可得：

本年总资产增长率＝(2 000－1 680)÷1 680×100%≈19.05%

总资产增长率是从企业资产规模扩张方面来衡量企业的发展能力，企业资产总量对企业的发展具有重要的影响。一般来说，总资产增长率越高，说明企业资产规模增长的速度越快，企业的竞争力越强。但是，在分析企业资产数量增长的同时，也要注意分析企业资产的质量变化以及企业的后续发展能力，以免企业盲目扩张。

三、营业利润增长率

营业利润增长率是企业本年营业利润增长额与上年营业利润总额的比率，反映企业营业利润的增长变动情况，其计算公式为：

营业利润增长率＝本年营业利润增长额÷上年营业利润总额×100%

式中： 本年营业利润增长额＝本年营业利润－上年营业利润

根据圆荣公司的财务报表数据可得：

营业利润增长率＝(156－163)÷163×100%≈－4.29%

营业利润增长率反映了企业盈利能力的变化，该比率越高，说明企业的成长性越好，发展能力越强。

四、资本保值增值率

资本保值增值率是指所有者权益的期末总额与期初总额之比，其计算公式为：

资本保值增值率＝期末所有者权益÷期初所有者权益×100%

根据圆荣公司的财务报表数据可得：

资本保值增值率＝960÷880×100%≈109.09%

如果企业盈利能力提高，利润增加，必然会使期末所有者权益大于期初所有者权益，所以该指标也是衡量企业盈利能力的重要指标。当然，这一指标的高低，除了受企业经营成果的影响外，还受企业利润分配政策和投入资本的影响。

五、资本积累率

资本积累率是企业本年所有者权益增长额与年初所有者权益的比率，反映企业当年资本的积累能力。其计算公式为：

$$资本积累率=本年所有者权益增加额\div年初所有者权益\times100\%$$

式中：　　本年所有者权益增加额＝年末所有者权益－年初所有者权益

根据圆荣公司的财务报表数据可得：

资本积累率＝(960－880)÷880×100%≈9.09%

资本积累率越高，表明企业的资本积累越多，应对风险、持续发展的能力越强。

想一想

利用Python技术，从公开的网络平台中（如腾讯大数据、阿里研究院、新浪财经）爬取数据，从而分析一家上市公司近三年的偿债能力、营运能力、盈利能力、发展能力情况。

任务六　财务综合分析

案例导入

BM公司是一家纺织类公司，2023年年末资产总额12.45亿元，负债总额8.32亿元。公司近年来营业收入一直不断增加，平均每年保持14%的增长率，然而公司成本费用一直居高不下，导致从2021年开始净利润开始下降，2023年净利润率为1.4%。为了提高公司的规模，更新生产设备，BM公司2024年急需要筹集资金，购置先进机器设备，从而提高公司生产效率，提高公司的盈利水平。

思考与分析：假如你是银行分析人员，你是否愿意贷款给该公司呢？请对该公司提出改进建议，帮助公司更好地发展。

财务分析的最终目的在于全面、准确、客观地揭示与披露企业财务状况和经营情况，并借以对企业经济效益优劣作出合理的评价。显然，要达到这个分析目的，仅仅测算几个简单、孤立的财务比率，或者将一些孤立的财务分析指标堆砌在一起，彼此毫无联系地考察，不可能得出合理、正确的综合性结论，有时甚至会得出错误的结论。因此，只有将企业偿债能力、营运能力、投资收益实现能力以及发展趋势等各项分析指标有机联系起来，作为一套完整的体系，相互配合使用，作出系统的综合评价，才能从总体意义上把握企业财务状况和经营情况的优劣。

财务综合分析的意义在于能够全面、正确地评价企业的财务状况和经营成果，因为局部不能替代整体，某项指标的好坏不能说明整个企业经济效益的高低。除此之外，综合分析的结果在进行企业不同时期比较分析和不同企业之间比较分析时，消除了时间和空间上的差异，使之更具可比性，有利于企业总结经验、吸取教训、发现差距、赶超先进，进而从整体上、本质上反映和把握企业生产经营的财务状况和经营成果。

企业综合绩效分析方法有很多，传统方法主要有杜邦分析法和沃尔评分法等。

杜邦分析法

一、杜邦分析法

(一) 杜邦分析法的概念

杜邦分析法，又称杜邦财务分析体系，是指在考虑各财务比率内在联系的条件下，通过制定多种比率的综合财务分析体系，来考察企业财务状况的一种分析方法。它是由美国杜邦公司率先采用的一种方法。杜邦财务分析体系的基本结构如图 8－1 所示。

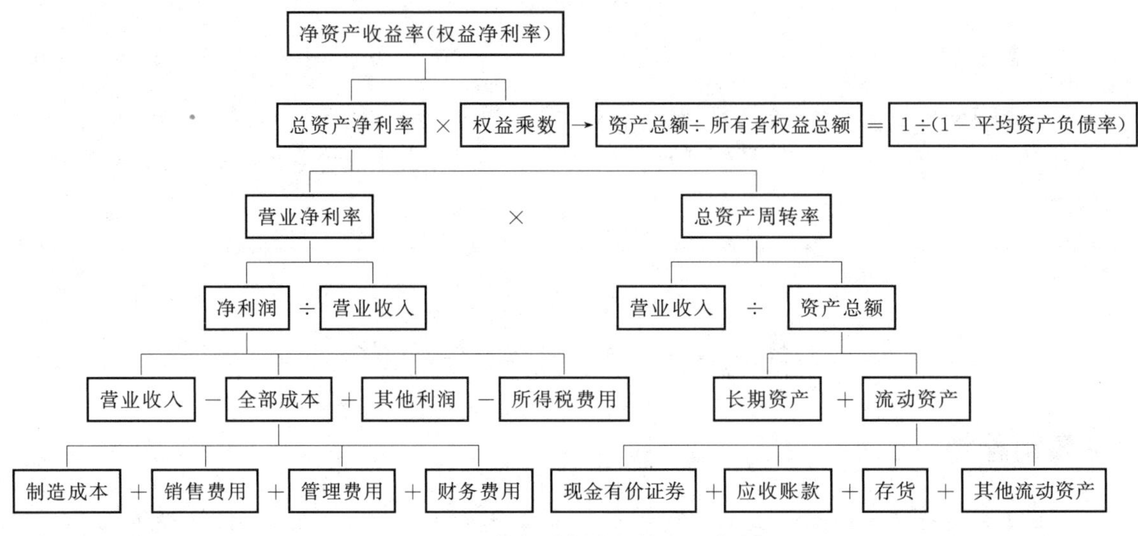

图 8－1 杜邦财务分析体系示意图

注：图中有关资产、负债与权益指标用平均值计算。

杜邦分析法是对企业财务状况进行的综合分析，它通过研究几种主要财务指标之间的相关关系，直接明了地反映企业的财务状况，揭示企业的获利能力以及前后因果。净资产收益率是杜邦财务分析体系的核心指标，其计算公式为：

$$净资产收益率＝营业净利率×总资产周转率×权益乘数$$

(二) 杜邦分析法运用中的注意事项

运用杜邦分析法需要注意以下几方面内容。

1. 净资产收益率

从图 8－1 可以看出，净资产收益率是一个综合性极强、最具代表性的财务比率，它是杜邦分析法的核心。企业财务管理的重要目标就是实现所有者财富的最大化，净资产收益率恰恰反映了所有者投入资本的盈利能力，反映了企业筹资、投资和生产运营等各方面经营活动的效率，净资产收益率取决于企业总资产净利率和权益乘数。总资产净利率主要反映企业运用资产进行生产经营活动的效率，权益乘数则主要反映企业的财务杠杆情况，即企业的资本结构。

2. 总资产净利率

总资产净利率是反映企业盈利能力的一个重要财务比率，它揭示了企业生产经营活动的效率，综合性也极强。企业的营业收入、成本费用、资产结构、资产周转速度以及资金占用量等因素，都直接影响到总资产净利率的高低。总资产净利率是营业净利率和总资产周转率的乘积，因此可以从企业的销售活动和资产管理两个方面来进行分析。

3. 营业净利率

从企业的销售方面看，营业净利率反映了企业净利润与营业收入之间的关系，一般来说，营业收入增加，企业的净利润也会随之增加。但是，要想提高营业净利率，必须一方面提高营业收入，另一方面降低各种成本费用，这样才能使净利润的增长高于营业收入的增长，从而使营业净利率得以提高。由此可见，提高营业净利率必须从以下两个方面着手。

(1) 企业应开拓市场，增加营业收入。在市场经济中，企业必须深入调研市场情况，了解市场的供求关系。在战略上，从长远的利益出发，努力开发新产品；在策略上，保证产品的质量，加强营销手段，努力提高市场占有率，这些都是企业面向市场的外在能力。

(2) 企业应该加强成本费用的控制，降低耗费增加利润。企业要想在激烈的市场竞争中立于不败之地，不仅要在销售和产品质量上下功夫，还要尽可能降低企业产品的成本，这样才能增强产品在市场上的竞争力。同时，要严格控制企业的管理费用、财务费用等各种期间费用，降低耗费，增加利润。从杜邦分析法中可以分析企业的成本费用结构是否合理，以便发现企业在成本费用管理方面存在的问题，为加强成本管理提供依据。这里尤其要研究分析企业的利息费用与利润总额之间的关系。如果企业所承担的利息费用太多，就应当进一步分析企业的资本结构是否合理，负债比率是否过高，因为不合理的资本结构一定会影响到企业所有者的报酬。

4. 总资产周转率

对于总资产周转率，主要应该从以下两个方面来分析：

(1) 分析企业的资产结构是否合理，即流动资产和非流动资产的比例是否合理。资产结构反映了企业资产的流动性，它不仅关系到企业的偿债能力，也会影响到企业的盈利能力。一般来说，如果企业流动资产中货币资金所占比重过大，就应分析企业现金持有量是否合理，有无现金闲置现象，因为过量的现金会影响企业的盈利能力。如果流动资产中存货与应收账款过多，就会占用大量的资金，影响企业的资金周转。

(2) 应该结合营业收入分析企业的资产周转情况。企业资产周转的速度直接影响企业的盈利能力。如果企业资产周转速度较慢，就会占用大量资金，增加资金成本，减少企业的利润。在对周转状况进行分析时，企业不仅要分析企业总资产周转率，更要分析企业的存货周转率和应收账款周转率，并将其周转情况与资金占用情况结合分析。

从以上两个方面的分析，可以发现企业资产管理方面存在的问题，以便加强管理，提高资产利用效率。

【业务 8-5】 某企业有关财务数据如表 8-4 所示。要求：分析该企业净资产收益率变化的原因(表 8-5)。

表 8-4　　基本财务数据　　单位：万元

年度	净利润	营业收入	平均资产总额	平均负债总额	全部成本	制造成本	销售费用	管理费用	财务费用
2022	160	2 850	1 725	890	2 687	2 531	20	40	96
2023	136	3 000	1 840	920	2 850	2 672	22	76	80

表 8-5　　财务比率

项　　目	2022 年	2023 年
净资产收益率	19.17%	14.76%
权益乘数	2.07	2
资产负债率	51.59%	50%
总资产净利率	9.26%	7.38%
营业净利率	5.61%	4.53%
总资产周转率/次	1.65	1.63

解析：

(1) 对净资产收益率的分析。该企业的净资产收益率在 2022 年至 2023 年间出现了一定程度的下滑，从 2022 年的 19.17%减至 2023 年的 14.76%。企业的投资者在很大程度上依据这个指标来判断是否投资或是否转让股份，考察经营者业绩和决定股利分配政策。这些指标对企业的管理者也至关重要。净资产收益率的计算公式也可表示为：

$$净资产收益率=权益乘数\times 总资产净利率$$

2022 年　19.17% = 2.07 × 9.26%

2023 年　14.76% = 2 × 7.38%

通过分解可以看出，该企业净资产收益率的变动是资本结构（权益乘数）变动和资产利用效果（总资产净利率）变动两方面共同作用的结果，而该企业的总资产净利率有所降低说明资产利用效果不佳。

(2) 对总资产净利率的分析。

总资产净利率的计算公式可以表示为：

$$总资产净利率=营业净利率\times 总资产周转率$$

2022 年　9.26% = 5.61% × 1.65

2023 年　7.38% = 4.53% × 1.63

通过分解可以看出，2023 年该企业的总资产周转率有所下降，显示企业对资产的控制水平正在下滑，表明该企业利用其总资产产生营业收入的效率降低。总资产周转率降低的同时，营业净利率的减少加剧了总资产净利率的下滑趋势。

(3) 对营业净利率的分析。

营业净利率的计算公式可以表示为：

$$营业净利率=\frac{净利润}{营业收入}$$

2022 年　5.61% = 160 ÷ 2 850

2023 年　4.53% = 136 ÷ 3 000

该企业2023年营业收入得到了一定幅度的提升，但是净利润反而下降，其原因是成本费用增多，从表8-4可知：全部成本从2022年的2 687万元增加到2023年的2 850万元，较销售收入的增加幅度有所上升。

(4) 对全部成本的分析。

全部成本的计算公式可以表示为：

$$全部成本=制造成本+销售费用+管理费用+财务费用$$

2022年　$2\,687=2\,531+20+40+96$

2023年　$2\,850=2\,672+22+76+80$

本例中，导致该企业净资产收益率变小的主要原因是全部成本过高。也正是因为全部成本的大幅度提高导致了净利润下降，而营业收入的增加则引起了营业净利率的降低，显示出该企业销售盈利能力的降低。资产净利率的下降主要是由于总资产周转率和营业净利率不同程度的下降。

(5) 对权益乘数的分析。

权益乘数的计算公式可以表示为：

$$权益乘数=\frac{资产总额}{所有者权益总额}$$

2022年　$2.07=\frac{1\,725}{1\,725-890}$

2023年　$2=\frac{1\,840}{1\,840-920}$

该企业权益乘数下降，说明企业的资本结构在2022年至2023年发生了变动，2023年的权益乘数较2022年有所减小。权益乘数越小，企业负债程度越低，偿还债务能力越强，财务风险有所降低。这个指标同时也反映了财务杠杆对利润水平的影响。该企业的权益乘数一直处于2～5，即负债率在50%～80%，属于激进战略型企业。管理者应准确把握企业所处的环境，准确预测利润，合理控制负债带来的风险。

(6) 结论。对于该企业，最为重要的就是要努力降低各项成本，在控制成本上下功夫，同时要保持较高的总资产周转率。这样，可以使销售净利率得到提高，进而使总资产净利率有大的提高。

知识拓展

如今市场环境多变，财务数据的体量日益庞大，这对财务人员来说无疑是个巨大的挑战。引入Power BI或许是解决问题的关键，Power BI强大的数据管理和分析能力，可以帮助财务人员从繁重的数据处理工作中解放出来，让他们有更多时间去做更有价值的分析和决策。

二、沃尔评分法

企业财务综合分析的先驱者之一是亚历山大·沃尔，他在20世纪初出版的《信用晴雨表研究》和《财务报表比率分析》中提出了信用能力指数的概念，他把若干个财务比率用线性关系结合起来，以此来评价企业的信用水平，被称为沃尔评分法。他选择了7种财务比率，分别给定了其在总评价中所占的比重，总和为100分；然后确定标准比率，并与实际比率相比，评出每项指标的得分，求出总评分。

【业务8-6】 某企业是一家中型电力企业，2023年的财务状况评分的结果如表8-6所示。要求：运用沃尔评分法对该企业的财务状况进行综合评价。

表8-6 沃尔综合评分表

财务比率	比重 ①	标准比率 ②	实际比率 ③	相对比率 ④=③÷②	综合指数 ⑤=①×④
流动比率	25	2.00	1.66	0.830	20.75
净资产÷负债	25	1.50	2.39	1.590	39.75
资产÷固定资产	15	2.50	1.84	0.736	11.04
营业成本÷存货	10	8.00	9.94	1.243	12.43
营业收入÷应收账款	10	6.00	8.61	1.435	14.35
营业收入÷固定资产	10	4.00	0.55	0.138	1.38
营业收入÷净资产	5	3.00	0.40	0.133	0.67
合　计	100				100.37

解析：

该企业的综合指数为100.37，总体财务状况是不错的，综合评分达到标准要求。但由于该方法技术上的缺陷，夸大了达到标准的程度。尽管沃尔评分法在理论上的可靠性尚有待证明，在技术上也不完善，但它还是在实践中被广泛地加以应用。

沃尔评分法在理论上有一个缺陷，即未能证明为什么要选择这7个指标，而不是更多些或更少些，或者选择别的财务比率，以及未能证明每个指标所占比重的合理性。沃尔评分法在技术上有一个问题，即当某一个指标严重异常时，会对综合指数产生不合逻辑的重大影响。这个缺陷是由相对比率与比重相乘而引起的。财务比率提高一倍，其综合指数增加100%；而财务比率降低一半，其综合指数只减少50%。

随着经济社会的发展，当前一般认为企业财务评价的内容首先是盈利能力，其次是偿债能力，再次是成长能力，它们之间大致可按5∶3∶2的比重来分配。盈利能力的主要指标是总资产报酬率、营业净利率和净资产收益率，这三个指标可按2∶2∶1的比重来安排。偿债能力有四个常用指标。成长能力有三个常用指标（均为本年增量与上年实际量的比值）。假定仍以100分为总评分。

【业务8-7】 以【业务8-4】中企业2023年的财务状况为例，以中型电力生产企业的标准值为评价基础，其综合评分标准如表8-7所示。要求：运用沃尔评分法对该企业的财务状况进行综合评价。

表 8－7　　综合评分表

指　　标	评分值	标准比率/%	行业最高比率/%	最高评分	最低评分	每分比率之差
盈利能力：						
总资产报酬率	20	5.5	15.8	30	10	1.030
营业净利率	20	26.0	56.2	30	10	3.020
净资产收益率	10	4.4	22.7	15	5	3.660
偿债能力：						
自有资本比率	8	25.9	55.8	12	4	7.475
流动比率	8	95.7	253.6	12	4	39.475
应收账款周转率	8	290.0	960.0	12	4	167.500
存货周转率	8	800.0	3 030.0	12	4	557.500
成长能力：						
营业收入增长率	6	2.5	38.9	9	3	12.130
净利润增长率	6	10.1	51.2	9	3	13.700
总资产增长率	6	7.3	42.8	9	3	11.830
合　计	100			150	50	

解析：

标准比率以本行业平均数为基础，在给每个指标评分时，应规定其上限和下限，以减少个别指标异常对总分造成不合理的影响。上限可定为正常评分值的 1.5 倍，下限可定为正常评分值的 0.5 倍。此外，给分不是采用“乘”的关系，而采用“加”或“减”的关系来处理，以克服沃尔评分法的缺点。例如，总资产报酬率每分比率的差为 1.03%＝(15.8%－5.5%)÷(30－20)。总资产报酬率每提高 1.03%，多给 1 分，但该项得分不得超过 30 分。

根据这种方法，对该企业的财务状况重新进行综合评价，得 124.94 分(表 8－8)，说明该公司是一家中等略偏上水平的企业。

表 8－8　　财务情况评分

指　　标	实际比率①	标准比率②	差异③＝①－②	每分比率④	调整分⑤＝③÷④	标准评分值⑥	得分⑦＝⑤＋⑥
盈利能力：							
总资产报酬率	10.00	5.50	4.50	1.030	4.37	20	24.37
营业净利率	33.54	26.00	7.54	3.020	2.50	20	22.50
净资产收益率	13.83	4.40	9.43	3.660	2.58	10	12.58
偿债能力：							
自有资本比率	72.71	25.90	46.81	7.475	6.26	8	14.26
流动比率	166.00	95.70	70.30	39.475	1.78	8	9.78

续 表

指 标	实际比率①	标准比率②	差异③=①-②	每分比率④	调整分⑤=③÷④	标准评分值⑥	得分⑦=⑤+⑥
应收账款周转率	861.00	290.00	571.00	167.500	3.41	8	11.41
存货周转率	994.00	800.00	194.00	557.500	0.35	8	8.35
成长能力：							
营业收入增长率	17.70	2.50	15.20	12.130	1.25	6	7.25
净利润增长率	-1.74	10.10	-11.84	13.700	-0.86	6	5.14
总资产增长率	46.36	7.30	39.06	11.830	3.30	6	9.30
合 计						100	124.94

项目知识结构图

总结：项目八

本项目知识结构如图 8-2 所示。

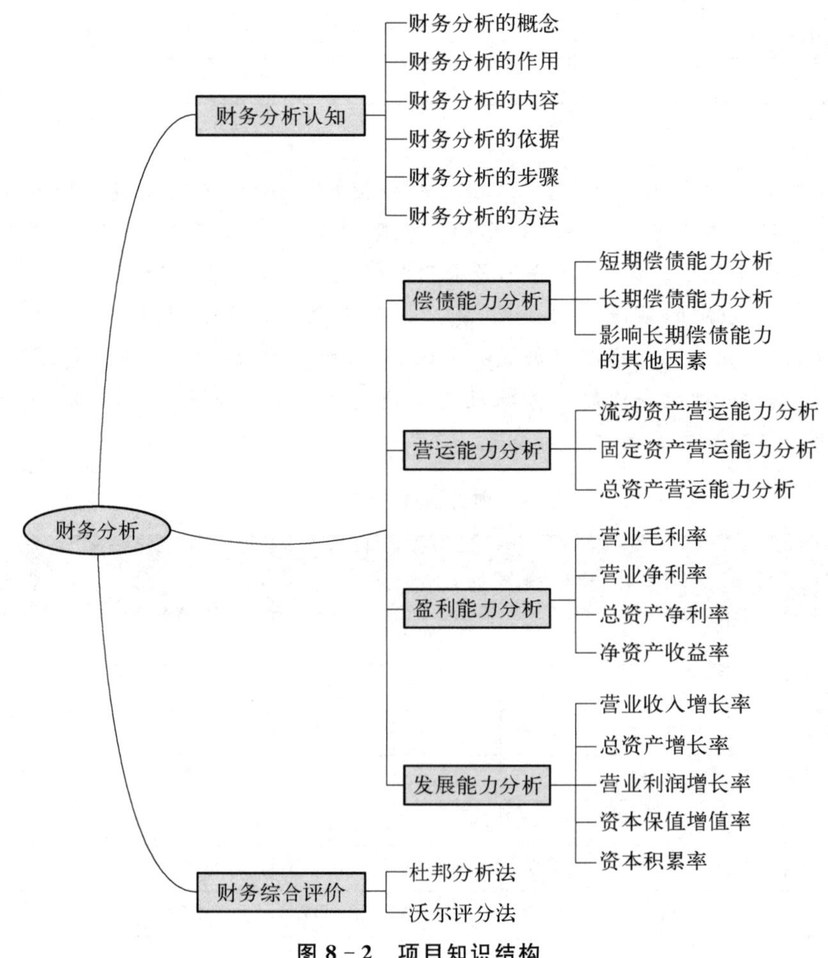

图 8-2 项目知识结构

基本训练

一、单项选择题

1. 企业所有者作为投资人，主要进行(　　)。

A. 盈利能力分析　　B. 偿债能力分析　　C. 综合分析　　D. 运营能力分析

2. 在下列财务分析主体中，必须对企业运营能力、偿债能力、获利能力及发展能力的全部信息予以详尽了解和掌握的是(　　)。

A. 企业所有者　　B. 企业债权人　　C. 企业经营决策者　　D. 政府

3. 下列有关财务分析局限性的有关说法中，不正确的是(　　)。

A. 财务报表中的数据用于预测未来发展趋势，只有参考价值，并非绝对合理

B. 财务报表是严格按照会计准则编制的，能准确反映企业的客观实际

C. 在分析时，分析者往往只注重数据的比较，而忽略经营环境的变化，这样得出的分析结论是不全面的

D. 在不同企业之间用财务指标进行评价时没有统一标准，不便于不同行业间的对比

4. 已知业务发生前后，速动资产都超过了流动负债，则赊购原材料若干，将会(　　)。

A. 增大流动比率　　B. 降低流动比率　　C. 降低营运资本　　D. 增大营运资本

5. 下列关于企业偿债能力指标的说法中，错误的是(　　)。

A. 营运资本为正，说明企业财务状况稳定，不能偿债的风险较小

B. 流动比率高意味着短期偿债能力一定很强

C. 资产负债率属于长期偿债能力指标

D. 可动用的银行贷款能够影响企业的偿债能力

6. 若星海公司的权益乘数为7/5，则该公司的资产负债率为(　　)。

A. 5/7　　B. 0.6　　C. 2/7　　D. 0.4

7. 某企业2023年和2024年的营业净利率分别为7%和8%，资产周转率分别为2和1.5，两年的资产负债率相同，与2023年相比，2024年的净资产收益率变动趋势为(　　)。

A. 上升　　B. 下降　　C. 不变　　D. 无法确定

8. 下列关于杜邦分析法的说法中，不正确的是(　　)。

A. 杜邦分析法以净资产收益率为起点

B. 总资产净利率和权益乘数是杜邦分析法的核心

C. 决定净资产收益率高低的主要因素是营业净利率、总资产周转率和权益乘数

D. 要想提高营业净利率，只能降低成本费用

9. 下列有关营运能力分析的说法中，错误的是(　　)。

A. 计算应收账款周转率指标时，营业收入数据使用利润表中的“营业收入”

B. 存货周转率指标反映了企业经营各环节的存货周转情况和管理水平

C. 固定资产周转率高，说明企业固定资产投资得当，结构合理，利用效率高

D. 计算总资产周转率时分子分母在时间上应保持一致

10. 下列有关盈利能力分析和发展能力分析的有关说法中，错误的是(　　)。

A. 企业可以通过提高营业净利率、加速资产周转来提高总资产净利率

B. 一般来说，净资产收益率越高，股东和债权人的利益保障程度越高

C. 企业本年营业收入有所增长，说明营业收入增长率大于1

D. 资本积累率越高，表明企业的资本积累越多，应对风险、持续发展的能力越强

二、多项选择题

1. 比率指标的类型主要有构成比率、效率比率和相关比率三类。下列说法中，正确的有(　　)。

A. 效率比率反映投入与产出的关系

B. 资本收益率属于效率比率

C. 权益乘数属于相关比率

D. 由于资产＝负债＋所有者权益，因此，资产负债率属于构成比率

2. 运用因素分析法进行分析时，应注意的问题包括(　　)。

A. 因素分解的关联性　　B. 因素替代的顺序性

C. 顺序替代的连环性　　D. 计算结果的准确性

3. 财务分析对不同的信息使用者具有不同的意义，具体来说，通过财务分析，可以(　　)。

A. 判断企业的财务实力

B. 评价和考核企业的经营业绩，揭示财务活动存在的问题

C. 挖掘企业潜力，寻求提高企业经营管理水平和经济效益的途径

D. 评价企业的发展趋势

4. 下列各项中，属于速动资产的有(　　)。

A. 货币资金　　B. 交易性金融资产

C. 应收账款　　D. 预付账款

5. 下列各项中，属于衡量企业发展能力的指标有(　　)。

A. 营业收入增长率　　B. 总资产增长率

C. 现金比率　　D. 资本积累率

6. 以下关于杜邦分析法的计算公式中，不正确的有(　　)。

A. 总资产净利率＝营业净利率×总资产周转率

B. 净资产收益率＝营业毛利率×总资产周转率×权益乘数

C. 净资产收益率＝资产净利率×权益乘数

D. 权益乘数＝资产÷所有者权益＝1÷(1＋资产负债率)

7. 下列关于应收账款周转率指标的说法中，正确的有(　　)。

A. 营业收入指扣除营业折扣和折让后的营业净额

B. 应收账款包括会计报表中的“应收账款”和“应收票据”等全部赊销账款

C. 应收账款为扣除坏账准备的金额

D. 该指标容易受季节性、偶然性等因素的影响

8. 在现在沃尔评分法中，一般认为企业财务评价的内容包括(　　)。

A. 盈利能力　　B. 偿债能力　　C. 成长能力　　D. 营运能力

9. 对企业盈利能力指标的下列分析中，错误的有(　　)。

A. 营业毛利率反映产品每销售1元所包含的毛利润是多少

B. 总资产净利率反映产品最终的盈利能力

C. 营业净利率反映每1元销售收入最终赚取了多少利润

D. 总资产净利率是杜邦财务分析体系的核心

10. 下列各项中,可能直接影响企业净资产收益率指标的措施有(　　)。

A. 提高营业净利率　　B. 提高资产负债率

C. 提高总资产周转率　　D. 提高流动比率

三、判断题

1. 实际分析营业收入增长率时,应结合企业前5年的营业收入增长率进行趋势性分析判断。(　　)

2. 某企业去年的营业净利率为5.73%,总资产周转率为2.17;今年的营业净利率为4.8%,总资产周转率为2.88。若两年的资产负债率相同,今年的净资产收益率与去年相比变化趋势为上升。(　　)

3. 权益乘数主要受资产负债率指标的影响,资产负债率越高,权益乘数就越高,说明企业的负债程度越低,杠杆效应越小。(　　)

4. 比率指标的计算一般都是建立在以预算数据为基础的财务报表之上的,这使比率指标提供的信息与决策之间的相关性大打折扣。(　　)

5. 甲公司2024年比2023年净资产收益率增加了5个百分点,采用因素分析法计算分析得知,由于营业净利率提高使净资产收益率增加了6个百分点,由于总资产周转率下降使净资产收益率下降了2个百分点,则可以得知企业的权益乘数提高了1个百分点。(　　)

6. 2023年中大公司实现净利润100万元,营业收入为1 000万元,平均所有者权益总额为600万元,预计2024年净利润增长5%,其他因素不变,则该公司2024年净资产收益率为17.5%。(　　)

四、计算分析题

1. 立信公司2023年度营业收入净额15 010万元,2023年年末应收账款、应收票据为2 050万元(2 000+50),年初数为1 070万元(1 005+65),假设年初、年末坏账准备均为零。

要求:计算该公司2023年的应收账款周转率(1年按360天计算)。

2. 某公司资产负债表简表如表8-9所示。

表8-9　资产负债表简表

2023年12月31日　　单位:元

资　　产	金　　额	负债和所有者权益	金　　额
货币资产	25 000	流动负债	
应收账款			
存　　货		长期负债	
固定资产	29 4000	所有者权益	240 000
资产总计		负债和所有者权益总计	

已知：该公司2023年产品营业收入为525 000元，营业毛利率为40%，存货周转次数为4.5次；年末流动比率为1.5；产权比率为0.8，期初存货等于期末存货。

要求：(1) 根据上述资料计算填列该公司2023年12月31日资产负债表简表。

(2) 假定本年期初应收账款等于期末应收账款，计算该公司应收账款周转期。(1年按360天计算)

3. 已知A公司2023年资产负债有关资料如表8-10所示。

表8-10 **资产负债表简表**

2023年12月31日 单位：万元

资　　产	年初金额	年末金额	负债和所有者权益	年初金额	年末金额
流动资产：			流动负债合计	175	150
货币资金	50	45	长期负债合计	245	200
应收账款	60	90	负债合计	420	350
存货	92	144			
预付账款	23	36	所有者权益合计	280	350
流动资产合计	225	315			
固定资产	475	385			
资产总计	700	700	负债和所有者权益总计	700	700

该公司2022年度营业净利率为16%，总资产周转率为0.5次，权益乘数为2.5；2023年度营业收入为420万元，净利润为63万元。

要求：(1) 计算2023年的资产负债率和权益乘数。(时点指标按照平均数计算)

(2) 计算2023年的总资产周转率、营业净利率和净资产收益率。(时点指标按照平均数计算)

(3) 按营业净利率、总资产周转率、权益乘数的次序采用连环替代法进行杜邦分析，确定各因素对净资产收益率的影响。

4. 某股份公司2023年有关资料如表8-11所示。

表8-11 **相关财务指标资料** 单位：万元

项　　目	年初数	年末数	本年数或平均数
存货	7 200	9 600	
流动负债	6 000	8 000	
总资产	15 000	17 000	
流动比率		1.5	

续表

项目	年初数	年末数	本年数或平均数
速动比率	0.8		
权益乘数			1.5
流动资产周转次数			4
净利润			2 880

要求：(1) 计算流动资产的年初余额、年末余额和平均余额。(假定流动资产由速动资产与存货组成)

(2) 计算本年产品营业收入净额和总资产周转率。

附　录

附表一　　　　**复利终值系数表**

计算公式：复利终值系数$=(1+i)^n$，$F=P(1+i)^n$

式中，P——现值或初始值；i——报酬率或利率；n——计息期数；F——终值或本利和。

期数	1%	2%	3%	4%	5%	6%	7%	8%	9%	10%
1	1.010 0	1.020 0	1.030 0	1.040 0	1.050 0	1.060 0	1.070 0	1.080 0	1.090 0	1.100 0
2	1.020 1	1.040 4	1.060 9	1.081 6	1.102 5	1.123 6	1.144 9	1.166 4	1.188 1	1.210 0
3	1.030 3	1.061 2	1.092 7	1.124 9	1.157 6	1.191 0	1.225 0	1.259 7	1.295 0	1.331 0
4	1.040 6	1.082 4	1.125 5	1.169 9	1.215 5	1.262 5	1.310 8	1.360 5	1.411 6	1.464 1
5	1.051 0	1.104 1	1.159 3	1.216 7	1.276 3	1.338 2	1.402 6	1.469 3	1.538 6	1.610 5
6	1.061 5	1.126 2	1.194 1	1.265 3	1.340 1	1.418 5	1.500 7	1.586 9	1.677 1	1.771 6
7	1.072 1	1.148 7	1.229 9	1.315 9	1.407 1	1.503 6	1.605 8	1.713 8	1.828 0	1.948 7
8	1.082 9	1.171 7	1.266 8	1.368 6	1.477 5	1.593 8	1.718 2	1.850 9	1.992 6	2.143 6
9	1.093 7	1.195 1	1.304 8	1.423 3	1.551 3	1.689 5	1.838 5	1.999 0	2.171 9	2.357 9
10	1.104 6	1.219 0	1.343 9	1.480 2	1.628 9	1.790 8	1.967 2	2.158 9	2.367 4	2.593 7
11	1.115 7	1.243 4	1.384 2	1.539 5	1.710 3	1.898 3	2.104 9	2.331 6	2.580 4	2.853 1
12	1.126 8	1.268 2	1.425 8	1.601 0	1.795 9	2.012 2	2.252 2	2.518 2	2.812 7	3.138 4
13	1.138 1	1.293 6	1.468 5	1.665 1	1.885 6	2.132 9	2.409 8	2.719 6	3.065 8	3.452 3
14	1.149 5	1.319 5	1.512 6	1.731 7	1.979 9	2.260 9	2.578 5	2.937 2	3.341 7	3.797 5
15	1.161 0	1.345 9	1.558 0	1.800 9	2.078 9	2.396 6	2.759 0	3.172 2	3.642 5	4.177 2
16	1.172 6	1.372 8	1.604 7	1.873 0	2.182 9	2.540 4	2.952 2	3.425 9	3.970 3	4.595 0
17	1.184 3	1.400 2	1.652 8	1.947 9	2.292 0	2.692 8	3.158 8	3.700 0	4.327 6	5.054 5
18	1.196 1	1.428 2	1.702 4	2.025 8	2.406 6	2.854 3	3.379 9	3.996 0	4.717 1	5.559 9
19	1.208 1	1.456 8	1.753 5	2.106 8	2.527 0	3.025 6	3.616 5	4.315 7	5.141 7	6.115 9
20	1.220 2	1.485 9	1.806 1	2.191 1	2.653 3	3.207 1	3.869 7	4.661 0	5.604 4	6.727 5
21	1.232 4	1.515 7	1.860 3	2.278 8	2.786 0	3.399 6	4.140 6	5.033 8	6.108 8	7.400 2
22	1.244 7	1.546 0	1.916 1	2.369 9	2.925 3	3.603 5	4.430 4	5.436 5	6.658 6	8.140 3
23	1.257 2	1.576 9	1.973 6	2.464 7	3.071 5	3.819 7	4.740 5	5.871 5	7.257 9	8.954 3
24	1.269 7	1.608 4	2.032 8	2.563 3	3.225 1	4.048 9	5.072 4	6.341 2	7.911 1	9.849 7
25	1.282 4	1.640 6	2.093 8	2.665 8	3.386 4	4.291 9	5.427 4	6.848 5	8.623 1	10.835
26	1.295 3	1.673 4	2.156 6	2.772 5	3.555 7	4.549 4	5.807 4	7.396 4	9.399 2	11.918
27	1.308 2	1.706 9	2.221 3	2.883 4	3.733 5	4.822 3	6.213 9	7.988 1	10.245	13.110
28	1.321 3	1.741 0	2.287 9	2.998 7	3.920 1	5.111 7	6.648 8	8.627 1	11.167	14.421
29	1.334 5	1.775 8	2.356 6	3.118 7	4.116 1	5.418 4	7.114 3	9.317 3	12.172	15.863
30	1.347 8	1.811 4	2.427 3	3.243 4	4.321 9	5.743 5	7.612 3	10.063	13.268	17.449
40	1.488 9	2.208 0	3.262 0	4.801 0	7.040 0	10.286	14.975	21.725	31.409	45.259
50	1.644 6	2.691 6	4.383 9	7.106 7	11.467	18.420	29.457	46.902	74.358	117.39
60	1.816 7	3.281 0	5.891 6	10.520	18.679	32.988	57.946	101.26	176.03	304.48

续 表

期数	12%	14%	15%	16%	18%	20%	24%	28%	32%	36%
1	1.120 0	1.140 0	1.150 0	1.160 0	1.180 0	1.200 0	1.240 0	1.280 0	1.320 0	1.360 0
2	1.254 4	1.299 6	1.322 5	1.345 6	1.392 4	1.440 0	1.537 6	1.638 4	1.742 4	1.849 6
3	1.404 9	1.481 5	1.520 9	1.560 9	1.643 0	1.728 0	1.906 6	2.097 2	2.300 0	2.515 5
4	1.573 5	1.689 0	1.749 0	1.810 6	1.938 8	2.073 6	2.364 2	2.684 4	3.036 0	3.421 0
5	1.762 3	1.925 4	2.011 4	2.100 3	2.287 8	2.488 3	2.931 6	3.436 0	4.007 5	4.652 6
6	1.973 8	2.195 0	2.313 1	2.436 4	2.699 6	2.986 0	3.635 2	4.398 0	5.289 9	6.327 5
7	2.210 7	2.502 3	2.660 0	2.826 2	3.185 5	3.583 2	4.507 7	5.629 5	6.982 6	8.605 4
8	2.476 0	2.852 6	3.059 0	3.278 4	3.758 9	4.299 8	5.589 5	7.205 8	9.217 0	11.703
9	2.773 1	3.251 9	3.517 9	3.803 0	4.435 5	5.159 8	6.931 0	9.223 4	12.167	15.917
10	3.105 8	3.707 2	4.045 6	4.411 4	5.233 8	6.191 7	8.594 4	11.806	16.060	21.647
11	3.478 5	4.226 2	4.652 4	5.117 3	6.175 9	7.430 1	10.657	15.112	21.199	29.439
12	3.896 0	4.817 9	5.350 3	5.936 0	7.287 6	8.916 1	13.215	19.343	27.983	40.038
13	4.363 5	5.492 4	6.152 8	6.885 8	8.599 4	10.699	16.386	24.759	36.937	54.451
14	4.887 1	6.261 3	7.075 7	7.987 5	10.147	12.839	20.319	31.691	48.757	74.053
15	5.473 6	7.137 9	8.137 1	9.265 5	11.974	15.407	25.196	40.565	64.359	100.71
16	6.130 4	8.137 2	9.357 6	10.748	14.129	18.488	31.243	51.923	84.954	136.97
17	6.866 0	9.276 5	10.761	12.468	16.672	22.186	38.741	66.461	112.14	186.28
18	7.690 0	10.575	12.376	14.463	19.673	26.623	48.039	85.071	148.02	253.34
19	8.612 8	12.056	14.232	16.777	23.214	31.948	59.568	108.89	195.39	344.54
20	9.646 3	13.744	16.367	19.461	27.393	38.338	73.864	139.38	257.92	468.57
21	10.804	15.668	18.822	22.575	32.324	46.005	91.592	178.41	340.45	637.26
22	12.100	17.861	21.645	26.186	38.142	55.206	113.57	228.36	449.39	866.67
23	13.552	20.362	24.892	30.376	45.008	66.247	140.83	292.30	593.20	1 178.7
24	15.179	23.212	28.625	35.236	53.109	79.497	174.63	374.14	783.02	1 603.0
25	17.000	26.462	32.919	40.874	62.669	95.396	216.54	478.90	1 033.6	2 180.1
26	19.040	30.167	37.857	47.414	73.949	114.48	268.51	613.00	1 364.3	2 964.9
27	21.325	34.390	43.535	55.000	87.260	137.37	332.96	784.64	1 800.9	4 032.3
28	23.884	39.205	50.066	63.800	102.97	164.84	412.86	1 004.3	2 377.2	5 483.9
29	26.750	44.693	57.576	74.009	121.50	197.81	511.95	1 285.6	3 137.9	7 458.1
30	29.960	50.950	66.212	85.850	143.37	237.38	634.82	1 645.5	4 142.1	10 143
40	93.051	188.88	267.86	378.72	750.38	1 469.8	5 455.9	19 427	66 521	*
50	289.00	700.23	1 083.7	1 670.7	3 927.4	9 100.4	46 890	*	*	*
60	897.60	2 595.9	4 384.0	7 370.2	20 555	56 348	*	*	*	*

注：* >99 999

附表二　　　　　　　　　　　　　　　　**复利现值系数表**

计算公式：复利现值系数$=(1+i)^{-n}$，$P=\frac{F}{(1+i)^n}=F(1+i)^{-n}$

式中，P——现值或初始值；i——报酬率或利率；n——计息期数；F——终值或本利和。

期数	1%	2%	3%	4%	5%	6%	7%	8%	9%	10%
1	0.990 1	0.980 4	0.970 9	0.961 5	0.952 4	0.943 4	0.934 6	0.925 9	0.917 4	0.909 1
2	0.980 3	0.961 2	0.942 6	0.924 6	0.907 0	0.890 0	0.873 4	0.857 3	0.841 7	0.826 4
3	0.970 6	0.942 3	0.915 1	0.889 0	0.863 8	0.839 6	0.816 3	0.793 8	0.772 2	0.751 3
4	0.961 0	0.923 8	0.888 5	0.854 8	0.822 7	0.792 1	0.762 9	0.735 0	0.708 4	0.683 0
5	0.951 5	0.905 7	0.862 6	0.821 9	0.783 5	0.747 3	0.713 0	0.680 6	0.649 9	0.620 9
6	0.942 0	0.888 0	0.837 5	0.790 3	0.746 2	0.705 0	0.666 3	0.630 2	0.596 3	0.564 5
7	0.932 7	0.870 6	0.813 1	0.759 9	0.710 7	0.665 1	0.622 7	0.583 5	0.547 0	0.513 2
8	0.923 5	0.853 5	0.789 4	0.730 7	0.676 8	0.627 4	0.582 0	0.540 3	0.501 9	0.466 5
9	0.914 3	0.836 8	0.766 4	0.702 6	0.644 6	0.591 9	0.543 9	0.500 2	0.460 4	0.424 1
10	0.905 3	0.820 3	0.744 1	0.675 6	0.613 9	0.558 4	0.508 3	0.463 2	0.422 4	0.385 5
11	0.896 3	0.804 3	0.722 4	0.649 6	0.584 7	0.526 8	0.475 1	0.428 9	0.387 5	0.350 5
12	0.887 4	0.788 5	0.701 4	0.624 6	0.556 8	0.497 0	0.444 0	0.397 1	0.355 5	0.318 6
13	0.878 7	0.773 0	0.681 0	0.600 6	0.530 3	0.468 8	0.415 0	0.367 7	0.326 2	0.289 7
14	0.870 0	0.757 9	0.661 1	0.577 5	0.505 1	0.442 3	0.387 8	0.340 5	0.299 2	0.263 3
15	0.861 3	0.743 0	0.641 9	0.555 3	0.481 0	0.417 3	0.362 4	0.315 2	0.274 5	0.239 4
16	0.852 8	0.728 4	0.623 2	0.533 9	0.458 1	0.393 6	0.338 7	0.291 9	0.251 9	0.217 6
17	0.844 4	0.714 2	0.605 0	0.513 4	0.436 3	0.371 4	0.316 6	0.270 3	0.231 1	0.197 8
18	0.836 0	0.700 2	0.587 4	0.493 6	0.415 5	0.350 3	0.295 9	0.250 2	0.212 0	0.179 9
19	0.827 7	0.686 4	0.570 3	0.474 6	0.395 7	0.330 5	0.276 5	0.231 7	0.194 5	0.163 5
20	0.819 5	0.673 0	0.553 7	0.456 4	0.376 9	0.311 8	0.258 4	0.214 5	0.178 4	0.148 6
21	0.811 4	0.659 8	0.537 5	0.438 8	0.358 9	0.294 2	0.241 5	0.198 7	0.163 7	0.135 1
22	0.803 4	0.646 8	0.521 9	0.422 0	0.341 8	0.277 5	0.225 7	0.183 9	0.150 2	0.122 8
23	0.795 4	0.634 2	0.506 7	0.405 7	0.325 6	0.261 8	0.210 9	0.170 3	0.137 8	0.111 7
24	0.787 6	0.621 7	0.491 9	0.390 1	0.310 1	0.247 0	0.197 1	0.157 7	0.126 4	0.101 5
25	0.779 8	0.609 5	0.477 6	0.375 1	0.295 3	0.233 0	0.184 2	0.146 0	0.116 0	0.092 3
26	0.772 0	0.597 6	0.463 7	0.360 7	0.281 2	0.219 8	0.172 2	0.135 2	0.106 4	0.083 9
27	0.764 4	0.585 9	0.450 2	0.346 8	0.267 8	0.207 4	0.160 9	0.125 2	0.097 6	0.076 3
28	0.756 8	0.574 4	0.437 1	0.333 5	0.255 1	0.195 6	0.150 4	0.115 9	0.089 5	0.069 3
29	0.749 3	0.563 1	0.424 3	0.320 7	0.242 9	0.184 6	0.140 6	0.107 3	0.082 2	0.063 0
30	0.741 9	0.552 1	0.412 0	0.308 3	0.231 4	0.174 1	0.131 4	0.099 4	0.075 4	0.057 3
35	0.705 9	0.500 0	0.355 4	0.253 4	0.181 3	0.130 1	0.093 7	0.067 6	0.049 0	0.035 6
40	0.671 7	0.452 9	0.306 6	0.208 3	0.142 0	0.097 2	0.066 8	0.046 0	0.031 8	0.022 1
45	0.639 1	0.410 2	0.264 4	0.171 2	0.111 3	0.072 7	0.047 6	0.031 3	0.020 7	0.013 7
50	0.608 0	0.371 5	0.228 1	0.140 7	0.087 2	0.054 3	0.033 9	0.021 3	0.013 4	0.008 5
55	0.578 5	0.336 5	0.196 8	0.115 7	0.068 3	0.040 6	0.024 2	0.014 5	0.008 7	0.005 3

续 表

期数	12%	14%	15%	16%	18%	20%	24%	28%	32%	36%
1	0.892 9	0.877 2	0.869 6	0.862 1	0.847 5	0.833 3	0.806 5	0.781 3	0.757 6	0.735 3
2	0.797 2	0.769 5	0.756 1	0.743 2	0.718 2	0.694 4	0.650 4	0.610 4	0.573 9	0.540 7
3	0.711 8	0.675 0	0.657 5	0.640 7	0.608 6	0.578 7	0.524 5	0.476 8	0.434 8	0.397 5
4	0.635 5	0.592 1	0.571 8	0.552 3	0.515 8	0.482 3	0.423 0	0.372 5	0.329 4	0.292 3
5	0.567 4	0.519 4	0.497 2	0.476 1	0.437 1	0.401 9	0.341 1	0.291 0	0.249 5	0.214 9
6	0.506 6	0.455 6	0.432 3	0.410 4	0.370 4	0.334 9	0.275 1	0.227 4	0.189 0	0.158 0
7	0.452 3	0.399 6	0.375 9	0.353 8	0.313 9	0.279 1	0.221 8	0.177 6	0.143 2	0.116 2
8	0.403 9	0.350 6	0.326 9	0.305 0	0.266 0	0.232 6	0.178 9	0.138 8	0.108 5	0.085 4
9	0.360 6	0.307 5	0.284 3	0.263 0	0.225 5	0.193 8	0.144 3	0.108 4	0.082 2	0.062 8
10	0.322 0	0.269 7	0.247 2	0.226 7	0.191 1	0.161 5	0.116 4	0.084 7	0.062 3	0.046 2
11	0.287 5	0.236 6	0.214 9	0.195 4	0.161 9	0.134 6	0.093 8	0.066 2	0.047 2	0.034 0
12	0.256 7	0.207 6	0.186 9	0.168 5	0.137 2	0.112 2	0.075 7	0.051 7	0.035 7	0.025 0
13	0.229 2	0.182 1	0.162 5	0.145 2	0.116 3	0.093 5	0.061 0	0.040 4	0.027 1	0.018 4
14	0.204 6	0.159 7	0.141 3	0.125 2	0.098 5	0.077 9	0.049 2	0.031 6	0.020 5	0.013 5
15	0.182 7	0.140 1	0.122 9	0.107 9	0.083 5	0.064 9	0.039 7	0.024 7	0.015 5	0.009 9
16	0.163 1	0.122 9	0.106 9	0.093 0	0.070 8	0.054 1	0.032 0	0.019 3	0.011 8	0.007 3
17	0.145 6	0.107 8	0.092 9	0.080 2	0.060 0	0.045 1	0.025 8	0.015 0	0.008 9	0.005 4
18	0.130 0	0.094 6	0.080 8	0.069 1	0.050 8	0.037 6	0.020 8	0.011 8	0.006 8	0.003 9
19	0.116 1	0.082 9	0.070 3	0.059 6	0.043 1	0.031 3	0.016 8	0.009 2	0.005 1	0.002 9
20	0.103 7	0.072 8	0.061 1	0.051 4	0.036 5	0.026 1	0.013 5	0.007 2	0.003 9	0.002 1
21	0.092 6	0.063 8	0.053 1	0.044 3	0.030 9	0.021 7	0.010 9	0.005 6	0.002 9	0.001 6
22	0.082 6	0.056 0	0.046 2	0.038 2	0.026 2	0.018 1	0.008 8	0.004 4	0.002 2	0.001 2
23	0.073 8	0.049 1	0.040 2	0.032 9	0.022 2	0.015 1	0.007 1	0.003 4	0.001 7	0.000 8
24	0.065 9	0.043 1	0.034 9	0.028 4	0.018 8	0.012 6	0.005 7	0.002 7	0.001 3	0.000 6
25	0.058 8	0.037 8	0.030 4	0.024 5	0.016 0	0.010 5	0.004 6	0.002 1	0.001 0	0.000 5
26	0.052 5	0.033 1	0.026 4	0.021 1	0.013 5	0.008 7	0.003 7	0.001 6	0.000 7	0.000 3
27	0.046 9	0.029 1	0.023 0	0.018 2	0.011 5	0.007 3	0.003 0	0.001 3	0.000 6	0.000 2
28	0.041 9	0.025 5	0.020 0	0.015 7	0.009 7	0.006 1	0.002 4	0.001 0	0.000 4	0.000 2
29	0.037 4	0.022 4	0.017 4	0.013 5	0.008 2	0.005 1	0.002 0	0.000 8	0.000 3	0.000 1
30	0.033 4	0.019 6	0.015 1	0.011 6	0.007 0	0.004 2	0.001 6	0.000 6	0.000 2	0.000 1
35	0.018 9	0.010 2	0.007 5	0.005 5	0.003 0	0.001 7	0.000 5	0.000 2	0.000 1	*
40	0.010 7	0.005 3	0.003 7	0.002 6	0.001 3	0.000 7	0.000 2	0.000 1	*	*
45	0.006 1	0.002 7	0.001 9	0.001 3	0.000 6	0.000 3	0.000 1	*	*	*
50	0.003 5	0.001 4	0.000 9	0.000 6	0.000 3	0.000 1	*	*	*	*
55	0.002 0	0.000 7	0.000 5	0.000 3	0.000 1	*	*	*	*	*

注：*＜0.000 1

附表三 年金终值系数表

计算公式：年金终值系数 $= \frac{(1+i)^n-1}{i}$，$F = A\frac{(1+i)^n-1}{i}$

式中，A——每期等额支付(或收入)的金额；i——报酬率或利率；n——计息期数；F——年金终值或本利和。

期数	1%	2%	3%	4%	5%	6%	7%	8%	9%	10%
1	1.000 0	1.000 0	1.000 0	1.000 0	1.000 0	1.000 0	1.000 0	1.000 0	1.000 0	1.000 0
2	2.010 0	2.020 0	2.030 0	2.040 0	2.050 0	2.060 0	2.070 0	2.080 0	2.090 0	2.100 0
3	3.030 1	3.060 4	3.090 9	3.121 6	3.152 5	3.183 6	3.214 9	3.246 4	3.278 1	3.310 0
4	4.060 4	4.121 6	4.183 6	4.246 5	4.310 1	4.374 6	4.439 9	4.506 1	4.573 1	4.641 0
5	5.101 0	5.204 0	5.309 1	5.416 3	5.525 6	5.637 1	5.750 7	5.866 6	5.984 7	6.105 1
6	6.152 0	6.308 1	6.468 4	6.633 0	6.801 9	6.975 3	7.153 3	7.335 9	7.523 3	7.715 6
7	7.213 5	7.434 3	7.662 5	7.898 3	8.142 0	8.393 8	8.654 0	8.922 8	9.200 4	9.487 2
8	8.285 7	8.583 0	8.892 3	9.214 2	9.549 1	9.897 5	10.260	10.637	11.029	11.436
9	9.368 5	9.754 6	10.159	10.583	11.027	11.491	11.978	12.488	13.021	13.580
10	10.462	10.950	11.464	12.006	12.578	13.181	13.816	14.487	15.193	15.937
11	11.567	12.169	12.808	13.486	14.207	14.972	15.784	16.646	17.560	18.531
12	12.683	13.412	14.192	15.026	15.917	16.870	17.889	18.977	20.141	21.384
13	13.809	14.680	15.618	16.627	17.713	18.882	20.141	21.495	22.953	24.523
14	14.947	15.974	17.086	18.292	19.599	21.015	22.551	24.215	26.019	27.975
15	16.097	17.293	18.599	20.024	21.579	23.276	25.129	27.152	29.361	31.773
16	17.258	18.639	20.157	21.825	23.658	25.673	27.888	30.324	33.003	35.950
17	18.430	20.012	21.762	23.698	25.840	28.213	30.840	33.750	36.974	40.545
18	19.615	21.412	23.414	25.645	28.132	30.906	33.999	37.450	41.301	45.599
19	20.811	22.841	25.117	27.671	30.539	33.760	37.379	41.446	46.019	51.159
20	22.019	24.297	26.870	29.778	33.066	36.786	40.996	45.762	51.160	57.275
21	23.239	25.783	28.677	31.969	35.719	39.993	44.865	50.423	56.765	64.003
22	24.472	27.299	30.537	34.248	38.505	43.392	49.006	55.457	62.873	71.403
23	25.716	28.845	32.453	36.618	41.431	46.996	53.436	60.893	69.532	79.543
24	26.974	30.422	34.427	39.083	44.502	50.816	58.177	66.765	76.790	88.497
25	28.243	32.030	36.459	41.646	47.727	54.865	63.249	73.106	84.701	98.347
26	29.526	33.671	38.553	44.312	51.114	59.156	68.677	79.954	93.324	109.18
27	30.821	35.344	40.710	47.084	54.669	63.706	74.484	87.351	102.72	121.10
28	32.129	37.051	42.931	49.968	58.403	68.528	80.698	95.339	112.97	134.21
29	33.450	38.792	45.219	52.966	62.323	73.640	87.347	103.97	124.14	148.63
30	34.785	40.568	47.575	56.085	66.439	79.058	94.461	113.28	136.31	164.49
40	48.886	60.402	75.401	95.026	120.80	154.76	199.64	259.06	337.88	442.59
50	64.463	84.579	112.80	152.67	209.35	290.34	406.53	573.77	815.08	1 163.9
60	81.670	114.05	163.05	237.99	353.58	533.13	813.52	1 253.2	1 944.8	3 034.8

续 表

期数	12%	14%	15%	16%	18%	20%	24%	28%	32%	36%
1	1.000 0	1.000 0	1.000 0	1.000 0	1.000 0	1.000 0	1.000 0	1.000 0	1.000 0	1.000 0
2	2.120 0	2.140 0	2.150 0	2.160 0	2.180 0	2.200 0	2.240 0	2.280 0	2.320 0	2.360 0
3	3.374 4	3.439 6	3.472 5	3.505 6	3.572 4	3.640 0	3.777 6	3.918 4	4.062 4	4.209 6
4	4.779 3	4.921 1	4.993 4	5.066 5	5.215 4	5.368 0	5.684 2	6.015 6	6.362 4	6.725 1
5	6.352 8	6.610 1	6.742 4	6.877 1	7.154 2	7.441 6	8.048 4	8.699 9	9.398 3	10.146
6	8.115 2	8.535 5	8.753 7	8.977 5	9.442 0	9.929 9	10.980	12.136	13.406	14.799
7	10.089	10.731	11.067	11.414	12.142	12.916	14.615	16.534	18.696	21.126
8	12.300	13.233	13.727	14.240	15.327	16.499	19.123	22.163	25.678	29.732
9	14.776	16.085	16.786	17.519	19.086	20.799	24.713	29.369	34.895	41.435
10	17.549	19.337	20.304	21.322	23.521	25.959	31.643	38.593	47.062	57.352
11	20.655	23.045	24.349	25.733	28.755	32.150	40.238	50.399	63.122	78.998
12	24.133	27.271	29.002	30.850	34.931	39.581	50.895	65.510	84.320	108.44
13	28.029	32.089	34.352	36.786	42.219	48.497	64.110	84.853	112.30	148.48
14	32.393	37.581	40.505	43.672	50.818	59.196	80.496	109.61	149.24	202.93
15	37.280	43.842	47.580	51.660	60.965	72.035	100.82	141.30	198.00	276.98
16	42.753	50.980	55.718	60.925	72.939	87.442	126.01	181.87	262.36	377.69
17	48.884	59.118	65.075	71.673	87.068	105.93	157.25	233.79	347.31	514.66
18	55.750	68.394	75.836	84.141	103.74	128.12	195.99	300.25	459.45	700.94
19	63.440	78.969	88.212	98.603	123.41	154.74	244.03	385.32	607.47	954.28
20	72.052	91.025	102.44	115.38	146.63	186.69	303.60	494.21	802.86	1 298.8
21	81.699	104.77	118.81	134.84	174.02	225.03	377.46	633.59	1 060.8	1 767.4
22	92.503	120.44	137.63	157.42	206.34	271.03	469.06	812.00	1 401.2	2 404.7
23	104.60	138.30	159.28	183.60	244.49	326.24	582.63	1 040.4	1 850.6	3 271.3
24	118.16	158.66	184.17	213.98	289.49	392.48	723.46	1 332.7	2 443.8	4 450.0
25	133.33	181.87	212.79	249.21	342.60	471.98	898.09	1 706.8	3 226.8	6 053.0
26	150.33	208.33	245.71	290.09	405.27	567.38	1 114.6	2 185.7	4 260.4	8 233.1
27	169.37	238.50	283.57	337.50	479.22	681.85	1 383.1	2 798.7	5 624.8	11 198
28	190.70	272.89	327.10	392.50	566.48	819.22	1 716.1	3 583.3	7 425.7	15 230
29	214.58	312.09	377.17	456.30	669.45	984.07	2 129.0	4 587.7	9 802.9	20 714
30	241.33	356.79	434.75	530.31	790.95	1 181.9	2 640.9	5 873.2	12 941	28 172
40	767.09	1 342.0	1 779.1	2 360.8	4 163.2	7 343.9	22 729	69 377	207 874	609 890
50	2 400.0	4 994.5	7 217.7	10 436	21 813	45 497	195 373	819 103	*	*
60	7 471.6	18 535	29 220	46 058	114 190	281 733	*	*	*	*

注：*>999 999.99

附表四 **年金现值系数表**

计算公式：年金现值系数 $= \frac{1-(1+i)^{-n}}{i}$，$P = A\frac{1-(1+i)^{-n}}{i}$

式中，A——每期等额支付(或收入)的金额；i——报酬率或利率；n——计息期数；P——年金现值或本利和。

期数	1%	2%	3%	4%	5%	6%	7%	8%	9%	10%
1	0.990 1	0.980 4	0.970 9	0.961 5	0.952 4	0.943 4	0.934 6	0.925 9	0.917 4	0.909 1
2	1.970 4	1.941 6	1.913 5	1.886 1	1.859 4	1.833 4	1.808 0	1.783 3	1.759 1	1.735 5
3	2.941 0	2.883 9	2.828 6	2.775 1	2.723 2	2.673 0	2.624 3	2.577 1	2.531 3	2.486 9
4	3.902 0	3.807 7	3.717 1	3.629 9	3.546 0	3.465 1	3.387 2	3.312 1	3.239 7	3.169 9
5	4.853 4	4.713 5	4.579 7	4.451 8	4.329 5	4.212 4	4.100 2	3.992 7	3.889 7	3.790 8
6	5.795 5	5.601 4	5.417 2	5.242 1	5.075 7	4.917 3	4.766 5	4.622 9	4.485 9	4.355 3
7	6.728 2	6.472 0	6.230 3	6.002 1	5.786 4	5.582 4	5.389 3	5.206 4	5.033 0	4.868 4
8	7.651 7	7.325 5	7.019 7	6.732 7	6.463 2	6.209 8	5.971 3	5.746 6	5.534 8	5.334 9
9	8.566 0	8.162 2	7.786 1	7.435 3	7.107 8	6.801 7	6.515 2	6.246 9	5.995 2	5.759 0
10	9.471 3	8.982 6	8.530 2	8.110 9	7.721 7	7.360 1	7.023 6	6.710 1	6.417 7	6.144 6
11	10.367 6	9.786 8	9.252 6	8.760 5	8.306 4	7.886 9	7.498 7	7.139 0	6.805 2	6.495 1
12	11.255 1	10.575 3	9.954 0	9.385 1	8.863 3	8.383 8	7.942 7	7.536 1	7.160 7	6.813 7
13	12.133 7	11.348 4	10.635 0	9.985 6	9.393 6	8.852 7	8.357 7	7.903 8	7.486 9	7.103 4
14	13.003 7	12.106 2	11.296 1	10.563 1	9.898 6	9.295 0	8.745 5	8.244 2	7.786 2	7.366 7
15	13.865 1	12.849 3	11.937 9	11.118 4	10.379 7	9.712 2	9.107 9	8.559 5	8.060 7	7.606 1
16	14.717 9	13.577 7	12.561 1	11.652 3	10.837 8	10.105 9	9.446 6	8.851 4	8.312 6	7.823 7
17	15.562 3	14.291 9	13.166 1	12.165 7	11.274 1	10.477 3	9.763 2	9.121 6	8.543 6	8.021 6
18	16.398 3	14.992 0	13.753 5	12.659 3	11.689 6	10.827 6	10.059 1	9.371 9	8.755 6	8.201 4
19	17.226 0	15.678 5	14.323 8	13.133 9	12.085 3	11.158 1	10.335 6	9.603 6	8.950 1	8.364 9
20	18.045 6	16.351 4	14.877 5	13.590 3	12.462 2	11.469 9	10.594 0	9.818 1	9.128 5	8.513 6
21	18.857 0	17.011 2	15.415 0	14.029 2	12.821 2	11.764 1	10.835 5	10.016 8	9.292 2	8.648 7
22	19.660 4	17.658 0	15.936 9	14.451 1	13.163 0	12.041 6	11.061 2	10.200 7	9.442 4	8.771 5
23	20.455 8	18.292 2	16.443 6	14.856 8	13.488 6	12.303 4	11.272 2	10.371 1	9.580 2	8.883 2
24	21.243 4	18.913 9	16.935 5	15.247 0	13.798 6	12.550 4	11.469 3	10.528 8	9.706 6	8.984 7
25	22.023 2	19.523 5	17.413 1	15.622 1	14.093 9	12.783 4	11.653 6	10.674 8	9.822 6	9.077 0
26	22.795 2	20.121 0	17.876 8	15.982 8	14.375 2	13.003 2	11.825 8	10.810 0	9.929 0	9.160 9
27	23.559 6	20.706 9	18.327 0	16.329 6	14.643 0	13.210 5	11.986 7	10.935 2	10.026 6	9.237 2
28	24.316 4	21.281 3	18.764 1	16.663 1	14.898 1	13.406 2	12.137 1	11.051 1	10.116 1	9.306 6
29	25.065 8	21.844 4	19.188 5	16.983 7	15.141 1	13.590 7	12.277 7	11.158 4	10.198 3	9.369 6
30	25.807 7	22.396 5	19.600 4	17.292 0	15.372 5	13.764 8	12.409 0	11.257 8	10.273 7	9.426 9
35	29.408 6	24.998 6	21.487 2	18.664 6	16.374 2	14.498 2	12.947 7	11.654 6	10.566 8	9.644 2
40	32.834 7	27.355 5	23.114 8	19.792 8	17.159 1	15.046 3	13.331 7	11.924 6	10.757 4	9.779 1
45	36.094 5	29.490 2	24.518 7	20.720 0	17.774 1	15.455 8	13.605 5	12.108 4	10.881 2	9.862 8
50	39.196 1	31.423 6	25.729 8	21.482 2	18.255 9	15.761 9	13.800 7	12.233 5	10.961 7	9.914 8
55	42.147 2	33.174 8	26.774 4	22.108 6	18.633 5	15.990 5	13.939 9	12.318 6	11.014 0	9.947 1

续 表

期数	12%	14%	15%	16%	18%	20%	24%	28%	32%	36%
1	0.892 9	0.877 2	0.869 6	0.862 1	0.847 5	0.833 3	0.806 5	0.781 3	0.757 6	0.735 3
2	1.690 1	1.646 7	1.625 7	1.605 2	1.565 6	1.527 8	1.456 8	1.391 6	1.331 5	1.276 0
3	2.401 8	2.321 6	2.283 2	2.245 9	2.174 3	2.106 5	1.981 3	1.868 4	1.766 3	1.673 5
4	3.037 3	2.913 7	2.855 0	2.798 2	2.690 1	2.588 7	2.404 3	2.241 0	2.095 7	1.965 8
5	3.604 8	3.433 1	3.352 2	3.274 3	3.127 2	2.990 6	2.745 4	2.532 0	2.345 2	2.180 7
6	4.111 4	3.888 7	3.784 5	3.684 7	3.497 6	3.325 5	3.020 5	2.759 4	2.534 2	2.338 8
7	4.563 8	4.288 3	4.160 4	4.038 6	3.811 5	3.604 6	3.242 3	2.937 0	2.677 5	2.455 0
8	4.967 6	4.638 9	4.487 3	4.343 6	4.077 6	3.837 2	3.421 2	3.075 8	2.786 0	2.540 4
9	5.328 2	4.946 4	4.771 6	4.606 5	4.303 0	4.031 0	3.565 5	3.184 2	2.868 1	2.603 3
10	5.650 2	5.216 1	5.018 8	4.833 2	4.494 1	4.192 5	3.681 9	3.268 9	2.930 4	2.649 5
11	5.937 7	5.452 7	5.233 7	5.028 6	4.656 0	4.327 1	3.775 7	3.335 1	2.977 6	2.683 4
12	6.194 4	5.660 3	5.420 6	5.197 1	4.793 2	4.439 2	3.851 4	3.386 8	3.013 3	2.708 4
13	6.423 5	5.842 4	5.583 1	5.342 3	4.909 5	4.532 7	3.912 4	3.427 2	3.040 4	2.726 8
14	6.628 2	6.002 1	5.724 5	5.467 5	5.008 1	4.610 6	3.961 6	3.458 7	3.060 9	2.740 3
15	6.810 9	6.142 2	5.847 4	5.575 5	5.091 6	4.675 5	4.001 3	3.483 4	3.076 4	2.750 2
16	6.974 0	6.265 1	5.954 2	5.668 5	5.162 4	4.729 6	4.033 3	3.502 6	3.088 2	2.757 5
17	7.119 6	6.372 9	6.047 2	5.748 7	5.222 3	4.774 6	4.059 1	3.517 7	3.097 1	2.762 9
18	7.249 7	6.467 4	6.128 0	5.817 8	5.273 2	4.812 2	4.079 9	3.529 4	3.103 9	2.766 8
19	7.365 8	6.550 4	6.198 2	5.877 5	5.316 2	4.843 5	4.096 7	3.538 6	3.109 0	2.769 7
20	7.469 4	6.623 1	6.259 3	5.928 8	5.352 7	4.869 6	4.110 3	3.545 8	3.112 9	2.771 8
21	7.562 0	6.687 0	6.312 5	5.973 1	5.383 7	4.891 3	4.121 2	3.551 4	3.115 8	2.773 4
22	7.644 6	6.742 9	6.358 7	6.011 3	5.409 9	4.909 4	4.130 0	3.555 8	3.118 0	2.774 6
23	7.718 4	6.792 1	6.398 8	6.044 2	5.432 1	4.924 5	4.137 1	3.559 2	3.119 7	2.775 4
24	7.784 3	6.835 1	6.433 8	6.072 6	5.450 9	4.937 1	4.142 8	3.561 9	3.121 0	2.776 0
25	7.843 1	6.872 9	6.464 1	6.097 1	5.466 9	4.947 6	4.147 4	3.564 0	3.122 0	2.776 5
26	7.895 7	6.906 1	6.490 6	6.118 2	5.480 4	4.956 3	4.151 1	3.565 6	3.122 7	2.776 8
27	7.942 6	6.935 2	6.513 5	6.136 4	5.491 9	4.963 6	4.154 2	3.566 9	3.123 3	2.777 1
28	7.984 4	6.960 7	6.533 5	6.152 0	5.501 6	4.969 7	4.156 6	3.567 9	3.123 7	2.777 3
29	8.021 8	6.983 0	6.550 9	6.165 6	5.509 8	4.974 7	4.158 5	3.568 7	3.124 0	2.777 4
30	8.055 2	7.002 7	6.566 0	6.177 2	5.516 8	4.978 9	4.160 1	3.569 3	3.124 2	2.777 5
35	8.175 5	7.070 0	6.616 6	6.215 3	5.538 6	4.991 5	4.164 4	3.570 8	3.124 8	2.777 7
40	8.243 8	7.105 0	6.641 8	6.233 5	5.548 2	4.996 6	4.165 9	3.571 2	3.125 0	2.777 8
45	8.282 5	7.123 2	6.654 3	6.242 1	5.552 3	4.998 6	4.166 4	3.571 4	3.125 0	2.777 8
50	8.304 5	7.132 7	6.660 5	6.246 3	5.554 1	4.999 5	4.166 6	3.571 4	3.125 0	2.777 8
55	8.317 0	7.137 6	6.663 6	6.248 2	5.554 9	4.999 8	4.166 6	3.571 4	3.125 0	2.777 8

主要参考文献

[1] 财政部会计资格评价中心.财务管理[M].北京：经济科学出版社，2024.

[2] 马元兴.财务管理实务[M].4版.北京：高等教育出版社，2019.

[3] 张玉英，毛爱武.财务管理[M].7版.北京：高等教育出版社，2023.

[4] 靳磊.财务管理基础[M].4版.北京：高等教育出版社，2022.

[5] 中国注册会计师协会.财务成本管理[M].北京：中国财政经济出版社，2024.

[6] 孔令一，赵若辰.Excel在财务管理中的应用[M].上海：立信会计出版社，2023.

高等教育出版社

教学资源服务指南

感谢您使用本书。为方便教学，我社为教师提供资源下载、样书申请等服务，如贵校已选用本书，您只要关注微信公众号“高职财经教学研究”，或加入下列教师交流QQ群即可免费获得相关服务。

高职财经教学研究
高等教育出版社(上海)教材服务有限...
上海
高等教育出版社旗下产品，提供高职财经专业课程教学交流、配套数字资源及样书申请等服务。

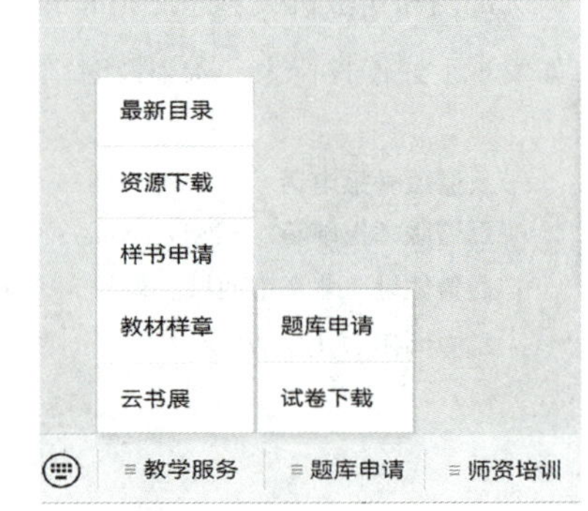

资源下载：点击“**教学服务**”—“**资源下载**”，注册登录后可搜索相应的资源并下载。（建议用电脑浏览器操作）

样书申请：点击“**教学服务**”—“**样书申请**”，填写相关信息即可申请样书。

样章下载：点击“**教学服务**”—“**教材样章**”，即可下载在供教材的前言、目录和样章。

题库申请：点击“**题库申请**”，填写相关信息即可申请题库或下载试卷。

师资培训：点击“**师资培训**”，获取最新会议信息、直播回放和往期师资培训视频。

联系方式

会计QQ3群 :473802328　　会计QQ2群 :370279388　　会计QQ1群 :554729666
会计QQ4群 :291244392
(以上4个会计Q群，加入任何一个即可获取教学服务，请勿重复加入)
联系电话: (021)56961310　　电子邮箱:3076198581@qq.com

在线试题库及组卷系统

我们研发有十余门课程试题库:“基础会计”“财务会计”“成本计算与管理”“财务管理”“管理会计”“税务会计”“税法”“税收筹划”“审计基础与实务”“财务报表分析”“EXCEL在财务中的应用”“大数据基础与实务”“会计信息系统应用”“政府会计”“内部控制与风险管理”等，平均每个题库近3000题，知识点全覆盖，题型丰富，可自动组卷与批改。如贵校选用了高教社沪版相关课程教材，我们可免费提供给教师每个题库生成的各6套试卷及答案（Word格式难中易三档，索取方式见上述“题库申请”），教师也可与我们联系咨询更多试题库详情。